国家社科基金
后期资助项目

多人口随机死亡率建模与长寿风险量化管理研究

Research on Modeling Multi-population Stochastic Mortality and Quantitative Management of Longevity Risk

赵明 著

陕西新华出版
陕西人民出版社

图书在版编目(CIP)数据

多人口随机死亡率建模与长寿风险量化管理研究 / 赵明著. -- 西安：陕西人民出版社，2023.8
　　ISBN 978-7-224-14939-5

　　Ⅰ.①多… Ⅱ.①赵… Ⅲ.①人寿保险—人口死亡率—研究 Ⅳ.①F840.622②C921

中国国家版本馆CIP数据核字(2023)第089120号

责任编辑：晏　藜
封面设计：蒲梦雅

多人口随机死亡率建模与长寿风险量化管理研究
DUORENKOU SUIJI SIWANGLV JIANMO YU
CHANGSHOU FENGXIAN LIANGHUA YANJIU

作　者	赵　明
出版发行	陕西人民出版社
	(西安市北大街147号　邮编：710003)
印　刷	陕西隆昌印刷有限公司
开　本	787毫米×1092毫米　1/16
印　张	16
字　数	270千字
版　次	2023年8月第1版
印　次	2023年8月第1次印刷
书　号	ISBN 978-7-224-14939-5
定　价	75.00元

如有印装质量问题，请与本社联系调换。电话 029-87205094

国家社科基金后期资助项目出版说明

后期资助项目是国家社科基金设立的一类重要项目，旨在鼓励广大社科研究者潜心治学，支持基础研究多出优秀成果。它是经过严格评审，从接近完成的科研成果中遴选立项的。为扩大后期资助项目的影响，更好地推动学术发展，促进成果转化，全国哲学社会科学工作办公室按照"统一设计、统一标识、统一版式，形成系列"的总体要求，组织出版国家社科基金后期资助项目成果。

全国哲学社会科学工作办公室

前　言

随着人口老龄化程度的不断加剧,国家对于健全养老保险制度及发展相关商业保险提出了更高的要求。因此,建立符合人口寿命变化特征的人口死亡率预测模型,从而有效管理长寿风险,成为新时代的重要课题。本项成果的提出基于以下背景:第一,发达国家人口死亡模式呈现出多阶段的变化特征,且存在性别差异,单群体人口死亡率模型已无法满足现实需求,死亡模式动态化成为必然趋势;第二,中国人口死亡数据有效积累期时间短、质量差,部分年份的分年龄死亡数据无法达到统计学的显著性要求。因此,从多人口视角建立随机死亡率模型,有效扩充死亡率数据集,提高参数估计的可信度和方法的科学性,成为合理判断中国未来人口年龄结构变化的先决条件。

本成果有效综合了人口统计学和保险精算学两学科的研究内容。在理论层面,对于两交叉学科取长补短,补齐人口统计学重要指标对象的研究短板,不仅可以促进两学科领域的融通发展,同时科学系统地建立人口死亡率预测模型,还能促进研究视角从"单群体"拓展到"多群体",从而达到预测不同地区、不同阶段、不同年龄、不同性别等动态人口死亡率的目的。在实践层面,通过掌握人口死亡率变动趋势,推断人口死亡模式特征,弥补我国人口死亡数据质量问题,实现省级和城市群的人口预测,为国家制定养老退休方案和生育政策等重大战略提供科学依据,进而提高保险产品的创新意愿,加快完善构建我国养老金体系。

成果内容共分为四篇、十一章内容,从多人口群体视角出发,将具有相关性的不同国家(地区)和性别人口群体进行联立,建立一套多人口随机死亡率建模、参数估计与评价的科学体系,并将其应用于保险公司和养老保险制度长寿风险的度量与管理,具体如下:

第一篇为基础篇,包括第一章至第三章内容,重点概述了多人口随机死亡率模型进展与人口死亡率变动趋势的经验事实。其中,第一章绪论,主要包括研究背景、研究意义、研究内容、研究方法和主要创新等内容,并且通过梳理国内外重点文献,总结出单人口随机死亡率模型在中长期预测中暴露的问题，提出开展多人口随机死亡率模型研究的必要性；第二章多人口随机死亡率建模的理论基础，主要包括多人口随机死亡率建模的主要思想、模型构造原理、参数估计方法和模型检验方法等内容，并总结了当前多人口模型研究中存在的不足，发现当前多人口随机死亡率模型假设限制性较强、参数估计时容易出现过拟合等问题，提出构建多人口随机死亡模型体系、改进模型假设与参数估计方法的必要性；第三章国内外人口死亡模式转变的趋势分析，选取北美精算师协会测度人口死亡率改善水平的指标，对国内外人口死亡率的变动趋势进行分析，总结了发达国家人口死亡模式转变的经验，并结合中国人口死亡率改善速度较快的特征，做出了未来中国人口死亡率改善速度将会放缓、且在年龄别和性别两个维度发生模式转变的推论，并提出了将中国人口死亡率预测问题纳入多人口模型框架的必要性。

　　第二篇为方法篇，包括第四章至第八章内容，重点研究了多人口随机死亡率建模思路与参数估计方法。其中，第四章考虑死亡模式转变的人口随机死亡率建模，本章内容具有承上启下的作用，将建模思想由单人口随机死亡率建模过渡到多人口建模。根据低死亡率国家人口死亡模式在年龄别和性别上的经验规律，并结合中国人口死亡率变动的特征，将人口死亡模式转变考虑到中国人口死亡率建模中，有效提升了人口死亡率预测结果的合理性，但该方法主观性较强，有必要建立数据驱动的多人口随机死亡率模型；第五章基于极大似然估计法的两人口随机死亡率建模，放宽了残差服从正态分布的假设，加入了人口统计学中更为普遍接受的死亡人数服从泊松分布的假设，以中国两性别人口群体为基础，构建两人口随机死亡率模型，采用两阶段的极大似然（MLE）方法进行参数估计，与单人口模型的估计结果进行比较；第六章基于奇异值分解法的两人口随机死亡率建模，以中国两性别人口群体为基础，构建两人口随机死亡率模型，采用两阶段的奇异值分解（SVD）方法进行参数估计，并与单人口模型的估计结果进行比较，从拟合优度和预测效果两方面展示了多人口模型在中国应用的优势；第七章基于加权最小二乘法的多人口随机死亡率建模，在第六章内容的基础上，以中国大陆、香港地区和台湾省的人口死亡率数据为基础，将两人口随机死亡率模型推广到多人口，采用两阶段加权最小二乘方法进行参数估计，改进了极大似然估计时存在的收敛问题，但该方法仍存在参数过多导致的过拟合问题；第八章基于层次贝叶斯法的高维多人口随机死亡率建模，在第七章内容的基础上，联立性别和地区两个人口群体划分标准，构建高维多人口随机死亡率模型，进一步将多人口随机死亡率模型纳入层次贝叶斯框架，弥补当前参数估计方法的不足，改善当前模型中存在的过拟合问题，并引入数据克隆方法，在模型层次中实现近似最大似然估计，提供较为理想的先验分布，提高参数估计质量。

第三篇为应用篇，包括第九章和第十章的内容，重点研究了保险公司和养老金制度长寿风险量化管理的实践机制。其中，第九章基于最优死亡率模型的保险公司长寿风险量化管理，将保险公司长寿风险进行分类，划分为死亡率降低超过预期导致的保险公司偿付能力不足的风险和死亡率降低程度被低估导致的保险公司偿付能力不足的风险，并应用多人口模型对两种长寿风险分别进行量化分析，以期为保险公司合理提取长寿风险偿付能力资本准备金，实现保险公司风险与收益的平衡管理；第十章基于最优死亡率模型的养老金长寿风险量化管理，通过对我国人口寿命延长趋势的研究，探讨延迟退休对我国养老金支付压力的影响，进一步研究经济、制度等因素变动对养老金支付压力的敏感性。

第四篇为总结篇，包括第十一章结论与展望，对研究结论和政策建议进行总结，并进一步提出了研究展望。未来从人口预期寿命的新路径出发，构建人口预期寿命随机预测模型，并运用生命表理论将人口预期寿命转化为分年龄死亡率，能够为多人口随机死亡率模型预测结果提供横向可比验证机制与长时期合理的系统保证，开拓人口死亡率预测模型理论研究的新范式，为长寿风险定量管理提供理论基础和方法保证。

本成果的研究具有较强的学术及应用价值。首先，利用人口统计学和保险精算学交叉学科内容进行研究，解决两学科领域中的共性难题，融入保险精算学后，弥补了人口统计学重要指标对象的研究短板，同时改进多群体模型强相关假设，使模型既能保证中长期的一致性与合理性，又能体现短期波动性。其次，本成果提出的多人口死亡率模型在当前国内研究领域具有前沿性。建立性别与地区共同联合的随机死亡率模型，构建高维多人口随机死亡率模型；建立层次贝叶斯框架下的多人口随机死亡率模型，借鉴生态学领域所采用的数据克隆方法（Data Clone），可提供较为理想的先验分布，提升层次贝叶斯模型参数估计的质量与效率。最后，研究成果因其多维度的特性，可以应用在不同人口特征的国家或地区，提供死亡率预测和长寿风险管理的有效方案，最终为人口死亡率预测与长寿风险度量提供科学、系统的框架体系。同时，将研究结果中国化，弥补我国人口死亡率数据有效积累少、质量差等问题，以实现省级和城市群的人口预测。

多人口随机死亡率模型研究具有重要社会意义，能够突破我国当前人口死亡率预测和长寿风险管理中的瓶颈与掣肘。通过提升中国人口死亡率预测和长寿风险度量的可靠性，合理预判未来人口年龄结构变化趋势，为国家制定养老金退休方案和生育政策等重大战略提供科学依据，更好地评估不同的退休方案和生育政策下对我国养老金体系支付压力的影响；多人口随机死亡率模型为保险公司等经济体提供动态生命表进行定价，合理地反映保险公司所面临的风险状况，提高保险公司终身年金产品的供给意愿，也是积极应对人口老龄化的必然要求。

在本著作的写作过程中，首都经济贸易大学金融学院 2021 级保险专业硕士生高欣雨、李玉轩、付遵毅、凌子怡和王琪等同学，参与了部分内容的撰写与文字校对工作。由于作者能力有限，内容难免存在不足之处，以期通过本成果抛砖引玉，为该科学领域的发展贡献绵薄之力。

目 录

第一篇 基础篇

第一章 绪论 ··· 3
第一节 研究背景 ··· 3
第二节 研究意义 ··· 5
第三节 文献综述 ··· 7
第四节 主要内容 ·· 27
第五节 创新之处 ·· 29

第二章 多人口随机死亡率建模的理论基础 ························ 32
第一节 模型基本原理 ·· 32
第二节 参数估计与预测方法 ···································· 37
第三节 模型的检验方法 ·· 43
第四节 模型比较与评价 ·· 46
第五节 本章小结 ·· 49

第三章 国内外人口死亡模式转变的趋势分析 ······················ 51
第一节 人口死亡模式转变的测度指标 ···························· 51
第二节 发达国家和地区人口死亡模式转变 ························ 53
第三节 中国人口死亡率变动趋势分析 ···························· 64
第四节 中国人口死亡率性别差异分析 ···························· 69
第五节 本章小结 ·· 77

第二篇 方法篇

第四章 考虑死亡模式转变的人口随机死亡率建模⋯⋯⋯⋯ 81
- 第一节 年龄轮转死亡率模型⋯⋯⋯⋯⋯⋯⋯⋯⋯ 82
- 第二节 数据来源与参数估计⋯⋯⋯⋯⋯⋯⋯⋯⋯ 83
- 第三节 中国人口死亡率动态预测⋯⋯⋯⋯⋯⋯⋯ 85
- 第四节 本章小结⋯⋯⋯⋯⋯⋯⋯⋯⋯⋯⋯⋯⋯ 88

第五章 基于极大似然估计法的两人口随机死亡率建模⋯⋯⋯ 89
- 第一节 两人口泊松公因子死亡率模型⋯⋯⋯⋯⋯ 89
- 第二节 数据来源与参数估计⋯⋯⋯⋯⋯⋯⋯⋯⋯ 92
- 第三节 中国人口死亡率动态预测⋯⋯⋯⋯⋯⋯⋯ 97
- 第四节 本章小结⋯⋯⋯⋯⋯⋯⋯⋯⋯⋯⋯⋯⋯ 98

第六章 基于奇异值分解法的两人口随机死亡率建模 ⋯⋯⋯ 100
- 第一节 两人口 Li-Lee 死亡率模型 ⋯⋯⋯⋯⋯⋯ 100
- 第二节 数据来源与参数估计⋯⋯⋯⋯⋯⋯⋯⋯⋯ 103
- 第三节 中国人口死亡率动态预测⋯⋯⋯⋯⋯⋯⋯ 106
- 第四节 本章小结⋯⋯⋯⋯⋯⋯⋯⋯⋯⋯⋯⋯⋯ 113

第七章 基于加权最小二乘法的多人口随机死亡率建模⋯⋯⋯ 115
- 第一节 多人口随机死亡率模型⋯⋯⋯⋯⋯⋯⋯⋯ 115
- 第二节 数据来源与精算假设⋯⋯⋯⋯⋯⋯⋯⋯⋯ 119
- 第三节 中国人口死亡率动态预测⋯⋯⋯⋯⋯⋯⋯ 120
- 第四节 本章小结⋯⋯⋯⋯⋯⋯⋯⋯⋯⋯⋯⋯⋯ 141

第八章 基于层次贝叶斯法的高维多人口随机死亡率建模⋯⋯⋯ 143
- 第一节 分层多人口随机死亡率模型构建⋯⋯⋯⋯⋯ 143
- 第二节 数据来源与参数估计⋯⋯⋯⋯⋯⋯⋯⋯⋯ 149
- 第三节 中国人口死亡率动态预测⋯⋯⋯⋯⋯⋯⋯ 155
- 第四节 方法比较与模型评价⋯⋯⋯⋯⋯⋯⋯⋯⋯ 166

第五节　本章小结……………………………………………… 171

第三篇　应用篇

第九章　基于最优死亡率模型的保险公司长寿风险量化管理………… 175
　　第一节　保险公司长寿风险量化模型…………………………… 176
　　第二节　数据来源与精算假设…………………………………… 180
　　第三节　保险公司长寿风险量化分析…………………………… 181
　　第四节　本章小结………………………………………………… 198

第十章　基于最优死亡率模型的养老金长寿风险量化管理…………… 201
　　第一节　我国基本养老保险精算收支模型……………………… 201
　　第二节　数据来源与精算假设…………………………………… 204
　　第三节　养老保险制度长寿风险量化分析……………………… 206
　　第四节　本章小结………………………………………………… 224

第四篇　总结篇

第十一章　结论与展望……………………………………………………… 227
　　第一节　研究结论………………………………………………… 227
　　第二节　政策建议………………………………………………… 230
　　第三节　研究展望………………………………………………… 233

参考文献……………………………………………………………………… 235

第一篇
基础篇

第一章 绪论

第一节 研究背景

构建系统的人口死亡率预测模型,是人口统计学和保险精算学交叉研究的理论热点和学术前沿,是人口经济管理中度量长寿风险、积极应对人口老龄化的基础性研究,具有重要的理论意义和实践价值。为提升人口死亡率预测模型的科学性,从多人口群体视角出发,将具有相关性的不同国家(地区)和性别的多个人口群体进行联立,建立一套对人口死亡率进行动态预测的模型体系,并对当前保险公司和养老金体系所面临的长寿风险进行定量研究,以期深化和拓展人口死亡率随机建模理论和长寿风险定量管理理论。本成果的研究,基于以下背景:

第一,人口寿命延长、老龄化程度加重,对国家养老金体系、保险公司和个人家庭的财务稳定造成较大冲击,科学预测人口死亡率是度量长寿风险的基础。随着经济的增长和医疗水平的提升,全球范围内的人口寿命延长已经成为不可逆转的趋势,伴随而来的长寿风险和人口老龄化,将会严重冲击经济主体的财务稳定性(Richard,2011;王晓军和姜增明,2016;Zhu 等,2017;赵明等,2019;赵明和王晓军,2020;Zhao 等,2020;Tsai 和 Wu,2020)。党的十九届四中全会《中共中央关于坚持和完善中国特色社会主义制度 推进国家治理体系和治理能力现代化若干重大问题的决定》中,提出要积极应对人口老龄化,既包括健全统筹城乡、可持续的基本养老保险制度,也包括发展商业保险作为必要补充。2019 年 11 月,中共中央、国务院印发《国家积极应对人口老龄化中长期规划》,规划期为 2020—2050 年,分三个阶段完成,并提出要打造高质量的养老服务和产品供给体系。2019 年 12 月 30 日,国务院常务会议中指出,我国已进入老龄化社会,60 岁以上老年人已达 2.5 亿人,需要提供适应养老需求的商业保险产品,同时要改善其他群体的保险供给。在这样的背景下,大力发展商业保险,提高保险公司养老年金产品供给的数量与质量,加快构建以个人养老金为基础的"第三支柱"养老金体系,减轻政府主导并负责管理的"第一支柱"基本养老保险制度的压力，具有重要的理论与现实意义。然而，人口死亡率变动趋势的不确定性和长寿风险度量的复杂性，将导致保险公司缺乏终身年金产品的供给意愿。因此，建立符合人口寿命变化特征的人口死亡率预测模型，是相关主体管理长寿风险的基础（Bohka 和 Rau，2017）。

第二，发达国家人口死亡模式呈现出多阶段的变化特征，且存在性别差异；而中国人口死亡率相对较高，下降空间较大，死亡模式转变也将成为必然趋势。人口寿命延长是人口死亡率下降导致的直接结果，发达国家人口死亡率普遍低于发展中国家，死亡模式呈现出了多阶段的变化特征，且存在性别差异，一般规律为：随着时间推移，死亡率下降首先出现在婴幼儿阶段，然后转向青年人群，继而转向正在工作的中年人群，随后会转向老年退休人群，最后出现在老年人群中的高龄人群（Dana 和 Shiro，2007；Ribeiro 和 Missov，2016；Santolino，2020）。对中国来说，人口死亡模式经历了从"U"形分布到"J"形分布的转变，即从以高婴儿死亡率和高老年人口死亡率为特征的"U"形分布，向低婴儿死亡率的"J"形分布转变。此外，中国人口死亡模式存在一定的性别差异，大致经历三个阶段：大部分年龄的女性死亡率高于男性的"传统模式"阶段、女婴和育龄妇女死亡率高于同年龄男性阶段和所有年龄组女性死亡率都低于男性的"现代模式"阶段（任强，2004；王金营，2013；赵明等，2019；Sherris 等，2020；Dong 等，2020）。在这样的背景下，发达国家人口死亡率相对较低，死亡模式已经历了多个阶段的变动，目前已形成较为稳定的趋势；而中国人口死亡率则相对较高，未来人口死亡率仍有较大的下降空间，死亡模式也尚未形成稳定的态势，若以当前死亡模式预测未来人口死亡率，则长期预测的结果会与实际结果产生较大的偏差。

第三，中国人口死亡数据有效积累期间短、质量差，部分年份的分年龄死亡数据无法达到统计学的显著性要求，导致发达国家常用的死亡率预测模型失效。发达国家常用的人口死亡率预测方法为 Lee-Carter 动态死亡率模型，在美国、瑞典等国家编制社会保险精算报告时所采用，但该方法主要适用于人口死亡数据质量较高的部分发达国家。对于中国来说，尽管人口总量较大，但分年龄、分性别的人口死亡数据的有效积累期间尚短，中国自 1982 年的第三次人口普查时开始积累分年龄、分性别的人口死亡率数据，自此每隔末位数字为 0 的年份为人口普查数据，每隔末位数字为 5 的年份为 1% 的抽样调查数据，其他年份为 1‰ 的变动抽样数据。此外，我国人口死亡数据质量不高，甚至普查年份新生婴儿和高龄人口死亡人数也存在严重漏报（翟振武和陶涛，2010；王金营和戈艳霞，2013；侯亚杰和段成荣，2018），大部分抽样调查年份的分年龄、分性别的人口死亡数据无法达到统计学的显著性要求（郭志刚，2011；黄润龙，2016），从而导致传统的死亡率预测模型的参数估计会出现较大偏差。在这样的背景下，通过将中国人口死亡率数据与高数据质量人口群体联合建模，可以扩充死亡率数据集，为中国人口数据导入更多有效的先验信息，提高参数估计的可信度和方法的科学性，合理判断未来人口年龄结构变化，为国家制定重大战略政策提供科学依据（Cairns 等，2011；Sherris 等，2018；Tsai 和 Wu，2020）。

第二节 研究意义

多人口随机死亡率建模与长寿风险定量管理研究，不仅能为人口数据质量较高的发达国家提供更具科学性的人口死亡率预测和长寿风险度量方法，还能为人口较少的国家和数据质量欠佳的发展中国家管理长寿风险提供可行的工具。具体而言，本成果研究具有如下的理论意义与实践价值。

一、理论意义

本成果作为人口统计学和保险精算学交叉研究内容，能够实现两学科融合发展和纵深化发展，开拓人口死亡率预测模型研究的新范式，为人口经济管理中长寿风险定量管理提供理论基础和方法保证。具体包括：

第一，补齐人口统计学重要指标对象的研究短板，丰富关联指标的内涵关系，为人口死亡预测提供科学的检验标准。单人口死亡率模型研究较多、目前已具备成熟的研究范式，而多人口死亡率模型研究较少、但其研究价值逐渐被国内外学者发现。由于人口死亡模式在发生转变，且不同国家（地区）的不同历史阶段，也展现出不同的变化特征，因此人口死亡率预测问题具有复杂性和不确定性。传统的以人口死亡率为研究对象的预测模型，没有考虑人口死亡模式的转变，仅以历史数据的拟合优度作为检验标准，无法验证未来预测结果的合理性。经过拓展的以多个人口群体的死亡率为研究对象的新视角，借助模型生命表构造原理，将不同群体人口间死亡率的发展关系进行转换，实现了死亡率预测结果的横向可比性，弥补了单人口模型预测结果无法验证的缺陷。

第二，人口死亡率建模是系统性工作，孤立地考虑单一人口群体（单一国家、地区或单一性别），长期预测中将会造成不同人口群体死亡率随时间出现不合理的交叉或背离，违背人类的生物规律特征。因此，将研究视角从"单群体"拓展到"多群体"，既是必要的，也是合理的。"多群体"这一概念，具有较为宽泛的外延，是指具有相似特征或属性的多个人口群体。这些相似特征或属性既可以是经济、文化、医疗技术、地理位置等外部特征，也可以是人的基因、种族和体质等内部属性。因此，在建立"多群体"随机死亡率模型时，既可以选取具有相似特征或属性的不同国家（地区）作为多人口群体，也可以将同一个国家的不同地区作为多人口群体，还可以将不同性别的人群作为多人口群体。由于具备了上述特征或属性，在一定期间内，多人口群体间的人口死亡率变动将具有一致性，是多人口死亡率建模最重要的前提假设。通过将两个或多个人口群体联合建模，考虑不同群体间死亡率变动趋势的一致性与差异性，能够有效提升死亡率长期预测的合理性。

第三，建立科学系统的人口死亡率预测模型，是人口统计学和保险精算学两学科领域共同面临的重点与难点。构建多人口随机死亡率模型，既拓展了研究维度，也丰富了研究视角；既实现了人口统计学与保险精算学两学科理论交叉共融与互动发展，也推动了各自学科理论的纵深化发展。基于人口统计学研究方法得出的结论，并将之引入保险精算中的长寿风险度量框架中，为建立多群体联合模型提供更具科学性的假设；同时随机死亡率模型理论也有益于人口学科的发展与借鉴。研究成果不仅能够开拓人口死亡率预测模型理论研究的新范式，还能够为人口经济管理中长寿风险定量管理提供理论基础和方法保证。

二、实践价值

第一，为国家制定养老退休方案和生育政策等重大战略提供科学依据。人口老龄化程度是影响一个国家制定退休方案和生育政策的重要因素，但世界各国人口长寿水平与老龄化程度有所差异，相互之间不可直接照搬借鉴。基于多人口群体的死亡率预测模型，可以获得未来不同年龄的人口死亡率变动趋势，全面掌握人口死亡模式特征，合理判断人口年龄结构的变化状况，提升中国人口死亡率预测和长寿风险度量的可靠性。在此基础上，可以更好地评估不同退休方案和生育政策下我国养老金体系可持续发展中的偿付能力状况，为国家制定相关的战略政策提供科学依据。

第二，为人寿保险公司产品定价提供科学依据，提高终身年金供给意愿。人寿保险公司厘定费率采用静态生命表，但保险产品是保障被保险人未来生命状况的契约，若采用动态生命表进行定价，能够更加合理地反映保险公司所面临的风险状况。科学系统的人口死亡率预测模型体系是构造动态生命表的基础,可以为保险公司费率厘定和准备金评估提供更为合理的基础保证。此外,人口死亡率变动的不确定性和长寿风险度量的复杂性,导致保险公司缺乏终身年金产品的供给意愿。建立多人口随机死亡率模型、提升中国人口死亡率预测的合理性和长寿风险度量的科学性,可以提高保险公司养老年金产品供给的数量与质量,加快我国构建以个人养老金为基础的"第三支柱"养老金体系,减轻政府主导并负责管理的"第一支柱"基本养老保险制度的压力。

第三,弥补我国人口死亡数据质量问题,实现省级和城市群的人口预测。我国人口死亡率数据有效积累少、质量差,甚至普查年份的新生婴儿和高龄人口死亡率数据仍存在严重误报,通过建立系统、科学的人口死亡率模型,可以修正人口普查漏报及抽样调查误差导致的信息失真。此外,我国省份、城市群的人口死亡率数据信息较少,通过多人口群体的建模思想,可以实现我国省际和城市群之间的人口死亡率的预测和长寿风险的度量与评估。

第三节 文献综述

人口死亡率动态预测常用的方法路径包括两种:一是先估计分年龄死亡率,再通过分年龄死亡率计算人口平均余命;二是先估计人口平均余命,然后通过既定的模型生命表模型计算分年龄死亡率。其中,人口随机死亡率模型的研究,当前已形成较为成熟的研究范式,经历了由单人口群体向多人口群体模型的进展;人口平均余命模型的研究,当前尚无成熟范式,亟待深化与开拓新的建模方法。

一、单人口群体随机死亡率模型

单人口群体随机死亡率模型由参数模型和非参数模型构成,其中参数模型占据了主导地位,非参数模型作为必备补充。其中,参数模型主要包括 Lee-Carter 模型、APC 模型和 CBD 模型等;非参数模型主要包括 P 样条模型、核密度模型和 HU 模型等,其应用场景少于参数模型。

(一) Lee-Carter 模型及改进

1. Lee-Carter 模型简介

国内外关于单人口群体随机死亡率模型的研究较早,其中 Lee-Carter 模型开创了随机死亡率建模的先河(Lee 和 Carter,1992)。Lee 和 Carter

（1992）提出的模型为公式（1.1）所示，

$$\ln(m_{x,t}) = \alpha_x + \beta_x k_t + \varepsilon_{x,t} \tag{1.1}$$

其中，$m_{x,t}$ 为 x 岁的人群在日历年 t 的中心死亡率；α_x 表示不同年龄（或年龄组）的死亡率与日历年 t 无关的部分；β_x 表示不同年龄（或年龄组）的死亡率与日历年 t 的交互效应部分；k_t 衡量了死亡率随 t 的变化趋势；$\varepsilon_{x,t}$ 是均值为 0，方差为 σ_ε^2 的误差项。

同时，Lee 和 Carter 给出了模型的正态化条件为：

$$\sum_t^T k_t = 0, \quad \sum_x \beta_x = 1 \tag{1.2}$$

基于上述假设，α_x 的估计值 $\hat{\alpha}_x$ 可以表示 $\ln(m_{x,t})$ 在时间维度上的平均值：

$$\hat{\alpha}_x = \sum_t^T \ln(m_{x,t})/T = \ln\left[\prod_t^T m_{x,t}^{1/T}\right] \tag{1.3}$$

2. 参数估计方法

Lee-Carter 模型具有多种参数估计的方法，其中包括矩阵奇异值分解法（SVD）、最小二乘法（OLS）、加权最小二乘法（WLS）以及泊松对数双线性模型法（Poisson Log-bilinear）等。

（1）矩阵奇异值分解法。假设误差项对所有 x 和 t 都具有相同的方差。在第一阶段，通过对矩阵 $\ln(m_{x,t}) - \hat{\alpha}_x$ 进行奇异值分解得到：

$$\text{SVD}\left[\ln(m_{x,t}) - \hat{\alpha}_x\right] = \sum_{i=1}^r \rho_i U_{x,i} V_{t,i} \tag{1.4}$$

其中，r 为矩阵 $\ln(m_{x,t}) - \hat{\alpha}_x$ 的秩，ρ_i 为矩阵 $\ln(m_{x,t}) - \hat{\alpha}_x$ 从大到小排列的奇异值，$U_{x,i}$ 和 $V_{t,i}$ 是对应的两个奇异向量。使用奇异值分解结果的第一项进行参数估计，就可以很好地近似估计 β_x 和 k_t，那么 $\left[\ln(m_{x,t}) - \hat{\alpha}_x\right] \approx \rho_1 U_{x,1} V_{t,1}$，得到 $\hat{\beta}_x = U_{x,1}/\sum_x U_{x,1}$ 和 $\hat{k}_t = \rho_1 V_{t,1} \sum_x U_{x,1}$。对于奇异矩阵，存在无穷多组解，SVD 分解方法是基于主成分分析的思想，获得对整个矩阵贡献率最大的一组向量，即为 β_x 和 k_t 的估计值。由于奇异矩阵中使用的是死亡率对数，会导致参数估计结果存在一定的偏差，因此有必要对估计结果进行调整。Lee 和 Carter（1992）提出了采用实际死亡人数与拟合的死亡率人数相等的方式，对参数 $\hat{k}_t$ 进行调整，即 $\sum_x d_{x,t} = \sum_x e_{x,t} e^{\hat{\alpha}_x + \hat{\beta}_x \hat{k}_t}$，$e_{x,t}$ 为 t 时年龄为 x 的人口总数，即暴露人口数。

（2）最小二乘法。根据式（1.2）和式（1.3），对 β_x 和 k_t 进行参数估计的程序如下：

第一步，将式（1.1）两边对年龄 x 求和，得到 $\hat{k}_t = \sum_x \left[\ln(m_{x,t}) - \hat{\alpha}_x\right]$；

第二步，利用 $\hat{k}_t$ 对 $\left[\ln(m_{x,t}) - \hat{\alpha}_x\right]$ 进行线性回归，建立回归方程 $\ln(m_{x,t}) - \hat{\alpha}_x = \beta_x \hat{k}_t + \varepsilon'_{x,t}$；

第三步，基于最小二乘法最小化 $\sum_{x,t}\left[\ln(m_{x,t})-\hat{\alpha}_x-\hat{\beta}_x\hat{k}_t\right]^2$，可以得到 $\hat{\beta}_x = \sum_{t=1}^T \hat{k}_t \ln(m_{x,t}) - \hat{\alpha}_x / \sum_{t=1}^T k_t^2$。

由于先估计 k_t 再估计 β_x，并且在第二步时利用最小二乘法对 β_x 的估计能够有效地使拟合值接近真实值。

（3）加权最小二乘法。加权最小二乘法对 k_t 的估计和最小二乘法相同。$\ln(m_{x,t})$ 的方差近似等于死亡人数 $d_{x,t}$ 的倒数，因此可以将 $d_{x,t}$ 作为残差平方和的权重。最小化经加权处理后的残差平方和为 $\sum_{x,t} d_{x,t}\left[\ln(m_{x,t})-\hat{\alpha}_x-\hat{\beta}_x\hat{k}_t\right]^2$，得到 $\hat{\beta}_x = \sum_{t=1}^T d_{x,t} k_t \ln(m_{x,t} - \alpha_x) / \sum_{t=1}^T d_{x,t} k_t^2$。

（4）极大似然估计。极大似然估计方法放宽了 Lee-Carter 模型残差项的同方差假设，假设死亡人数服从泊松分布，即 $d_{x,t} \sim \text{Poisson}(e_{x,t}e^{\hat{\alpha}_x+\hat{\beta}_x\hat{k}_t})$。最后通过推导，将以下似然函数最小化，即可实现模型的估计：

$$l(\alpha,\beta,k) = \sum_{x,t}\left[d_{x,t}(\alpha_x+\beta_x k_t) - e_{x,t}e^{\alpha_x+\beta_x k_t}\right] + \text{constan}\,t \quad (1.5)$$

在此基础上，利用 Goodman（1979）的参数迭代方法来进行参数估计。从参数初始值，$\hat{\alpha}_x^{(0)}=0$，$\hat{\beta}_x^{(0)}=1$ 和 $\hat{k}_t^{(0)}=0$ 开始，按以下步骤迭代：

$$\hat{\alpha}_x^{(v+1)} = \hat{\alpha}_x^{(v)} + \frac{\sum_t\left(d_{x,t}-\hat{d}_{x,t}^{(v)}\right)}{\sum_t \hat{d}_{x,t}^{(v)}}, \quad \hat{\beta}_x^{(v+1)} = \hat{\beta}_x^{(v)}, \quad \hat{k}_t^{(v+1)} = \hat{k}_t^{(v)}$$

$$\hat{k}_t^{(v+2)} = \hat{k}_t^{(v+1)} + \frac{\sum_t\left(d_{x,t}-\hat{d}_{x,t}^{(v+1)}\right)\hat{\beta}_x^{(v+1)}}{\sum_t \hat{d}_{x,t}^{(v)}\left(\hat{\beta}_x^{(v+1)}\right)^2}, \quad \hat{\alpha}_x^{(v+2)} = \hat{\alpha}_x^{(v+1)}, \quad \hat{\beta}_x^{(v+2)} = \hat{\beta}_x^{(v+1)}$$

$$\hat{\beta}_x^{(v+3)} = \hat{\beta}_x^{(v+2)} + \frac{\sum_t\left(d_{x,t}-\hat{d}_{x,t}^{(v+2)}\right)\hat{k}_t^{(v+2)}}{\sum_t \hat{d}_{x,t}^{(v+2)}\left(\hat{k}_t^{(v+2)}\right)^2}, \quad \hat{\alpha}_x^{(v+3)} = \hat{\alpha}_x^{(v+2)}, \quad \hat{k}_t^{(v+3)} = \hat{k}_t^{(v+2)}$$

其中，第 v 次更新需满足条件 $\hat{d}_{x,t}^{(v)} = e_{x,t}e^{\hat{\alpha}_x^{(v)}+\hat{\beta}_x^{(v)}\hat{k}_t^{(v)}}$。当参数更新使式（1.5）的增量小于 10^{-6} 时停止迭代，得出三类参数的估计值（李志生和刘恒甲，2010）。

3. Lee-Carter 模型改进

Lee-Carter 模型假设对数死亡率由相互独立的年龄效应和周期效应构成，具有模型参数少、拟合过程简单和预测结果稳健等优势，得到学者的普遍应用（Blake 和 Burrows，2001；卢仿先和尹莎，2005）。Lee-Carter 模型采用两阶段方法进行参数估计与拟合，第一阶段通常使用奇异值分解法（SVD）或最大似然法（MLE）估计静态参数（Booth，2006；王晓军和蔡正高，2008）；第二阶段通过时间序列模型（ARIMA 模型）拟合动态参数（Bongaarts 和 Feeney，2002；祝伟和陈秉正，2012）。

随着人口死亡率模型理论的不断发展，Lee-Carter 模型暴露出一些缺陷，其改进主要包括以下几方面，具体内容见表 1-1。

表 1-1　Lee-Carter 模型改进相关研究现状及发展动态

改进内容	代表文献
1. 参数估计方法的改进	Wilmoth（1999）；Lee 和 Miller（2001）
2. 放宽模型假设	Brouhns 等（2002）；Schmertmann 等（2008）；韩猛和王晓军（2010）
3. 有限数据下的方法改进	Li 等（2004）；王晓军和任文东（2012）
4. 死亡率改善因子动态改进	Bongaarts（2005）；Booth（2006）；Girosi 和 King（2008）；Li 和 Gerland（2011）；Li 等（2013）；胡仕强和陈荣达（2018）

（1）改进参数估计方法。Lee-Carter 模型参数估计使用的奇异值分解（SVD）方法误差较大，Wilmoth（1999）提出了加权二乘估计（WLS）方法和极大似然估计（MLE）方法，能够有效提高参数估计的拟合优度。此外，拟合周期的选取对 Lee-Carter 模型参数估计与预测结果产生显著影响，为了在死亡率数据不规则的情况下提高 Lee-Carter 模型的精确度，应采用科学的选取历史数据周期的方法（Lee 和 Miller，2001）。

（2）放宽模型假设。针对 Lee-Carter 模型中假设要求较高的问题，部分学者提出了泊松对数双线性（PB）模型，仅假设死亡人数服从泊松分布，放宽了 Lee-Carter 模型残差项的同方差假设（Brouhns 等，2002；韩猛和王晓军，2010）。在死亡人数服从泊松分布的假设下，构造泊松似然函数，采用贝叶斯方法对模型进行参数进行估计（Schmertmann 等，2008）

（3）有限数据问题下的方法改进。Lee-Carter 模型对数据连续性具有较高要求，限制了该方法在有限数据国家的应用。Li 等（2004）在对数双线性假设下提出了基于有限数据的 Lee-Carter 模型方法，能够有效解决数据较少国家死亡率预测的问题。此外，我国学者也采用有限数据下 Lee-Carter 模型对中国人口死亡率进行预测，在样本量较少时，对时间序列的波动性进行研究，使得预测结果更加稳健与合理（王晓军和任文东，2012）。

（4）死亡率改善因子动态改进。Lee-Carter 模型中常数人口死亡率改善因子假设被多位学者证实并不合理，如果建模时不考虑死亡率改善因子随时间进展的变化，则长期预测会出现严重偏误，尤其是对于死亡率改善程度较低的国家（Bongaarts，2005；Booth，2006；Girosi 和 King，2008）。为了避免这种情况，在 Lee-Carter 模型中加入了一个旋转项，来体现人口死亡率改善随时间的变迁趋势，并通过使新加项随时间连续地发生旋转，来改进 Lee-Carter 模型中常数死亡率改善因子的假设（Li 和 Gerland，2011；Li 等，2013）。此外，采用双因子 Lee-Carter 模型，基于贝叶斯 MCMC 方法，改进单因子 Lee-Carter 模型中死亡率改善为常数的假设，可以显著提升模型拟合优度（胡仕强和陈荣达，2018）。

（二）参数方法的扩展模型

基于 Lee-Carter 模型思想，国内外学者提出一些扩展的参数模型方法，主要包括以下几个方面，具体内容见表 1-2。

表 1-2　参数方法的扩展模型相关研究现状及发展动态

模型方法	代表文献
1. 包含队列效应的 APC 模型	Renshaw 和 Haberman（2006）
2. 适用于高龄人口死亡率建模的 CBD 模型	Cairns 等（2006a）；Cairns 等（2006b）；Cairns 等（2007）；Cairns 等（2008）；Currie（2011）；王晓军和黄顺林（2011）；吴晓坤和王晓军（2014）；段白鸽（2015）；王志刚等（2016）；樊毅等（2017）
3. 特定年龄的时间序列模型	Plat（2009）；任强和侯大道（2011）；范勇等（2015）；Lin 等（2015）
4. 贝叶斯框架下的随机死亡率模型	Girosi 和 King（2008）；Dellaportas 等（2010）；Pedroza（2006）；Kogure 和 Kurachi（2010）；Riebler 和 Held（2010）；Jackie 等（2018）

1. 包含队列效应的 APC 模型

Age-Period-Cohort 模型（APC 模型），即年龄-时期-队列效应模型，该方法在医学领域的应用较早。Renshaw 和 Haberman（2006）在 Lee-Carter 模型的基础上进行改进，提出了包含世代效应（Cohorteffect）的 APC 模型，其表达式为

$$\log m_{x,t} = \alpha_x + \kappa_t + \gamma_{t-x} \tag{1.6}$$

其中，$t-x$ 为出生年，γ_{t-x} 则表示世代效应或出生效应，公式（1.6）需满足如下的限制条件：$\sum_t \kappa_t = 0$，$\sum_c w_c \gamma_c = 0$，$\sum_c w_c c \gamma_c = 0$

APC 模型在随机死亡率模型领域的应用，是基于对 Lee-Carter 模型的扩展，将人口队列效应对死亡率影响考虑到模型中，提升了随机死亡率模型的科学性（Ungolo 等，2020）。

2. 适用于高龄人口的 CBD 模型

由于高龄人口暴露数相对较少、死亡分布规律较为特殊,当前普遍采用的 Lee-Carter 模型和 APC 模型无法较好地拟合高龄人口死亡状况,具有两因子的 CBD 模型能够很好地解决这一问题(Cairns 等,2006a;Cairns 等,2006b;Cairns 等,2007)。如果同时考虑 BIC 信息准则和参数的稳健性,加入队列效应的 CBD 模型是拟合人口死亡率的最优选择(Cairns 等,2008)。两因子 CBD 模型的形式为

$$\log m_{x,t} = \kappa_{x,t} + \kappa_{1,t}(x - \bar{x}) \tag{1.7}$$

该模型本质上即为不同的年份 t 上的 Gompertz(1825)模型。Currie(2011)放松了 Gompertz 模型假设,对 CBD 模型进行了扩展,得到

$$\log m_{x,t} = \kappa_{x,t} + \kappa_{1,t}S(x) \tag{1.8}$$

其中,$S()$ 为一个基于惩罚样条(Penalised Splines)的平滑函数,可见,式(1.7)为式(1.8)的一个特例。

随着研究的不断深入,CBD 模型假设逐渐被放松,通过加入基于惩罚样条(Penalised Splines)的平滑函数对其进行扩展(Currie,2011),可以增强模型的适用性。此外,我国学者探讨了 Lee-Carter 模型、CBD 模型和 APC 模型等在中国的适用情况,结果表明 Lee-Carter 模型和 CBD 的扩展模型拟合效果较好(王晓军和黄顺林,2011;吴晓坤和王晓军,201;段白鸽,2015;王志刚等,2016;樊毅等 2017)。

3. 特定年龄的时间序列模型

针对特定年龄的死亡率建模,采用 ARMA 族模型,可以获得较好的模型估计结果(Plat,2009;任强和侯大道,2011;范勇等,2015),并在此基础上考虑了残差的异质性,将某一年龄段的死亡率时间序列拟合为 AR-GARCH 模型,并递归预测下一个连续年份该年龄段的死亡率,区间预测结果比 Lee-Carter 模型具有更大的覆盖度(Lin 等,2015)。

4. 贝叶斯框架下的随机死亡率模型

贝叶斯框架在死亡率建模中的应用较多,通过先验信息和协变量信息的选取,能够有效提升死亡率模型的参数估计效果(Girosi 和 King,2008;Dellaportas 等,2010)。同时,贝叶斯方法还能够校准死亡率模型分布规律,如对 Heligman-Pollardm 模型进行校准(Pedroza,2006;Kogure 和 Kurachi,2010)。此外,贝叶斯框架具有很强的扩展性,可与经典死亡率模型结合应用,如 APC 模型(Riebler 和 Held,2010)和 Lee-Carter 模型(Jackie 等,2018;Basellini 等,2020)。

(三) 非参数模型

非参数模型方法主要应用于人口死亡率修匀，在死亡率动态预测模型中的应用较少，主要包括 P-样条模型、核密度模型和 HU 模型等方法，具体内容见表 1-3。

表 1-3 非参数模型研究现状及发展动态

模型内容	代表文献
1. 泊松 P-样条模型	Eilers 和 Marx（2002）；Currie 等（2004）；Djeundje 和 Currie（2011）
2. 核密度模型	Gavin 等（1995）；张志强等（2005）；Mazza 和 Punzo（2011）
3. 非参数 HU 模型	Hyndman 和 Ullah（2007）；王洁丹等（2013）

1. 泊松 P-样条模型

Currie，Durban&Eilers（2004）提出了如下形式的 P-样条模型，

$$\log m_{x,t} = \sum_i \sum_j B_i(x) B_j(t) \theta_{ij} \tag{1.9}$$

其中，$B()$为基样条（Boor，2001），$B_i(x)$和$B_j(t)$分别为年龄 x 与时代 t 的函数，Eilers 和 Marx（1996）针对该模型，采用年龄和日历年（时代）两个因素的双惩罚函数对θ_{ij}进行平滑。

Richards，Kirkby 和 Currie（2006）对模型（5）提出了改进，

$$\log m_{x,t} = \sum_i \sum_k B_i(x) B_k(t-x) \theta_{ik} \tag{1.10}$$

模型（6）用出生年（$t-x$）代替了年龄 x 进行平滑，将世代效应引入模型中，使该模型能够考虑世代效应对死亡率的影响。

此外，二维泊松 P-样条模型：

$$\ln E(y) = \ln e + \ln \mu = \ln e + (B_y \otimes B_a)\theta = \ln e + B\theta \tag{1.11}$$

是在二维回归 B-样条基础上构建的，其中以列向量的形式来表示动态死亡率矩阵，即 $y=\mathrm{vec}(Y)$，$e=\mathrm{vec}(E)$，$\mu=\mathrm{vec}(M)$。同时，令B_a为基于年龄x_a的$m \times k_a$维的 B-样条的回归矩阵，B_y为基于日历年x_y的$n \times k_y$维的 B-样条的回归矩阵。则二维泊松 P-样条模型的回归矩阵为，$B=B_y \otimes B_a$。

通过迭代重加权最小二乘法（IRWLS），可以得到二维泊松 P-样条模型的惩罚函数（Eilers 和 Marx，2002；Currie 等，2004）：

$$P = \lambda_a (I_{k_y} \otimes D_d^\mathrm{T} D_d) + \lambda_y (D_d^\mathrm{T} D_d \otimes I_{k_a}) \tag{1.12}$$

其中，λ_a和λ_y分别为年龄和日历年的平滑参数。I_{k_a}和I_{k_y}分别为维度为k_a和k_y的单位阵。此外，针对泊松分布的过离散问题，整体模型的估计采

用惩罚伪似然法可以得到较好的结果（Djeundje 和 Currie，2011）。

2. 核密度模型

核密度模型主要作为人口死亡率修匀方法，其发展经历了由对称核密度向非对称核密度的发展（Gavin 等，1995；张志强等，2005）。二维核密度方法在精算领域的应用，实现了人口死亡率的动态修匀，也可用于死亡率的动态预测，其中离散 Beta 核方法较为成熟，该方法不仅解决了边界偏差问题，而且能够获取较为理想的拟合效果（Mazza 和 Punzo，2013）。

（1）模型建立。设随机变量 X 表示年龄，随机变量 Y 表示日历年，在日历年 y 年龄为 x 岁的死亡人数为 $d(x, y)$，$d(x, y)$ 服从二项分布，即

$$d(x,y) \sim \text{Bin}[e(x,y), q(x,y)] \quad (1.13)$$

其中，$e(x, y)$ 为日历年 y 年龄为 x 岁的人口暴露数，$q(x, y)$ 为日历年 y 年龄为 x 岁的未知的真实死亡率。

定义 Z 为一个二维离散随机变量（年龄和日历年），其取值空间为 $Z = \{a_Z, b_Z\}$。当只有年龄一个随机变量时，则 Z 由 X 所代替；当只有日历年一个随机变量时，则 Z 由 Y 所代替。Z 为一个二维离散随机变量（年龄和日历年），其取值空间为 $Z = \{a_Z, b_Z\}$。当只有年龄一个随机变量时，则 Z 由 X 所代替；当只有日历年一个随机变量时，则 Z 由 Y 所代替。

可以得到二维离散 beta 核为：

$$k_{h_Z}(z; m_Z) = (z - a_Z + \tfrac{1}{2})^{\frac{m_Z - a_Z + \frac{1}{2}}{h_Z(c_Z + 1)}} (b_Z + \tfrac{1}{2} - z)^{\frac{b_Z + \frac{1}{2} - m_Z}{h_Z(c_Z + 1)}}, \quad z \in Z \quad (1.14)$$

其中，$c_Z = b_Z - a_Z$，h_Z 为带宽，将上式标准化为

$$K_{h_Z}(z; m_Z) = \frac{k_{h_Z}(z; m_Z)}{\sum_{\omega \in Z} k_{h_Z}(\omega; m_Z)}, \quad z \in Z \quad (1.15)$$

定义粗死亡率为 $\dot{q}(x, y)$，是与真实的未知死亡率 $q(x, y)$ 相对应的。其中，x 表示年龄，y 表示日历年，且 $x \in Xy$，$y \in Y$。则，在离散 beta 核估计下的粗死亡率的估计值为：

$$\hat{q}(x, y) = \sum_{u \in X} \sum_{v \in Y} K_{h_X, h_Y}(u, v; m_X = x, m_Y = y) \dot{q}(u, v), \quad (x, y) \in X \times y\, Y \quad (1.16)$$

其中，

$$K_{h_X, h_Y}(x, y; m_X, m_Y) = K_{h_X}(x; m_X) y K_{h_Y}(y; m_Y) y \quad (x, y) \in X \times y\, Y \quad (1.17)$$

（2）设置带宽自适应。为了实现二维离散 Beta 核的修匀过程，将带宽 h_Z 设置为一个随观测数据的可靠性而变动的函数，而不是简单地将带宽限制为一个固定值。当数据的可靠性较高时，则带宽 h_Z 的值较小，则粗死

亡率的估计值的拟合度较高；当数据的可靠性较低时，则带宽h_z的值较大，则粗死亡率的估计值的光滑性较高。这种方法便是核估计的带宽自适应方法，带宽h_z由可靠性$l_z(z)$和敏感性参数s决定。

带宽自适应的表达式为

$$h_Z(z;s_Z) = h_Z[l_Z(z)]^{s_Z}, \ z \in Z \tag{1.18}$$

其中，h_z为全局带宽，敏感性参数s为局部因子，且$s \in [0,1]$。可靠性$l_z(z)$决定着局部因子s的大小，而局部因子s控制着可靠性$l_z(z)$不会出现极端的偏差。当局部因子$s=0$时，此时则消除了可靠性$l_z(z)$在选择带宽时的作用，则此时便成了固定带宽问题。

此外，d~Bin[e(z),$\tilde{q}(z)$]，其中$\tilde{q}(z)$是$q(z)$的最大似然估计值。因此，可靠性$l_z(z)$经常采用变异的相对测量方法，则变异系数（Variation Coefficient，VC）的计算公式为

$$\text{VC}(z) = \frac{\sqrt{e(z)\tilde{q}(z)[1-\tilde{q}(z)]}}{e(z)\tilde{q}(z)}, \ z \in Z \tag{1.19}$$

则，$[l_Z(z)]^{s_Z} \in [0,1]$在的条件下，则可靠性$l_z(z)$的表达式为

$$[l_Z(z)] = \frac{\text{VC}(z)}{\sum_{\omega \in Z} \text{VC}(\omega)}, \ z \in Z \tag{1.20}$$

（3）带宽与敏感性参数的选择。交叉核实法（Cross-Validation）是带宽h_z选择的常用方法。在二维离散Beta核的死亡率修匀过程中，带宽的选择是通过最小化CV统计量来实现的，其统计量的表达式为

$$\text{CV}(h_Z) = \sum_{z \in Z} res^2[\dot{q}(z), \hat{q}_{-z}(z)] \tag{1.21}$$

其中，$res[\dot{q}(z), \hat{q}_{-z}(z)]$为$z$点处的残差（Residual），$\dot{q}(z)$为$z$点处的粗死亡率，$\hat{q}_{-z}(z)$的计算公式为

$$\hat{q}_{-z}(z) = \sum_{\substack{v \in Z \\ v \neq zz}} \frac{k_{h_Z}(v; m_Z=z)}{\sum_{\substack{w \in Z \\ w \neq z}} k_{h_Z}(w; m_Z=z)} \dot{q}(z) \tag{1.22}$$

然而，在死亡率修匀中经常采用残差的比例差分形式（赫雷格曼和波拉德，1980），其表达式为

$$res[\dot{q}(z), \hat{q}_{-z}(z)] = \frac{\hat{q}_{-z}(z)}{\dot{q}(z)} - 1 \tag{1.23}$$

3. 非参数HU模型

为了弥补和改进参数估计方法的不足，借助函数型数据分析和稳健估计的思想，非参数HU模型是一种利用平滑技术来预测死亡率的方法，该

方法克服异常值对传统 Lee-Carter 模型参数估计的影响（Hyndman 和 Ullah，2007）。我国学者将函数型数据分析的思想运用于中国人口的死亡数据，运用主成分分析法实现人口死亡率的动态预测（王洁丹等，2013）。

非参数 HU 模型的基本原理为：定义 m_x 为 $(x, x+1)$ 区间上的人口死亡率，$\lambda(x)$ 为此区间上危险率函数的加权平均值（用生存概率进行加权），$y_t^*(x_i)$ 为分年龄死亡率的观测数据，t 表示年份，x_i 表示观测年龄，则观测样本可表示为 $\{x_i, y_t^*(x_i)\}$，$t=1,\cdots,n$，$i=1,\cdots,p$。

首先，对 $y_t^*(x_i)$ 做 Box-Cox 变换：

$$y_t(x_i) = \begin{cases} \dfrac{1}{\lambda}\left(\left[y_t^*(x_i)\right]^\lambda - 1\right) & if\ 0 < \lambda < 1 \\ \ln\left(y_t^*(x_i)\right) & if\ \lambda = 0 \end{cases} \quad (1.24)$$

其中，λ 表示变换强度。对变换后的 $y_t(x_i)$ 建模主要包括两种方式：

其一，

$$y_t(x_i) = f_t(x_i) + \sigma_t(x_i)\varepsilon_{i,t} \quad (1.25)$$

模型（1.25）是对死亡率函数进行拟合。其中，$f_t(x)$ 函数表示对离散的死亡率点值进行光滑后形成的曲线，且 $\varepsilon_{i,t} \sim IID(0,1)$，$\sigma_t(x)$ 为扰动项的方差、是年龄 x 和时间 t 的函数。

其二，

$$f_t(x) = \mu(x) + \sum_{k=1}^{K} \beta_{t,k} \phi_k(x) + e_t(x) \quad (1.26)$$

模型（1.26）是对死亡率函数进行函数型主成分分解（FPCA），表示死亡率是随时间变化的函数。其中，$f_t(x)$ 在时间 t 上的期望为 $\mu(x)$，$\{\phi_k(x)\}$ 是采用 FPCA 方法获得的正交基函数，$e_t(x)$ 是独立不相关的。此外，$\{\beta_{t,k}\}$ 使模型随时间 t 能够动态进展，以实现人口死亡率的动态预测。当 $\lambda = 0$、$\sigma_t(x) = 0$ 且 $K=1$ 时，模型（1.26）可以退化为 Lee-Carter 模型，即基于 FPCA 的非参数 HU 模型通过离散化与精简化后，可以转换为经典的参数 Lee-Carter 模型。

综上所述，随着人口死亡率模型研究的不断深入，单人口群体模型的弊端逐渐暴露，在长期应用中会使死亡率预测值出现不合理交叉或偏离。人口死亡率建模是系统性工作，孤立的考虑单一人口群体（单一国家、地区或单一性别），将会造成不同人群死亡率随时间出现违背人类生物规律的结果。通过将两个或多个人口群体联合建模，考虑不同群体间死亡率变动趋势的一致性与差异性，能够有效提升死亡率长期预测的科学性。下面,对多人口群体随机死亡率模型的研究现状与动态进行综述。

二、多人口群体随机死亡率模型

在单人群模型基础上,通过考虑不同人群间的相互关系,设定相应的精算假设,使不同人群死亡率预测结果在长期内保持稳定关系,且符合人口学特征。多人口群体随机死亡率模型是当前研究的热点和前沿,主要包括三种类别:多人口参数随机死亡率模型、特殊的两人口参数随机死亡率模型和其他多人口随机死亡率模型,具体研究进展如下。

(一)多人口群体参数随机死亡率模型

多人口随机死亡率模型的研究中,基于 Lee-Carter 模型框架的参数方法是最为成熟和普遍接受的研究范式,其进展代表了该领域的发展态势,主要包括 Joint-k 模型、ACF 模型及其改进模型和 CAE 模型等。多人口参数随机死亡率模型可以总结为如下五种类别:

1. 扩展共同因子模型

$$\ln m_{x,t,i} = \alpha_{x,i} + \beta_x k_t + \beta_{x,i} k_{t,i} \qquad (1.27)$$

不同国家(地区)人口死亡率改善受诸多共同因素影响,如经济发展、医疗技术水平提升等,同时也存在特异性(Booth 等,2002;Li 和 Chan,2007)。在建立多人群随机死亡率模型时,既要考虑一致性要求,也要考虑其间差异(Curre 等,2004;Li 等,2009;Jarner 和 Kryger,2011;Hunt 和 Blake,2015;Tsai 和 Wu,2020)。Li 和 Lee(2005)提出了共同因子模型,

$$\ln m_{x,t,i} = \alpha_{x,i} + \beta_x k_t \qquad (1.28)$$

即先建立人口死亡率改善的共同趋势因子,同时考虑不同国家(地区)各自的参数因子,预测结果满足不同人群的一致性要求。此外,部分学者在共同因子 Lee-Carter 模型基础上做进一步扩展,将死亡率依赖性加入模型中,使模型考虑因素更全面(Li 和 Hardy,2011;Jarner 和 Kryger,2011;Debón 等,2011)。

2. 共同因子加队列效应模型

$$\ln m_{x,t,i} = \alpha_x + \beta_x^{(1)} k_t + \gamma_{t-x} + \alpha_{x,i} + \beta_x^{(2)} k_{t,i} \qquad (1.29)$$

Villegas 和 Haberman(2014)提出了 RelativeLee-Carter+队列效应模型,讨论了 Lee-Carter 模型的多个扩展形式以及在不同社会经济背景人群中的适用性,构建了包含队列效应的相对模型。Yang 等(2016)在死亡人数服从泊松分布的假设下,建立了 Lee-Carter+共同因子+队列效应模型:

$$\ln m_{x,t,i} = \alpha_{x,i} + \beta_x k_t + \sum_{j=1}^{N} \beta_x^{(j,i)} k_t^{(j,i)} + \beta_x^{(0,i)} \gamma_{t-x}^j \qquad (1.30)$$

研究发现队列效应的直接参数化可以提高模型拟合度，减少对周期效应的额外需求，并能为多人群提供一致的死亡率预测。

3. 协整关系模型

部分学者采用协整分析方法研究多国家死亡率数据的长期均衡，并使用向量误差修正模型（Vector Error Correction Model，VECM）进行死亡率预测。

$$\ln m_{x,t,i} = \alpha_{x,i} + \beta_x k_{t,i} \qquad (1.31)$$

这些模型的一个共同特点是，它们的构建方式使不同人群的死亡率预测在长期内不会出现差异（Yang 和 Wang，2013；Zhou 等，2013）。

4. 加入跳跃因素模型

Zhou 等（2013）在 Lee-Carter 模型框架下提出了一个具有跳跃性的多人群模型。Lin 等（2013）建立了跳跃扩散死亡率模型，为具有相关性的多个人群间死亡率依赖关系加入共同跳跃和特质性因子。以上研究均侧重于分析原始死亡率数据之间的相关性，但数据表现出自相关或波动率聚类等噪声，可能会混淆依赖结构，同时隐含假设死亡率波动遵循高斯过程。

5. 共同周期效应和年龄效应模型

在共同因子模型的框架上，部分学者建立了共同周期效应模型，即 Joint-k 模型：

$$\ln m_{x,t,i} = \alpha_{x,i} + \beta_{x,i} K_t + \varepsilon_{x,t,i} \qquad (1.32)$$

刻画不同人群死亡率在周期上的共同趋势（Delwarde 等，2006；Wilmoth 和 Valkonen，2001；Li 和 Hardy，2011；Jarner 和 Jallbjørn，2020）。此外，Kleinow（2015）提出了 CAE 模型（Common Age Effect Model）

$$\ln m_{x,t,i,j} = \alpha_{x,i} + \sum_x B_{x,j} k_{t,i,j} + \varepsilon_{x,t,i,j} \qquad (1.33)$$

建立了共同年龄效应因子，并使用主成分分析方法来获得共同年龄效应的参数估计，模型简洁，且拟合效果较佳。

（二）特殊的两人口群体参数随机死亡率模型

针对两人口群体建立随机死亡率模型，可以直接采用上述的多人口参数随机死亡率模型方法，其中人群变量 $i=1$，2。此外，两人口群体还可以采取更具有针对性的方法来建立模型，其模型思想为假设两个相互关联的人口群体的死亡率之间存在一个固定比率,也就是随着时间的推移,相关联的两个人口群体间的死亡率比值是稳定的,即两人口群体之间具有稳定比率关系的年龄效应参数、时间效应参数和队列效应参数(Cairns 等,2011)。

基于上述假设,两人口死亡率模型分为两类:一类是基于 APC 模型拓展的适用于全年龄段的参数人口死亡率模型,另一类是基于 CBD 模型拓展的适用于高龄人口的参数死亡率模型,具体内容见表 1-4。

表 1-4 基于 Copula 方法的多人群死亡率模型研究现状及发展动态

模型方法	代表文献
1. 全年龄段两人口参数模型	一是引力关系两国别人群模型(Dowd 等,2011;Cairns 等,2011); 二是平等关系两性别人群模型(郝虹生,1995;Tuljapurkar 等,2000;Trovato 和 Heyen,2004;Pitacco 等,2009;马妍,2015)
2. 高龄段两人口参数模型	Cairns 等(2009);Currie 等(2011);Li 等(2015);Li 和 Liu(2019)

1. 基于 APC 模型拓展的适用于全年龄段的参数人口死亡率模型

(1)引力关系两国别(地区)人群模型。模型表达式为:

$$\ln m_{x,t,i} = \alpha_{x,i} + k_{t,i} + \gamma^i_{t-x} \quad (1.34)$$

适用于全年龄段人口随机死亡率模型,是在 APC 模型基础上扩展的引力模型(Gravity Model),该模型适用于两个相关但大小不同的人口,通过引力效应将小数量人口群体的状态变量以符合生物学合理性的方式,带入大数量人口群体的状态变量中(Dowd 等,2011)。在引力模型的基础上,Cairns 等(2011)采用贝叶斯框架,将传统死亡率模型的两步参数估计法合并,通过加入先验信息,采用马尔科夫蒙特卡洛随机模拟(MCMC)方法进行参数估计,使引力模型得到了进一步发展。

(2)基于性别的平等关系模型。模型表达式为:

$$\ln m_{x,t,i} = \alpha_{x,i} + k_{t,i} + \gamma^i_{t-x} \quad (1.35)$$

世界范围内人口死亡率在性别上普遍存在差异,且女性人口寿命一般高于男性,且差距在相当长一段时间保持不变,这一原因往往被人的"生物学特征"所解释(郝虹生,1995;Tuljapurkar 等,2000)。不同年龄的死亡率性别差异变化趋势不尽相同,且波动较大,无法给出各年龄死亡率性别差异的假设,目前研究主要是对随机死亡率模型参数做出相应假设

(Pitacco 等，2009）。构建性别联合的两人群长寿模型过程中，为避免男女人口死亡率在长期出现不合理的交叉或偏离，一般假定性别间人口死亡率差距随时间保持不变，即具有均值回复特征。然而，随着人口学与流行病学的发展，这种假定受到了质疑，许多国家人口死亡率的性别差距在不断缩小，该现象被称为"后工业社会的新兴流行病学特征"（Trovato 和 Heyen，2004；Pampel，2005）。人口死亡率性别上的差距缩小主要取决于四方面原因：各国禁烟令导致男性人口吸烟率的降低（占原因的 70%；Glei 和 Horiuchi，2007）；后工业化；危险行业的减少或消失；心脏病治疗技术的提高（Smith，2014）。对于中国来说，随着男性吸烟率持续上升并在达到历史高位后，近年来开始出现下降趋势，且年轻化队列人群吸烟率显著低于年长队列，表明了未来两性别人口死亡率性别差异将呈现缩小趋势（马妍，2015）。以上研究主要从性别间死亡率差异关系角度开展，并无更多学者深入研究两性别人口随机死亡率建模和求解问题。

2. 基于 CBD 模型拓展的高龄人口随机死亡率模型

高龄人口随机死亡率模型的原理为，假设高龄人口死亡率并不服从指数分布，而是服从 logistic 模型结构，即随着年龄的增长，死亡率趋于一个常数，且极限值小于 1。已有大量研究表明，人口死亡率曲线在高龄处会呈现扁平化，即人口死亡率改善减速（Cairns 等，2009；Currie，2011）。Li 等（2015）将 CBD 模型推广到两人口建模中，考虑了两个不同人口群体死亡率之间的相互影响。Li 和 Liu（2019）提出了更为一般化的基于 logistic 模型的两人口高龄死亡率预测方法，实证分析表明拟合和预测效果较好。

高龄的两人口 Logistics 模型假设高龄人口死亡率并不是指数模型结构，而是服从 Logistics 模型结构，随着年龄的增长，死亡率趋于一个小于 1 的常数，该模型拓展了高龄人口死亡率建模方法，在全球普遍面临人口寿命延长的背景下具有重要现实意义。两人口 Logistics 模型分为四类：初始模型、标准化模型、增加个体曲率模型和增加公共曲率模型，并通过欧洲国家人口死亡率数据进行验证，结果表明含有曲率的模型拟合效果较佳，尤其是增加个体曲率的模型拟合效果最为稳定。

（三）其他多人口群体随机死亡率模型

随着寿险精算学和统计学前沿方法的不断涌现，随机死亡率模型也出现了新的进展，具体模型方法与学者代表如表 1-5 所示。

表1-5 多人群随机死亡率模型的其他方法及最新动态

模型方法	代表文献
1. Copula 方法的多人口死亡率模型	一是椭圆族或阿基米德族Copula方法（Wang等，2015）；二是因子Copula方法（Chen等，2015）；三是Levy分层阿基米德Copula方法（Zhu等，2017；Zhou，2019）
2. 函数型数据的多人口死亡率模型	Hyndman等（2013）；Shang和Hyndman（2017）；Shang和Haberman（2017）；Debón（2017）；Hilton等（2019）
3. 机器学习方法的多人口死亡率模型	一是基于随机场方法的研究（Doukhan等，2017）；二是基于神经网络方法的研究（Deprez等，2017；Hainaut，2018；Richman和Wuthrich，2018）；三是基于仿射过程方法的研究（Sherris等，2018；Chang和Sherris，2018；Petar和Luca，2019）

1. 基于Copula方法的多人口死亡率模型

对不同人口间的相依关系的刻画与研究，是构建多人口随机死亡率模型的关键问题。Copula 方法是捕获风险依赖性的常用方法，在随机死亡率建模方面逐渐受到重视。基于 Copula 的随机死亡率模型主要采用两阶方法：在第一阶段，利用时间序列分析对每个人口的死亡率动态进行建模；第二阶段，使用 Copula 模型捕捉第一阶段死亡率残差的依赖性。

通过梳理相关文献发现，Copula 模型在多人口死亡率分析中的应用还处于起步阶段，其研究主要包括如下几方面：一是椭圆族或阿基米德族 Copula 方法。Wang 等（2015）使用 ARIMA（0，1，0）来拟合 Lee-Carter 模型，拟合每个国家的人口死亡率，并采用椭圆族或阿基米德族 Copula 方法刻画不同国家（地区）人口间的相依关系，并在动态条件相关（DCC）假设下对四个 Copula 函数（Gaussian Copula, Student-t Copula, GumbelCopula 和 Clayton Copula）进行检验，发现 Student-t Copula 拟合效果最佳。然而，该方法忽略了人口死亡率的条件均值和条件异方差，未考虑死亡率相依关系的非对称性。此外，椭圆族或阿基米德族 Copula 函数通常只有一个或两个参数，很难捕获所有变量之间的相依关系，当变量增加时，应用将会受到很大限制。二是因子 Copula 方法。Chen 等（2015）将死亡率波动的条件均值和异方差考虑进来，使用 ARIMA-GARCH 模型对单个人口建模，并选取一个广泛适用于高维数据且在模型规范方面具有较强灵活性的单因子Copula模型拟合残差的相依关系。因子Copula

模型是基于线性关系，通过附加因子结构建立的具有独立性的模型，允许使用任何现有的方法对死亡率建模，并能够根据变量数量和可用数据情况灵活调整。三是 Levy 分层阿基米德 Copula 方法（LSHAC）。Zhu 等（2017）提出了新的用于刻画多人口死亡率依赖关系的 Copula 方法，称为 Levy 次级层次阿基米德 Copulas 方法（LSHAC）。通过对 13 个国家的死亡率研究发现，LSHAC 模型具有捕获死亡率数据地理结构的优势，t 统计量检验结果优于椭圆 Copula 模型。模型整体拟合结果的标准误差小于其他几个标准 Copula 联结函数。此外，LSHAC 模型能够刻画地理位置与死亡率改善之间的相依关系，这些结果可为长寿风险管理提供新的思路。四是两状态马尔可夫转移 Copula 方法。Zhou（2019）提出了一个两状态马尔可夫转移 Copula 来描述不同人口群体间死亡率相依关系的演化。其中，一个状态代表高度依赖的时期，另一个状态代表低依赖的时期，每个状态的特点是一个常规 R 藤 Copula。双状态的 Copula 模型具有很大的灵活性，可以模拟多人口间的依赖关系。同时，考虑到未来多人口死亡率间相依关系的进展与变化，能够通过状态转换 copula 来评估长寿风险对冲的有效性。

2. 基于函数型数据方法的多人口死亡率模型

函数型数据模型是一种常用的非参数死亡率建模方法。Hyndman 等（2013）提出了一种函数型数据模型，通过主成分分析对不同人口死亡率进行一致性预测。基于 product-ratio 的函数型模型方法，可以得到小数量人口群体死亡率的几何平均值和比率值。通过一致性约束假设，获得小数量人口群体与总体人口间死亡率的预测结果，提高模型中长期内预测的可信度。在此基础上，Shang 和 Hyndman（2017）扩展了分组函数型数据时间序列方法，使模型能够更好地协调特定年龄死亡率的预测值。Shang 和 Haberman（2017）将分组函数型数据时间序列方法扩展到多变量时间序列领域，并将其应用于高龄人口死亡率的预测。Debón 等（2017）提出了一种将国别（地区）和性别人口死亡率变化趋势进行聚类的分析方法，通过构造死亡率改善指数来衡量欧盟国家不同群体人口死亡率的差异性与共同趋势性，其结论认为人口死亡率在不同国家（地区）和性别之间存在显著差异，如欧盟东部和西部地区的死亡率差距较大，而南北部之间则差距较小，但这些不同的人群之间死亡率会保持一致性的变动趋势。此外，从非参数多人口死亡率建模的方法上，Hilton 等（2019）采用贝叶斯广义可加模型（GAM），对多人口群体设置一个公共的死亡率渐近极限值，构建了多人口非参数死亡模型，并与单人口模型进行比较，结果表明多人口模型得到的预测结果更为合理。

3. 基于机器学习方法的多人口死亡率模型

通过梳理相关文献，基于机器学习的多人口死亡率模型主要分为三类。一是基于随机场方法的研究。Doukhan 等（2017）首次提出了用于人口死亡率预测的随机场记忆模型，与通常使用的基于因子分解的研究框架不同，采用具有给定因果结构的随机场来对动态死亡率建模。该方法引入了多人口之间和相邻队列之间的相依关系，旨在捕捉队列效应和跨代相关性，同时还描述了死亡率的条件异方差特征。二是基于神经网络方法的研究。Deprez 等（2017）采用神经网络方法检验对数人口死亡率动态变换过程中的非参数特征。Hainaut（2018）将该方法分两步进行：第一步，基于神经网络的主成分分析方法，获取少数潜在的对死亡率产生较大影响的因素；第二步，利用计量经济模型对这些潜在因素进行预测，对数死亡率的期限结构通过逆变换进行重构。将该方法运用到 1946—2000 年间的法国、英国和美国的人口死亡率数据中，并用 2001—2014 年的数据进行了验证，结果表明神经网络方法具有很好的预测能力。Richman 和 Wuthrich（2018）进一步将神经网络方法用于多人口随机死亡率模型选择上，可以自动选择最优结构的预测模型。三是基于仿射过程方法的研究。Sherris 等（2018）提出了一个基于仿射过程的连续随机死亡率模型，对人口死亡率进行预测，随后 Chang 和 Sherris（2018）将该模型推广到两人口死亡率联合预测中。Petar 和 Luca（2019）建立并验证了一个多人口死亡率空间联合演化的连续时间模型，该模型用时间齐次的仿射随机过程来描述，运用英国和荷兰男性与女性人口数据，当因子为高斯分布时用卡尔曼滤波方法得到的预测结果，显示出了较好的拟合效果。

三、人口平均余命模型

人口平均余命（Life Expectancy）又称人口生命期望值或平均预期寿命，是衡量人口死亡率变动的综合指标。由于没有形成较为成熟的研究范式，针对平均余命建立随机死亡率模型的研究相对较少，主要采用时间序列分析方法和贝叶斯分层模型两种方法。

（一）时间序列模型

基于平均余命建立的多人口群体随机死亡率模型采取两个步骤，一是找到最佳实践寿命建立时间序列模型，二是针对所研究人群与最佳实践寿命人群间的差异建立度量模型。

1. 针对最佳实践寿命建立时间序列模型

通过对不同国家（地区）人口死亡率差异关系的研究发现，高死亡率国家平均余命增长波动较大，而低死亡率国家平均余命增长相对稳定（Tuljapurkar 等，2000）。针对平均余命建立随机死亡率模型，死亡率改善越充分的国家拟合效果越好。因此，建立多人口群体随机死亡率模型，首先要找到国际范围内的最佳实践寿命国家，并建立时间序列模型。其中 Vallin 和 Mesle（2010）提出了分段线性趋势模型，但该方法可扩展性不强，无法实现随机模型的一些优良性质；Torri 和 Vaupe（2012）基于单人群平均余命预测方法，采用 ARIMA 模型对最佳实践预期寿命进行建模，且拟合效果和可扩展性相对较佳。选定了最佳寿命国家后，各国研究中对女性人口平均余命建立 ARIMA 模型较为普遍（Gao 和 Hu，2009；范勇等，2015），其原因是女性人口死亡年龄模式与男性不同，几乎在所有年龄段均低于男性，平均余命更长，增长趋势更加稳定（Luca 等，2006）。

2. 针对所研究人群与最佳实践寿命人群间的差异建立度量模型

不同国家（地区）的预期寿命水平往往呈正相关。Andreev 和 Vaupel（2006）认为最佳实践预期寿命将呈现线性，而非随机增长，低于最佳实践寿命国家与最佳实践寿命国家之间的平均余命差距将保持不变，这种假设显然过于简单，不符合人类的生物规律。最佳实践寿命国家的预期寿命往往每年增加会缓慢一些，而低于最佳实践水平的国家的预期寿命往往会随着追赶而更快地增长（Lee，2006）。Torri 和 Vaupe（2012）认为最佳实践寿命国家将会一直保持下去，采用离散几何布朗运动和几何均值回复模型两种方法，预测了平均余命差距的变动情况，进一步得出相关人群的预期寿命结果。

（二）基于 Double-Logistic 函数的贝叶斯分层模型

除了时间序列分析方法外，还可以采用贝叶斯分层模型（BHM），该方法通过 Double-Logistic 函数描述平均余命增长量（Raftery 等，2013，2014；Gu 等，2017），并被联合国人口司用于预测世界各国人口平均余命[①]。

1. 平均余命的刻画与度量

Logistic 函数模型是人口学中研究增量问题的常用方法（Marchetti 等，

[①] 联合国人口司每两年发布一次《世界人口展望》研究报告（World Population Prospects，WPP）：https://population.un.org/wpp/

1996；Goldstein 和 Kenney2001；Guerrini，2010；Li 和 Ke，2010；Yin 等，2018）。其中，人口平均余命的增长模式较为复杂，通过两个 Logistic 函数能够很好地刻画其增长趋势（Meyer，1994；Oeppen 和 Vaupel，2002；Cohen 和 Oppenheim，2012）。

2. 建立人口平均余命的随机游走模型

假设人口平均余命是一个带有非恒定漂移项的随机游走模型，即，

$$l_{c,t+1} = l_{c,t} + g(l_{c,t} | \theta^{(c)}) + \varepsilon_{c,t+1} \quad (1.36)$$

其中，$l_{c,t}$ 表示国家 c 在 t 时期的平均余命；$l_{c,t+1}$ 表示国家 c 在 $t+1$ 时期的平均余命，它等于 $l_{c,t}$ 加上一个平均余命的增量 $g(l_{c,t} | \theta^{(c)})$ 和一个随机扰动项 $\varepsilon_{c,t+1}$。

3. 运用 Double-Logistic 模型刻画平均余命的增量

不同国家（地区）平均余命增长速度有所差异，低死亡率和高死亡率国家的平均余命增长较慢，而中等国家增长较快，可以用两个 Logistic 函数叠加表示（Raftery 等，2013），即

$$g(l_{c,t} | \theta^{(c)}) = \frac{k^{(c)}}{1+\exp[-\frac{A_1}{\Delta_2^{(c)}}(l_{c,t} - \Delta_1^{(c)} - A_2\Delta_2^{(c)})]} + \frac{z^{(c)} - k^{(c)}}{1+\exp[-\frac{A_1}{\Delta_4^{(c)}}(l_{c,t} - \sum_{i=1}^{3}\Delta_i^{(c)} - A_2\Delta_4^{(c)})]} \quad (1.37)$$

Double-Logistic 函数有 6 个参数，其中 $(\Delta_1^c, \Delta_2^c, \Delta_3^c, \Delta_4^c)$ 用来确定增量在不同寿命区间的变化模式，k^c 用来表示增量的最大极限，z^c 表示极限寿命情况下增量的渐进值。$(\Delta_1^c, \Delta_2^c, \Delta_3^c, \Delta_4^c)$ 服从在区间 [0,100] 上截断的正态分布，均值和方差分别为 Δ_i 和 $\sigma_{\Delta_i}^2$ ($i=1,\cdots,4$)；k^c 服从在区间 [0,10] 上截断的正态分布，均值和方差分别为 k 和 σ_k^2；z^c 是从在区间 [0,1,15] 上截断的正态分布，均值和方差分别为 z 和 σ_z^2；A_1 和 A_2 为常数。

4. 构建残差分布函数

联合国人口司对世界人口平均余命数据拟合后发现，残差绝对值随平均余命增加呈现先下降再升高再下降的趋势，并假设随机扰动项 $\varepsilon_{c,t}$ 的标准差与上期平均余命间存在特定的函数关系，即，$\varepsilon_{c,t+1} \sim N[0, (\omega \times f(l_{c,t})^2)]$。

5. 参数估计与模型求解

模型参数估计与求解可以采用两种方法，即设定先验分布和数据克隆方法。其中，设定先验信息分布时，通常假设 Δ_i、k 和 z 服从正态分布，ω

服从均匀分布，$\sigma_{\Delta_i}^2$、σ_k^2和σ_z^2服从含有四个自由度的InvGamma分布（Raftery 等，2013）。

四、国内外研究评述

第一，人口随机死亡率模型研究较为成熟，而人口平均余命模型研究较少，目前尚无成熟范式，但其研究价值正逐步被发现。发达国家人口平均余命的线性趋势已被证明比分年龄死亡率更为平稳。平均余命是对各年龄死亡率累加的度量，随着时间推移，比特定年龄死亡率的变化规律要稳健。尽管相对分年龄死亡率失去了特异性，但平均余命在准确性方面能够得到补偿。由于平均余命反映了全部年龄死亡率，信息相对集中，变化趋势较为稳定，因此，对其建模具有较强的理论意义。

第二，单人口随机死亡率模型研究较为成熟，但主要适合高数据质量国家短期应用，中长期预测可能出现偏差，研究热点逐渐转向多人口随机死亡率模型。单人群随机死亡率模型经历了较长时间的发展，当前形成了以Lee-Carter模型为基础的成熟范式，并通过不断的改进与完善，能够较为稳健地用于人口死亡率预测和长寿风险度量。然而，单人群模型也暴露出很多不足，其中Lee-Carter模型及其衍生模型主要适合高数据质量国家短期应用，长期预测时会出现偏差，将会干扰长寿风险管理者决策。此外，仅考虑单一群体人口死亡率的变动情况，而不考虑人群之间的相互关系，该方法的科学性也在不断被质疑。

第三，当前建立多人口随机死亡率模型时，群体划分标准单一，尚无针对性别和国别（地区）共同联合建立的人口死亡率预测模型。当前研究中对多人群的定义采取模糊形式，即一组具有相似社会经济条件和密切联系的人口。这些人群可以是同一个国家的男性和女性，也可以是同一个国家的不同省市或区域，还可以是不同的国家和地区，等等。已有研究仅以单一的分类标识（性别或地区）组建多人口群体，并没有将多个分类标识合并使用。若能够将性别与国别（地区）两个分类标识联立，并建立随机死亡率模型，既可以考虑国别（地区）间死亡率的相依或协整关系，又可以保证性别间的合理差异，可以将多人口群体随机死亡率模型理论推向高维，进一步提升方法的科学性。

第四，当前建立多人口随机死亡率模型时，所采用的基础假设限制性较强，不能充分体现未来不同群体死亡率变动趋势的多样性。当前，大部分学者在建立多人口群体随机死亡率模型时，主要考虑群体间的长期一致性，这种假设过于简单，并没有考虑到群体间短期波动性以及人口的生物规律。此外，随着人口学理论的不断发展，性别间或国别（地区）间人口死亡率差异关系的研究得出了许多新的结论，这些成果并没有被纳入多人口群体随机死亡率模型中。

第五，国内研究几乎尚未涉足多人口群体死亡率预测模型问题的研究，针对在中国人口死亡率的建模仍停滞在单人口群体视角上。由于中国人口死亡率数据有效积累不足、质量差，甚至普查年份部分年龄死亡人数也存在严重漏报，死亡数据无法达到统计学的显著性要求，从而导致了随机死亡率模型中参数估计出现较大偏差。将中国人口死亡率建模纳入多人群视角下进行研究，通过建立多人口群体随机死亡率模型，既可以修正我国人口死亡率数据，又能提高预测结果的合理性，还能为长寿风险管理者提供科学依据。

第四节　主要内容

本成果共包括 11 章内容，具体如下：

第一章绪论，主要包括研究背景、研究意义、研究内容、研究方法和主要创新等内容，并且通过梳理国内外重点文献，总结出单人口随机死亡率模型在中长期预测中暴露的问题，提出开展多人口随机死亡率模型研究的必要性。

第二章多人口随机死亡率建模的理论基础，主要包括多人口随机死亡率建模的主要思想、模型构造原理、参数估计方法和模型检验方法等内容，并总结了当前多人口模型研究中存在的不足，发现当前多人口随机死亡率模型假设限制性较强、参数估计时容易出现过度拟合等问题，提出构建多人口随机死亡模型体系、改进模型假设与参数估计方法的必要性。

第三章国内外人口死亡模式转变的趋势分析，选取北美精算师协会测度人口死亡率改善水平的指标，对国内外人口死亡率的变动趋势进行分析；总结了发达国家人口死亡模式转变的经验，并结合中国人口死亡率改善速度较快的特征，做出了未来中国人口死亡率改善速度将会放缓、且在年龄别和性别两个维度发生模式转变的论断，并提出了将中国人口死亡率预测问题纳入多人口模型框架的必要性。

第四章考虑死亡模式转变的人口随机死亡率建模，本章内容具有承上启下的作用，将建模思想由单人口随机死亡率建模过渡到多人口建模。根据低死亡率国家人口死亡模式在年龄别和性别上的经验规律，并结合中国人口死亡率变动的特征，将人口死亡模式转变考虑到中国人口死亡率建模中，有效提升了人口死亡率预测结果的合理性，但该方法主观性较强，有必要建立数据驱动的多人口随机死亡率模型。

第五章基于极大似然估计法的两人口随机死亡率建模，在第五章内容的基础上，放宽了残差服从正态分布的假设，加入了人口统计学中更为普遍接受的死亡人数服从泊松分布的假设，以中国两性别人口群体为基础，构建两人口随机死亡率模型，采用两阶段的极大似然（MLE）方法进行参数估计，与单人口模型的估计结果进行比较。

第六章基于奇异值分解法的两人口随机死亡率建模，以中国两性别人口群体为基础，构建两人口随机死亡率模型，采用两阶段的奇异值分解（SVD）方法进行参数估计，并与单人口模型的估计结果进行比较，从拟合优度和预测效果两方面展示了多人口模型在中国应用的优势。

第七章基于加权最小二乘法的多人口随机死亡率建模，在第六章内容的基础上，以中国大陆地区、中国香港特别行政区和中国台湾地区的人口死亡率数据为基础，将两人口随机死亡率模型推广到多人口，采用两阶段加权最小二乘方法进行参数估计，改进了极大似然估计时存在的收敛问题，但该方法仍存在参数过多导致的过度拟合问题。

第八章基于层次贝叶斯法的高维多人口随机死亡率建模，在第七章内容的基础上，联立性别和国别（地区）两个人口群体划分标准，构建高维多人口随机死亡率模型，进一步将多人口随机死亡率模型纳入层次贝叶斯框架，弥补当前参数估计方法的不足，改善当前模型中存在的过度拟合问题，并引入数据克隆方法，在模型层次中实现近似最大似然估计，提供较为理想的先验分布，提高参数估计质量。

第九章基于最优死亡率模型的保险公司长寿风险量化管理。以多人口随机死亡率模型预测结果为依据，以欧盟偿付能力二代框架为理论基础，将保险公司长寿风险划分为两种类型，分别为死亡率降低导致的保险公司偿付能力不足的风险和死亡率被低估导致的保险公司偿付能力不足的风险，并对两种长寿风险分别进行定量管理研究。研究发现，随着我国未来人口死亡率改善的减速，多人口模型能够有效考虑我国人口死亡模式转变的趋势、稳健性更强，可以为保险公司主动提存更加经济的偿付能力资本，释放保险公司经营活力，实现公司整理利润的最大化。

第十章基于最优死亡率模型的养老金长寿风险量化管理。随着我国人口寿命不断延长、年龄结构不断老化，基本养老保险制度将会面临长寿风险的较大冲击。本章首先从国际比较的角度探讨了人口寿命延长与延迟退休之间的机制关系，并且分析了国际上的人口寿命延长与延迟退休的实践经验。在国际经验的基础上,通过对我国人口寿命延长趋势的研究,探讨了延迟退休对我国养老金支付压力的影响以及对我国养老保险制度抚养比的影响,在一定精算假设下,进一步研究了经济、制度等因素变动对养老金支付压力的敏感性,同时考虑了经济、制度等因素与寿命延长以及延迟退休之间的交互关系。

第十一章结论与展望。对全书内容进行总结,并提出进一步的研究方向。

第五节 创新之处

本成果的特色与创新之处体现在交叉性、前沿性、系统性和实用性等四个方面。

一、交叉性创新

第一,学科交叉。本成果所研究内容是人口学统计学和保险精算学交叉研究内容,旨在解决两学科交叉领域的共性难题。以多人口随机死亡率建模与长寿风险定量管理研究为题,突破当前研究中的瓶颈与掣肘,实现人口统计学和保险精算学理论互动,促进两学科领域的融通发展。

第二,理论共融。融入人口统计学最新研究成果,改进多群体模型强相关假设。当前多人群死亡率建模普遍采用一致性假设,即人口死亡率在长期中收敛为固定的常数,相对单人口死亡率模型更具合理性,但该假设限制性较强,不能同时反映人口死亡率的短期波动性与长期稳定性。同时,融入保险精算学最新研究进展,从短、中和长期三个不同视角提出相应精算假设,使模型既能保证中长期的一致性与合理性,又能体现短期波动性。

第三,互动发展。在保险精算领域,人寿保险公司厘定费率采用静态生命表,但保险产品是保障被保险人未来生命状况的契约,若采用动态生命表进行定价,能够更加合理地反映保险公司所面临的风险状况。科学系统的人口死亡率预测模型是构造动态生命表的基础,可以为保险公司费率厘定和准备金评估提供更为合理的基础保证。

二、前沿性创新

第一,模型假设的前沿性。根据人口统计学最新研究进展,提出了适应短、中和长期人口死亡率预测的三种不同假设:短期中人口死亡率变化具有较大的波动性和不确定性，因此采用 ARIMA（n, p, q）模型进行建模；中期中不同人口群体间的死亡率差距随时间推移会不断减小，因此采用具有衰减特征的随机过程进行建模；长期中不同人口群体死亡率差距缩小到一定程度后，将会保持稳定，并且呈现出均值回复特征，因此采用均值回复过程进行建模。

第二，模型构建的前沿性。建立性别与国别（地区）共同联合的随机死亡率模型，构建高维多人口随机死亡率模型，将多人口随机死亡率模型纳入层次贝叶斯框架，弥补当前参数估计方法的不足，改善当前模型中存在的过度拟合问题。

第三，模型求解的前沿性。建立的层次贝叶斯框架下的多人口随机死亡率模型，为了合理选取先验信息，借鉴生态学领域所采用的数据克隆方法（Data Clone），在模型层次中实现近似最大似然估计，可提供较为理想的先验分布，该方法可以解决先验分布设置中存在的主观性较强的问题，提升层次贝叶斯模型参数估计的质量与效率。

三、系统性创新

第一，研究视角的系统性。多人口随机死亡率模型中的"多人口"，既包括不同性别人口群体，又包括不同国家（地区）人口群体，还包括性别与国别（地区）共同联合的人口群体，通过探讨不同类别人群间的关系特征，发现其中的共性与差异，并提出相应的精算假设，拓展人口死亡率模型研究的维度。

第二，研究方法的系统性。融入人口统计学、现代寿险精算学、计量经济学、计算机模拟与仿真等学科领域的成熟方法，既注重理论方法的科学性与成熟性，又注重实践应用的可行性与普适性。以当前成熟方法为基础，并采用部分前沿方法，以问题为导向选取最优解决方案，并非一味追求前沿而忽略实效。其中，基于 Lee-Carter 模型、APC 模型等成熟方法的扩展是实现研究目标的基础保障；基于最佳实践寿命与双差值构建的非平稳时间序列模型，是本成果的开拓性创新。

四、实用性创新

第一，普适性应用。本成果的研究结论，既能够为人口数量较多、数据质量较高的国家提供更具科学性的人口死亡率预测方法，又能够为人口数量较少、数据质量欠佳的国家提供死亡率预测和长寿风险管理的有效方案，最终为人口死亡率预测与长寿风险度量提供科学、系统的框架体系。

　　第二，中国化应用。弥补我国人口死亡数据质量问题，实现省级和城市群的人口预测。我国人口死亡率数据有效积累少、质量差，甚至普查年份的新生婴儿和高龄人口死亡率数据仍存在严重误报，通过建立系统、科学的人口死亡率模型，可以修正人口普查漏报及抽样调查误差导致的信息失真。此外，我国省份、城市群的人口死亡率数据信息较少，通过多人口随机死亡率建模的思想，可以实现我国省际间和城市群之间的人口死亡率预测和长寿风险的度量与评估。

第二章 多人口随机死亡率建模的理论基础

多人口随机死亡率模型中的"多人口"这一概念，具有较为宽泛的外延，是指具有相似特征或属性的不同人口群体，这些相似特征或属性既可以是经济、文化、医疗技术、地理位置等外部特征，也可以是人的基因、种族和体质等内部属性。因此，在建立多人口随机死亡率模型时，既可以选取具有相似特征或属性的不同国家（地区）作为多人口群体，也可以将同一个国家的不同地区作为多人口群体，还可以将不同性别的人群作为多人口群体。由于具备了上述特征或属性，在一定期间内，多人口群体间的人口死亡率的变动将具有一致性，这也是多人口死亡率建模最重要的思想基础。构建多人口随机死亡率模型，需要考虑不同人口群体间的相互关系，设定相应的假设，使不同人群死亡率预测结果在长期内保持稳定关系，且符合人类的生物特征。

本章从国内外多人口随机死亡率模型的文献入手，仔细研究了各主流文献中关于多人口随机死亡率模型的建模思想和估计方法，将多人口随机死亡率模型总结为三类：多人口参数随机死亡率模型、特殊的两人口参数随机死亡率模型和其他多人口随机死亡率模型，并采用比较分析法对三类模型的特征和优缺点进行归纳，以期较全面地介绍和展示当前多人口随机死亡率模型研究动态，为优化和改进多人口随机死亡率模型的研究奠定基础。

第一节 模型基本原理

一、多人口参数随机死亡率模型

多人口随机死亡率模型是当前人口统计学和寿险精算学领域研究的前沿与热点问题，其中基于 Lee-Carter 模型框架的参数方式是最为成熟和普遍接受的研究范式，其研究进展也代表了该领域的发展动态，主要包括 Joint-K 模型、ACF 模型及其改进模型、CAE 模型等。多人口随机死亡率模型的思想为，假设多个人口群体死亡率变动趋势中既包含共同的趋势特征，又包含单个群体的个体差异特征，因此多人口随机死亡率模型由反映共同趋势的公共因子和反映个体差异的附加因子两部分组成。表 2-1 中所展示的多人口参数随机死亡率模型，均是基于该原理构造。

表 2-1 多人口参数随机死亡率模型研究

模型名称	首次提出时间	表达式
Joint-K 模型	Carter 和 Lee（1992）	$\ln m_{x,t,i} = \alpha_{x,i} + \beta_{x,i} K_t + \varepsilon_{x,t,i}$
CF 模型	Li 和 Lee（2005）	$\ln m_{x,t,i} = \alpha_{x,i} + B_x K_t + \varepsilon_{x,t,i}$
ACF（0）模型	Li 和 Lee（2005）	$\ln m_{x,t,i} = \alpha_{x,i} + B_x K_t + \beta_x k_{t,i} + \varepsilon_{x,t,i}$
S-Lee-Carter 模型	Butt and Haberman（2009）	$\ln m_{x,t,i} = \alpha_x + \alpha_{x,i} + B_x K_t + \varepsilon_{x,t,i}$
T-Lee-Carter 模型	Russolillo 等（2011）	$\ln m_{x,t,i} = \alpha_{x,i} + B_x \lambda_i K_t + \varepsilon_{x,t,i}$
LC-V 模型	Zhou 等（2014）	$\ln m_{x,t,i} = \alpha_{x,i} + B_x k_{t,i} + \varepsilon_{x,t,i}$
CAE 模型	Kleinow（2015）	$\ln m_{x,t,i,j} = \alpha_{x,i} + \sum_x B_{x,j} k_{t,i,j} + \varepsilon_{x,t,i,j}$
ACF（1）模型	Enchev 等（2017）	$\ln m_{x,t,i} = \alpha_{x,i} + B_x K_t + \beta_x k_{t,i} + \varepsilon_{x,t,i}$
ACF（2）模型	Enchev 等（2017）	$\ln m_{x,t,i} = \alpha_{x,i} + B_x (K_t + k_{t,i}) + \varepsilon_{x,t,i}$
ACF（3）模型	Kang 等（2019）	基于修匀算法的 ACF（0）模型

最早的多人口随机死亡率建模思想由 Carter 和 Lee（1992）提出，即 Joint-K 模型，该模型假设多个人口群体死亡率具有公共的时间效应因子 K_t，并用死亡率年龄效应因子 $\beta_{x,i}$ 来表示不同人群死亡率变动的个体差异性。在 Joint-K 模型的基础上，Li 和 Lee（2005）对其进行改进，提出了公因子（Common Factor，CF）模型和增广公因子（Augmented Common Factor，ACF）模型。其中 CF 模型包含了多人口群体的公共年龄效应因子 B_x 和公共时间效应因子 K_t，单个人群的个体差异用 $\alpha_{x,i}$ 体现；ACF（0）模型在 CF 模型的基础上，增加了反映单个人群差异性的附加年龄效应因子 $\beta_{x,i}$ 和附加时间效应因子 $k_{t,i}$。由于 ACF（0）模型参数较多，采用极大似然法估计模型参数时会出现难以收敛或收敛结果为局部最优等问题，学者们开始关注如何通过降低参数来改进 ACF（0）模型。Butt 和 Haberman（2009）提出了 SLC（Stratified Lee-Carter）模型，在 ACF（0）模型的基础上，去掉了附加年龄效应因子 $\beta_{x,i}$ 和附加时间效应因子 $k_{t,i}$，同时增加了共同公因子 α_x 和附加因子 $\alpha_{x,i}$。Russolillo 等（2011）提出了 T-LC（Three-way Lee-Carter）模型，在 ACF（0）模型的基础上，去掉了附加年龄效应因子 $\beta_{x,i}$ 和附加时间效应因子 $k_{t,i}$，在 $B_x K_t$ 中间乘以 λ_i，以此来刻画单个人群死亡率

变动的个体差异。Zhou 等（2014）提出了 LC-V（Lee-Carter+VAR/VECM）模型，在 ACF（0）模型的基础上，去掉了附加年龄效应因子$\beta_{x,i}$和附加时间效应因子$k_{t,i}$，并用$k_{t,i}$替换K_t，以此来表示单个人群死亡率的时间趋势。Kleinow（2015）提出了 CAE（Common Age Effect）模型，将 LC-V 模型中的$B_x k_{t,i}$扩展为多维，使用共同主成分分析方法来获得共同年龄效应的参数估计，模型简洁，且拟合效果较佳。Enchev 等（2017）提出了两种缩减参数的 ACF 模型，分别为表 2-1 中的 ACF（1）模型和 ACF（2）模型，其中 ACF（1）模型在 ACF（0）的基础上将$\beta_{x,i}$改为β_x，即存在两个不同的共同年龄效应因子；ACF（2）模型在 ACF（1）基础上进一步将β_x改为B_x，即该模型只存在一个共同年龄效应因子，且分别与K_t和$k_{t,i}$进行交互影响。Kang 等（2019）认为 ACF（0）模型是多人口随机死亡率模型中的经典方法之一，但该模型获得的人口粗死亡率在年龄上呈现锯齿状特征，不符合生命表中死亡率随年龄的变动规律，因此将惩罚对数似然法内置于 ACF（0）模型的参数估计过程中，对参数估计结果和死亡率预测结果进行修匀，使死亡率结果在保证既定的拟合度的前提下，提高光滑度。

以上方法均是在 Lee-Carter 模型框架中拓展的多人口参数随机死亡率模型，主要考虑两参数分别为年龄效应和时间效应的情况。如果进一步加入队列效应，在 APC 模型上也可以进一步拓展为考虑队列效应的多人口参数随机死亡率模型（Yang 等，2016），其思想与不含队列效应的多人口建模思想一致。

二、特殊的两人口参数与随机死亡率模型

针对两人口群体建立随机死亡率模型，可以直接采用上述的多人口参数随机死亡率模型方法，其中人群变量$i=1,2$。此外，两人口群体还可以采取更具有针对性的方法来建立模型，其模型思想为假设两个相互关联的人口群体的死亡率之间存在一个固定比率，也就是随着时间的推移，相关联的两个人口群体间的死亡率比值是稳定的，即两人口群体之间具有稳定比率关系的年龄效应参数、时间效应参数和队列效应参数（Cairns 等，2011）。基于上述假设，将两人口死亡率模型分为两类：一类是基于 APC 模型拓展的适用于全年龄段的参数人口死亡率模型，另一类是基于 CBD 模型拓展的适用于高龄人口的参数死亡率模型。

（一）全年龄段人口随机死亡率模型

适用于全年龄段人口随机死亡率模型，是在 APC 模型基础上扩展的引力模型（Gravity Model），该模型适用于两个相关但大小不同的人口，

通过引力效应将小数量人口群体的状态变量以符合生物学合理性的方式，带入大数量人口群体的状态变量（Dowd 等，2011）。在引力模型的基础上，Cairns 等（2011）采用贝叶斯框架，将传统死亡率模型的两步参数估计法合并，通过加入先验信息，采用马尔科夫蒙特卡洛随机模拟（MCMC）方法进行参数估计，使引力模型得到了进一步发展。

1. 两人口群体的引力模型。

考虑两个具有相关性的人口群体，其中第一个人口群体（记为1）为大样本数据国家或高数据质量国家，另外一个人口群体（记为2）为小数量人口数据国家或低数据质量国家。针对两个群体，建立 APC 模型，分别为

$$\ln m_{x,t}^{(1)} = \beta_x^{(1)} + \frac{\kappa_t^{(1)}}{n_a} + \frac{\gamma_c^{(1)}}{n_a} + \varepsilon_{x,t}^{(1)} \tag{2.1}$$

$$\kappa_t^{(1)} = \mu^{(1)} + \kappa_{t-1}^{(1)} + C^{(1)} Z_t^{(1)} \tag{2.2}$$

$$\ln m_{x,t}^{(2)} = \beta_x^{(2)} + \frac{\kappa_t^{(2)}}{n_a} + \frac{\gamma_c^{(2)}}{n_a} + \varepsilon_{x,t}^{(2)} \tag{2.3}$$

$$\kappa_t^{(2)} = \mu^{(2)} + \kappa_{t-1}^{(2)} + C^{(2)} Z_t^{(2)} \tag{2.4}$$

其中，$m_{x,t}$ 表示第 t 年 x 岁人的死亡率；β_x 表示年龄因子，是只与年龄有关的参数，κ_t 表示时间效应，是依赖于时间的状态变量；μ 为随机游走模型的漂移项；γ_c 表示队列效应，是依赖于出生年的状态变量，$c=t-x$ 表示出生年；n_a 表示样本数据中用于估计参数的年龄数。如果是对两个人口群体单独建模，将会忽略人口死亡率之间的相互关系，两个人口群体中表示死亡率变动趋势的漂移项在长期内将会出现不合理的交叉或背离趋势。为了避免这个问题，Dowd 等（2011）修正了独立估计下的时间效应的拟合方法，考虑它们之间相互作用的因素，即

$$\kappa_t^{(2)} = \kappa_{t-1}^{(2)} + \phi^{(k)}(\kappa_{t-1}^{(1)} - \kappa_{t-1}^{(2)}) + \mu^{(2)} + C^{(2,1)} Z_t^{(1)} + C^{(2,2)} Z_t^{(2)} \tag{2.5}$$

由于样本量足够大的人群1已经充分反映了时间效应的信息，而人群2的时间效应状态变量 $\kappa_t^{(2)}$ 不仅受上一期 $\kappa_{t-1}^{(2)}$ 的影响，而且与上一期人群1的时间效应 $\kappa_{t-1}^{(1)}$ 有关，其相关的程度是 $\phi^{(k)}$，这就是人群1对人群2的引力效应。

2. 两人口群体的贝叶斯模型。

Cairns 等（2011）将两人口引力模型纳入贝叶斯模型框架，构建了两人口死亡率的贝叶斯分层模型，并且对两个人口群体的 APC 模型进行了重新编号，即

$$\ln m_{x,t}^{(1)} = \beta_x^{(11)} + \frac{\kappa_t^{(21)}}{n_a} + \frac{\gamma_c^{(31)}}{n_a} + \varepsilon_{x,t}^{(1)} \quad (2.6)$$

$$\ln m_{x,t}^{(2)} = \beta_x^{(12)} + \frac{\kappa_t^{(22)}}{n} + \frac{\gamma_c^{(32)}}{n} + \varepsilon_{x,t}^{(2)} \quad (2.7)$$

在此基础上，进一步拓展了两人口引力模型，使得该方法既可以针对具有牵引关系（大数量人口和小数量人口群体）的两个人口群体建模，即定义 $R_2(t) = \kappa_t^{(21)}$，$S_2(t) = \kappa_t^{(21)} - \kappa_t^{(22)}$，$R_3(c) = \gamma_c^{(31)}$，$S_3(c) = \gamma_c^{(31)} - \gamma_c^{(32)}$。

也可以针对平等关系（人口样本数量相似的两个人口群体或者两性别人口群体）的两人口群体建模，即定义 $R_2(t) = \frac{1}{2}(\kappa_t^{(21)} + \kappa_t^{(22)})$，$S_2(t) = \kappa_t^{(21)} - \kappa_t^{(22)}$，$R_3(c) = \frac{1}{2}(\gamma_c^{(31)} + \gamma_c^{(32)})$，$S_3(c) = \gamma_c^{(31)} - \gamma_c^{(32)}$。

这种重新定义通过在两个人口群体之间的关系中施加对称性来表示两个人口群体的平等地位。

（二）高龄人口随机死亡率模型

高龄人口随机死亡率模型的原理为，假设高龄人口死亡率并不是指数模型结构，而是服从 Logistic 模型结构，随着年龄的增长，死亡率趋于一个常数，且极限值小于 1。已有大量研究表明，人口死亡率曲线在高龄处会呈现扁平化，即人口死亡率改善减速（Cairns 等，2009；Gampe，2010；Currie，2011）。Li 等（2015）将 CBD 模型推广到两人口建模中，考虑了两个不同人口群体死亡率之间的相互影响。Li 和 Liu（2019）提出了更为一般化的基于 Logistic 模型的两人口高龄死亡率联合预测方法，通过对欧洲部分国家的 80 岁以上老年人口死亡率数据的分析，获得较好的拟合质量和预测效果。

Logistic 两人口随机死亡率模型表达式为

$$\mathrm{logit}\, m_{x,t}^{(i)} = \alpha_t + \beta_t x + \tau_t^{(i)} + v_t^{(i)} x \quad (2.8)$$

其中，α_t 和 β_t 是两人口的共同参数，$\tau_t^{(i)}$ 和 $v_t^{(i)}$ 是每个单独人口群体的特定参数。$\alpha_t + \tau_t^{(i)}$ 为模型中的截距项，$\beta_t + v_t^{(i)}$ 为模型中的斜率项。与对数变换形式的 Lee-Carter 模型族类似，为了保证参数估计结果的唯一性，Logistic 两人口随机死亡率模型也要设置限制条件：$\sum_t \tau_t^{(1)} = 0$ 和 $\sum_t v_t^{(1)} = 0$。协变量值可以围绕其均值"标准化"，模型可以重新参数化为，

$$\mathrm{logit}\, m_{x,t}^{(i)} = \alpha_t + \beta_t(x - \bar{x}) + \tau_t^{(i)} + v_t^{(i)}(x - \bar{x}) \quad (2.9)$$

Li 和 Liu（2019）的研究显示，通过 logit 变换后的人口死亡率整体上呈现线性趋势，但是在局部年龄处也存在较小的曲率特征，因此可以将上

述模型重新参数化后为

$$\logit m_{x,t}^{(i)} = \alpha_t + \beta_t(x-\bar{x}) + \tau_t^{(i)} + \nu_t^{(i)}(x-\bar{x}) + \gamma_t^{(i)}((x-\bar{x})^2 - \sigma^2) \quad (2.10)$$

其中，$\gamma_t^{(i)}$ 为每个单独人口群体死亡率曲线上的曲率参数。若将曲率参数变为两人口群体的共同参数，则模型可以变换为

$$\logit m_{x,t}^{(i)} = \alpha_t + \beta_t(x-\bar{x}) + \gamma_t((x-\bar{x})^2 - \sigma^2) + \tau_t^{(i)} + \nu_t^{(i)}(x-\bar{x}) \quad (2.11)$$

第二节 参数估计与预测方法

一、参数估计方法

（一）多人口参数模型

由于多人口参数随机死亡率模型中对数死亡率矩阵是一个奇异矩阵，因此需要对参数设置一定的约束条件，使其具有唯一解，具体约束条件如表 2-2 所示。

表 2-2 多人口参数随机死亡率模型约束条件

Joint-K	CF	ACF (0)	S-LC	T-LC	LC-V	CAE	ACF (1)	ACF (2)
—	$\sum_x B_x = 1$	$\sum_x B_x = 1$	$\sum_x B_x = 1$	$\sum_x B_x = 1$	$\sum_x B_x = 1$	$\sum_x B_x = 1$	$\sum_x B_x = 1$	$\sum_x B_x = 1$
$\sum_t K_t = 0$	$\sum_t K_t = 0$	$\sum_t K_t = 0$	$\sum_t K_t = 0$	$\sum_t K_t = 0$	$\sum_t K_t = 0$	$\sum_t K_t = 0$	$\sum_t K_t = 0$	$\sum_t K_t = 0$
$\sum_x \beta_{x,i} = 1$	—	$\sum_x \beta_{x,i} = 1$	$\sum_x \beta_{x,i} = 1$	$\sum_x \beta_{x,i} = 1$			$\sum_x \beta_{x,i} = 1$	
	$\sum_t k_{t,i} = 0$				$\sum_t k_{t,i} = 0$	$\sum_t k_{t,i} = 0$	$\sum_t k_{t,i} = 0$	$\sum_t k_{t,i} = 0$

表 2-2 总结了多人口参数随机死亡率模型参数估计中用到的所有约束条件，通过约束可以直接获取模型中部分参数的估计结果。其中，ACF (0) 模型参数最多，参数估计方法最具有代表性，本章以该模型为代表，对参数估计方法进行介绍。

1. 极大似然估计法

针对多人口随机死亡率模型的参数估计，Li 和 Lee（2005）采用两阶段的奇异值分解法（SVD）对 ACF (0) 模型进行估计，但该方法扩展能力较弱，在一些模型的变形中不适用。例如，ACF (1) 和 ACF (2) 模型，均包含了双线性项，即均存在共同因子参数乘以特定国家的附加因子参数，且共同因子是向量、附加因子是矩阵，因此无法用奇异值分解方法进行参数估计。为克服以上问题，Enchev 等（2017）采用最大似然估计方法进行参数估计，该方法具有较强的扩展能力，适用于所有的模型。极大

似然估计法，假设死亡人数服从泊松分布，

$$D(x,t,i)|\theta \sim Possoion[E(x,t,i)m(x,t,i)] \quad (2.12)$$

对于似然函数 $l(\theta|D(x,t,i),E(x,t,i))$，以上所有模型都具有如下形式，

$$l = \sum_{x,t,i}[D(x,t,i)\ln(m(x,t,i)) - E(x,t,i)m(x,t,i)] + \text{cons}\tan t \quad (2.13)$$

上式中的常数项与 θ 无关，不影响参数的估计，但用于计算贝叶斯信息准则（BIC）值，其表达式为

$$\text{cons}\tan t = \sum_{x,t,i}[D(x,t,i)\ln(E(x,t,i)) - \ln(D(x,t,i)!)] \quad (2.14)$$

使用标准 Newton-Raphson 法对似然函数的参数 θ 进行优化，并为参数设置适当的起点。该过程迭代到最佳值，直到对数似然值收敛。在每个模型的可识别性约束下，每个迭代循环依次通过模型参数向量 θ 的每个元素。具体迭代过程如下：

步骤1：运用 Newton-Raphson 法，估计参数 $\alpha_{x,i}$；

步骤2：运用 Newton-Raphson 法，估计共同时间效应参数 K_t；

步骤3：运用 Newton-Raphson 法，估计共同年龄效应参数 B_x；

步骤4：运用 Newton-Raphson 法，估计附加时间效应因子 $k_{t,i}$；

步骤5：运用 Newton-Raphson 法，估计附加年龄效应因子 $\beta_{x,i}$；

步骤6：运用限制条件，更新共同因子参数 $\alpha_{x,i}$、$k_{t,i}$ 和 $\beta_{x,i}$；

步骤7：运用限制条件，更新附加因子参数 K_t 与 B_x；

步骤8：返回步骤1，直到对数似然值收敛。当对数似然的变化小于 0.0001 时，认为已发生收敛。

2. 基于约束条件的最小二乘估计

Tsai 和 Zhang（2019）提出了两阶段的最小二乘估计方法，可以有效突破奇异值分解法的应用限制，也可以弥补极大似然函数法中出现的不易收敛或收敛结果为局部最优的问题。

基于约束条件的最小二乘方法参数估计方法具体步骤如下：

第一阶段，估计最优共同因子，基于

$$\ln m_{x,t,i} = \alpha_{x,i} + B_x K_t \quad (2.15)$$

步骤1：基于约束条件 $\sum_t K_t = 0$，获得 $\alpha_{x,i}$ 估计值为

$$\hat{\alpha}_{x,i} = \frac{\sum_{t=t_L}^{t_U} \ln m_{x,t,i}}{t_U - t_L + 1} \quad (2.16)$$

其中，$t = t_L, \cdots, t_U$，$i = 1, \cdots, r$。

步骤2：基于约束条件$\sum_x B_x=1$，获得K_t估计值为

$$\hat{K}_t=\sum_{i=1}^{r}\sum_{x=x_L}^{x_U}\left[\ln(m_{x,t,i})-\hat{\alpha}_{x,i}\right] \quad (2.17)$$

其中，$x=x_L,\cdots,x_U$，$i=1,\cdots,r$。

步骤3：对式$\left[\ln(m_{x,t,i})-\alpha_{x,i}\right]$采用最小二乘法，获得$B_x$估计值为

$$\hat{B}_x=\frac{\sum_{i=1}^{r}\sum_{t=t_L}^{t_U}\left[\hat{K}_t\times(\ln m_{x,t,i}-\hat{\alpha}_{x,i})\right]}{\sum_{t=t_L}^{t_U}\hat{K}_t^2} \quad (2.18)$$

第二阶段，估计最优附加因子，基于

$$\ln m_{x,t,i}=\alpha_{x,i}+B_x K_t+\beta_{x,i}k_{t,i} \quad (2.19)$$

步骤1：基于约束条件$\sum_x \beta_{x,i}=1$，获得$k_{t,i}$估计值为

$$\hat{k}_{t,i}=\sum_{x=x_L}^{x_U}\left[\ln(m_{x,t,i})-\hat{\alpha}_{x,i}-\hat{B}_x\times\hat{K}_t\right] \quad (2.20)$$

步骤2：对式$\left[\ln(m_{x,t,i})-\hat{\alpha}_{x,i}-\hat{B}_x\times\hat{K}_t\right]$采用最小二乘法，获得$\beta_{x,i}$估计值为

$$\hat{\beta}_{x,i}=\frac{\sum_{t=t_L}^{t_U}\left[\hat{k}_{t,i}\times(\ln m_{x,t,i}-\hat{\alpha}_{x,i})\right]-\hat{B}_x\sum_{t=t_L}^{t_U}K_t\hat{k}_{t,i}}{\sum_{t=t_L}^{t_U}\hat{k}_{t,i}^2} \quad (2.21)$$

上述参数估计步骤，同样适用于 Joint-K 模型、CF 模型、S-Lee-Carter 模型、T-Lee-Carter 模型、LC-V 模型、ACF（1）模型和 ACF（2）模型，本章不再展示具体估计步骤，直接给出参数的估计结果。

Joint-K 模型中$\beta_{x,i}$的估计结果为，

$$\hat{\beta}_{x,i}=\frac{\sum_{t=t_L}^{t_U}\left[\hat{K}_t\times(\ln m_{x,t,i}-\hat{\alpha}_{x,i})\right]}{\sum_{t=t_L}^{t_U}\hat{K}_t^2} \quad (2.22)$$

ACF（1）模型中β_x的估计结果为，

$$\hat{\beta}_x=\frac{\sum_{i=1}^{r}\sum_{t=t_L}^{t_U}\left[\hat{k}_{t,i}\times(\ln m_{x,t,i}-\hat{\alpha}_{x,i})\right]-\hat{B}_x\sum_{i=1}^{r}\sum_{t=t_L}^{t_U}\hat{K}_{t,i}\hat{k}_{t,i}}{\sum_{i=1}^{r}\sum_{t=t_L}^{t_U}\hat{k}_{t,i}^2} \quad (2.23)$$

其余参数的估计结果，均可以在 ACF（0）模型参数估计的基础上，

通过调整获得。此外，针对 CAE 模型可以采用共同主成分分析（CPCA）方法获得参数估计结果。

（二）特殊的两人口模型

1. 全年龄段人口随机死亡率模型

（1）两人口群体的引力模型。两人群引力模型的参数估计采用极大似然方法，分为三个步骤：

步骤 1：估计引力参数 $\phi^{(k)}$ 和漂移项 μ。假设 $\phi^{(k)}$ 给定，κ_t 已经被估计出来。故人群 2 的估计值都是含有 $\phi^{(k)}$ 的表达式。漂移项的估计值为：

$$\hat{\mu}^{(1)} = \frac{1}{n_y - 1} \sum_{t=2}^{n_y} (\kappa_t^{(1)} - \kappa_{t-1}^{(1)}) \tag{2.24}$$

$$\hat{\mu}^{(2)} = \frac{1}{n_y - 1} \sum_{t=2}^{n_y} (\kappa_t^{(2)} - (1-\phi^{(k)})\kappa_{t-1}^{(2)} - \phi^{(k)}\kappa_{t-1}^{(1)}) \tag{2.25}$$

两个人群的样本偏差分别为

$$\hat{D}_t^{(1)} = \kappa_t^{(1)} - \kappa_{t-1}^{(1)} - \hat{\mu}^{(1)} \tag{2.26}$$

$$\hat{D}_t^{(2)} = \kappa_t^{(2)} - (1-\phi^{(k)})\kappa_{t-1}^{(2)} - \phi^{(k)}\kappa_{t-1}^{(1)} - \hat{\mu}^{(2)} \tag{2.27}$$

用矩阵形式表示为

$$\hat{D}' = \begin{pmatrix} \hat{D}_2^{(1)} & \hat{D}_3^{(1)} & \cdots & \hat{D}_{n_y}^{(1)} \\ \hat{D}_2^{(2)} & \hat{D}_3^{(2)} & \cdots & \hat{D}_{n_y}^{(2)} \end{pmatrix} \tag{2.28}$$

协方差矩阵为：$\hat{V} = \frac{1}{n_y}(\hat{D}'\hat{D} + \hat{W})$，其中，$\hat{W}$ 是两人群分别估计的协方差矩阵，$\hat{C}$ 是 $\hat{V}$ 的 Choleski 分解。

$$l_k(\phi^{(k)}) = -\frac{n_y - 1}{2} \ln|\hat{V}| - \frac{1}{2} \hat{D}\hat{V}^{-1}\hat{D}' \tag{2.29}$$

通过优化上式的似然函数，便可以得到 $\phi^{(k)}$ 的估计值，进一步可以获得 μ 和 V 的估计值。

步骤 2：估计参数 κ_t 和 γ_c。根据单人群 APC 模型，可以得到似然函数为

$$l_p = \sum_{x,t} D_{x,t} \ln(E_{x,t} m_{x,t}) - E_{x,t} m_{x,t} - \ln(D_{x,t}!) \tag{2.30}$$

考虑了两人群之间的相互作用，即我们还要考虑对数似然函数：

$$l_\kappa = \sum_{t=2}^{n_y} \left[-\frac{1}{2} \ln(C^{(22)}C^{(22)}) - \frac{(D_t^{(2)} - C^{(21)} Z_t^{(1)})^2}{2C^{(22)}C^{(22)}} \right] \tag{2.31}$$

迭代方式为

$$\kappa_t^{(21)} = \kappa_{t-1}^{(20)} - \frac{\partial l_p/\partial \kappa_t^{(2)} + \partial l_k/\partial \kappa_t^{(2)}}{\partial^2 l_p/\partial \kappa_t^{(2)2} + \partial^2 l_k/\partial \kappa_t^{(2)2}} \quad (2.32)$$

然后用同样的方法求出$\gamma_c^{(2)}$。

步骤3：估计参数β_x。根据限制条件：$\sum_t \kappa_t = 0, \sum_t \gamma_c = 0$，可以得到

$$\hat{\beta}_x = \frac{1}{n_y}\sum_t \ln m_{x,t} \quad (2.33)$$

再循环直至收敛得到参数和状态变量的最终估计值。

（2）两人口群体的贝叶斯模型。与两人口引力模型相同，参数估计仍然是采用极大似然方法，似然函数为

$$l(\theta) = l_1(\theta) + l_{21}(\theta) + l_{22}(\theta) + l_{31}(\theta) + l_{32}(\theta) \quad (2.34)$$

其中，

$$l_1(\theta) = \sum_{x,t,i}[D_i(x,t)\ln m_i(x,t) - m_i(x,t)E_i(x,t)] + \text{cons}\tan t \quad (2.35)$$

$$l_{21}(\theta) = -\frac{1}{2}\ln(V_{22}^{(2)}/(1-\psi_{s2}^{(2)})) - S_2(1)^2(1-\psi_{s2}^{(2)})/V_{22}^{(2)} + \text{cons}\tan t \quad (2.36)$$

$$l_{22}(\theta) = -\frac{n_y-1}{2}\ln|V_{22}^{(2)}| - \frac{1}{2}\sum_{t=2}^{n_y} Y_2(t)'V^{(2)-1}Y_2(t) + \text{cons}\tan t \quad (2.37)$$

$$l_{31}(\theta) = -\frac{1}{2}\ln|\Omega| - \frac{1}{2}X'\Omega X \quad (2.38)$$

$$l_{32}(\theta) = -\frac{n_c-2}{2}\ln|V^{(3)}| - \frac{1}{2}\sum_{t=3}^{n_c} Y_3(c)'V^{(3)-1}Y_3(c) + \text{cons}\tan t \quad (2.39)$$

Cairns等（2011）对上述似然函数中的参数设置了先验分布假设，其中，对模型中的截距和斜率等参数设置为条件或非条件的正态分布，方差参数设置为Inv-Wishar分布。设置完先验分布后，便可用MCMC方法进行参数估计。

然而，贝叶斯层次模型方法的缺点是需要对先验分布进行假设，而先验分布的假设具有主观性，且不同的假设对参数估计有一定影响。Andrés等（2017）采用生态学领域提出的数据克隆方法，在模型层次中实现近似最大似然估计，有效解决先验分布设置中存在的问题，并已成功应用在Lee-Carter分层模型中。运用数据克隆方法的具体步骤如下：

步骤1：将$\ln m_x^{(i)}(t)$用向量$y = (y_1, y_2, \cdots, y_n)$表示，并创建K-cloned克隆数据集$y^{(K)} = (y, y, \cdots, y)$，其中观察到的数据向量重复$K$次；

步骤2：采用MCMC算法，基于先验信息$\pi(\Theta)$和克隆向量$y^{(K)} = (y, y, \cdots, y)$生成后验分布的随机数，其中假设$K$次重复得到的向量$y$相互独立；

步骤 3：计算由边际后验分布生成的参数向量θ的每个个体的样本均值和方差，其中θ的最大似然估计值和近似方差分别指后验分布均值和后验方差。

2. 高龄人口随机死亡率模型

Li 和 Liu（2019）建议采用极大似然方法进行参数估计，假设死亡人数服从泊松分布

$$D_{x,t}^{(i)}\big|\theta \sim Possoion(E_{x,t}^{(i)}m_{x,t}^{(i)}) \qquad (2.40)$$

似然函数为

$$l=\sum_{x,t,i}\left[D_{x,t}^{(i)}\ln E_{x,t}^{(i)}+D_{x,t}^{(i)}\ln m_{x,t}^{(i)}-E_{x,t}^{(i)}m_{x,t}^{(i)}-\ln(D_{x,t}^{(i)}!)\right] \qquad (2.41)$$

在上式中，$m_{x,t}^{(i)}=\exp(\eta_{x,t}^{(i)})/(1+\exp(\eta_{x,t}^{(i)}))$，其中 $\text{logit}\, m_{x,t}^{(i)}=\eta_{x,t}^{(i)}$。采用 Newton-Raphson 法，迭代更新步骤如下：

步骤 1：设置初始参数值（建议 $\alpha_t=-2$，$\beta_t=0.1$，$\tau_t^{(i)}=0$，$v_t^{(i)}=0$，$\gamma_t^{(i)}=0$），并计算所有的 $m_{x,t}^{(i)}$ 和 $\eta_{x,t}^{(i)}$ 的拟合值；

步骤 2：针对所有的 t，对 α_t 进行更新，然后重新计算所有 $m_{x,t}^{(i)}$ 和 $\eta_{x,t}^{(i)}$ 的拟合值；

步骤 3：针对所有的 t，对 β_t 进行更新，然后重新计算所有 $m_{x,t}^{(i)}$ 和 $\eta_{x,t}^{(i)}$ 的拟合值；

步骤 4：针对所有 i 和所有 t，更新 $\tau_t^{(i)}$，然后重新计算所有 $m_{x,t}^{(i)}$ 和 $\eta_{x,t}^{(i)}$ 的拟合值；

步骤 5：针对所有 i 和所有 t，更新 $v_t^{(i)}$，然后重新计算所有 $m_{x,t}^{(i)}$ 和 $\eta_{x,t}^{(i)}$ 的拟合值；

步骤 6：针对所有 i 和所有 t，更新 $\gamma_t^{(i)}$，然后重新计算所有 $m_{x,t}^{(i)}$ 和 $\eta_{x,t}^{(i)}$ 的拟合值；

步骤 7：针对所有 i 和所有 t，调整 $\alpha_t^*=\alpha_t+c_\tau$ 和 $\tau_t^{(i)*}=\tau_t^{(i)}-c_\tau$，其中 $c_\tau=\sum_t \tau_t^{(1)}/N_t$（$N_t$ 为年数）；

步骤 8：针对所有 i 和所有 t，调整 $\beta_t^*=\beta_t+c_v$ 和 $v_t^{(i)*}=v_t^{(i)}-c_v$，其中 $c_v=\sum_t v_t^{(1)}/N_t$（N_t 为年数）；

步骤 9：计算对数似然函数；

步骤 10：重复步骤 2 到 9，直到对数似然函数收敛。对于其他形式的模型，可以简单修改上面的一些步骤，实现参数估计。

在参数估计的基础上，假设含有时间 t 的共同参数服从带漂移项的随机游走模型，而特定人口群体的参数服从自回归过程 AR(1) 模型，通过上述假设便可以从时间维度上对人口死亡率进行预测。此外，基于 logistic

模型的两人口高龄死亡率模型将年龄设置为变量,因此可以直接对年龄进行外推,实现年龄维度上的人口死亡率预测。

二、预测方法

对人口死亡率进行样本外预测,需要对时间效应因子建模。多人口随机死亡率模型,既包括公共时间效应因子K_t,也包括每个人群单独的时间效应因子$k_{t,i}$。用具有漂移项的随机游走模型对K_t进行建模,采用均值回复模型或向量自回归模型对$k_{t,i}$进行建模(Li 和 Lee, 2005; Kleinow, 2015; Enchev 等, 2017; Tsai 和 Zhang, 2019),具体建模方法参见表2-3。

表2-3 时间效应因子预测模型

参数	预测方法	服从分布	适用模型
K_t	$K_t = d + K_{t-1} + \varepsilon_t$	ARIMA (0,10) 过程	Joint-K、CF、ACF (0~2)、S-LC 和 T-Lee-Carter 模型
$k_{t,i}$	$k_{t,i} = \varphi_i k_{t-1,i} + Z_{t,i}$	AR (1) 过程	LC-V、ACF (0~2) 模型
$k_{t,i,j}$	$k_{t,i,j} = \varphi_i k_{t-1,i,j} + Z_{t,i,j}$	VAR (1) 过程	CAE 模型

在表2-3中,d为漂移项,将K_t建模为具有漂移项的随机游走模型,能够保证多个人口群体死亡率随时间进展呈现共同下降的趋势。$k_{t,i}$建模为均值回复模型,其中φ_i为模型参数,该模型不仅能够表示不同群体人口死亡率的差异性特征,还能够使不同群体之间死亡率比值在长期中保持稳定,使预测结果更加符合人类的生物规律。$k_{t,i,j}$建模为向量自回归模型,原理与一维的均值回复模型相同,是CAE模型中多维附加因子的体现。

在得到了K_t、$k_{t,i}$和$k_{t,i,j}$的预测值后,人口死亡率的预测可以依据如下公式,

$$\hat{m}_{x,t,i} = \dot{m}_{x,s,i} \exp\left[\hat{B}_x\left(\hat{K}_t - K_s\right) + \hat{\beta}_{x,i}\left(\hat{k}_{t,i} - k_{s,i}\right)\right] \quad (2.42)$$

其中,$\hat{K}_t$和$\hat{k}_{t,i}$为均值估计结果,$\dot{m}_{x,s,i}$为预测基年,$\hat{m}_{x,t,i}$为死亡率预测值。此外,无论是采用极大似然估计法,还是两阶段最小二乘估计法,均可以计算残差分布,进一步得到区间预测结果。

第三节 模型的检验方法

人口随机死亡率模型不同于一般的回归模型,不能简单地用模型的残差平方和作为损失函数,既要考虑统计学上的拟合优度,又要考虑生命表构造理论中光滑性要求,还要考虑人的生物规律特征。因此,在进行模型

检验时常采用基于统计学的拟合优度检验、生命表构造理论方法、基于人口学特征的回溯检验法和与平均预期寿命的横向比较等四种方法。

一、基于统计学的拟合优度检验

在对死亡率进行样本外预测之前，需要先对样本内拟合情况进行检验。采用不同的参数估计方法，样本内拟合优度的检验方法有所不同。由于极大似然函数法，可以得到似然函数值，因此常用贝叶斯信息准则（BIC）作为检验标准（Cairns 等，2006；Enchev 等，2017）；而奇异值分解法和两阶段最小二乘方法，无法计算似然函数值，则常用平均绝对百分误差（MAPE）进行拟合效果的评估（Li 和 Lee，2005；Lin 等，2015；Tsai 和 Lin，2017）。

贝叶斯信息准则（BIC）表达式为：

$$\text{BIC} = -2\left[\ln(-likehood\ value)\right] + \ln(N)k \tag{2.43}$$

其中，N 为样本数量，k 为有效参数的数量。根据准则，BIC 值最小的模型为最优模型。

平均绝对百分误差（MAPE）表达式为：

$$\text{MAPE}_i = \frac{1}{x_U - x_L + 1}\frac{1}{t_U - t_L + 1}\sum_{x=x_L}^{x_U}\sum_{t=t_L}^{t_U}\left|\frac{\hat{m}_{x,t,i} - m_{x,t,i}}{m_{x,t,i}}\right| \tag{2.44}$$

与 BIC 选择标准类似，平均绝对百分误差（MAPE）值最小的模型为最优模型。

二、生命表构造理论方法

Carriere（1992）选用针对死亡率预测所采用的经典误差函数，其中，直接用死亡率计算得到的误差函数共四种，分别为

$$\sum_{x,t,i}\left(1 - \hat{m}_{x,t,i}\big/m_{x,t,i}\right) \tag{2.45}$$

$$\sum_{x,t,i}\left|\ln\left(\frac{\ln(1-\hat{m}_{x,t,i})}{\ln(1-m_{x,t,i})}\right)\right| \tag{2.46}$$

$$\sum_{x,t,i}\frac{(m_{x,t,i} - \hat{m}_{x,t,i})^2}{m_{x,t,i}} \tag{2.47}$$

$$\sum_{x,t,i}\left((m_{x,t,i} - \hat{m}_{x,t,i})\log\frac{m_{x,t,i}}{\hat{m}_{x,t,i}}\right) \tag{2.48}$$

其中，$\hat{m}_{x,t,i}$ 和 $m_{x,t,i}$ 分别为拟合的死亡率与实际观察的死亡率，误差函数越小，则模型拟合效果越优。

三、基于人口学特征的回溯检验法

由于多人口随机死亡率模型在建模思想上与单人群模型有较大区别，一般统计性检验不能完全反映出两种方法的优劣（范勇和朱文革，2016）。可以考虑人口学特征，采用回溯检验法对预测结果进行验证，即将历史数据分为预测组和对照组，其中预测组用于建模，对照组用于检验模型结果，该方法有效应用的前提是历史数据积累时间相对较长。对于我国来说，自 1982 年的第三次人口普查开始积累分年龄、分性别人口死亡率数据，尽管其中有所间断，但至今已有近 30 年数据，具备采用回溯法对模型结果进行检验。

四、与平均预期寿命的横向比较法

根据生存模型中平均预期寿命的计算公式，将分年龄死亡率转化为平均预期寿命，对人口死亡率可以进行横向验证，增加结果的可信度。根据生命的构造理论，当死亡分布为连续函数时，人口死亡率与平均预期寿命之间的关系为

$$\dot{e}_x = \int_0^{+\infty} (1 - {}_t q_x) \mathrm{d}t \qquad (2.49)$$

由于一般所采用的人口死亡率为离散型年度数据，对上式离散化为

$$e_x = \sum_{k \geq 0} k({}_{k+1}q_x - {}_k q_x) \qquad (2.50)$$

采用上式将人口分年龄死亡率转化为平均预期寿命。此外，Raftery 等（2013）将人口平均预期寿命转化为分年龄死亡率，可以选用联合国模型生命表方法。联合国人口司编制了一套发展中国家模型生命表，其数据源自 22 个发展中国家的 72 张生命表（男、女性生命表各 36 张），并经过严格检验，具有较可靠的质量。这套模型生命表根据实际数据所反映的死亡率模式的地域特征分为几大区域，分别定名为"拉丁美洲"表、"智利"表、"南亚"表、"远东"表和"通用"表。其中，"通用"表可以代表发展中国家的一般情况。因此，可以通过模型生命表中的"通用"表，将平均预期寿命转化为分年龄死亡率，进行横向检验。

第四节 模型比较与评价

本章对三个类别的多人口随机死亡率模型的研究进展进行了综述，不同类别模型均具有其特征，表 2-4 列出了各类模型的典型代表、模型思想、估计原理和优缺点等。

表 2-4 三类多人口随机死亡率模型比较

类别	多人口 参数模型	两人口 参数模型	其他模型 方法
代表模型	Joint-K 模型 ACF 模型 CAE 模型	引力模型 贝叶斯模型 高龄 Logit 模型	Copula 模型 函数型方法 机器学习方法
模型思想	多种人群共同趋势 特定人群个体趋势 联合进行建模	针对两人口群体 平等或牵引关系 建立死亡率模型	借助 Copula、函数型 数据和机器学习等方 法构建死亡率模型
估计原理	SVD 分解方法 最小二乘估计 极大似然估计	极大似然估计 MCMC 方法 数据克隆方法	根据各自理论的成熟 方法进行模型估计
优点	估计方法多样 拟合效果稳定 长期预测合理	估计方法前沿 模型针对性强 长期预测合理	创新研究方法 弥补参数缺陷 具有应用价值
缺点	样本选取受限 模型假设单一 短期预测欠佳	估计方法繁琐 系统考量不足 短期预测欠佳	稳定有待检验 尚未自成体系 受到方法制约

一、多人口参数随机死亡率模型

对于多人口参数随机死亡率模型，通过考虑不同人群间的相互关系，设定相应的精算假设，使不同人群死亡率预测结果在长期内保持稳定关系，且符合人口的生物特征。该类别的多人口随机死亡率模型，主要是基于 Lee-Carter 模型、APC 模型和 CBD 模型等的扩展，目前已形成了较为成熟的研究范式，在此基础上的改进与创新，仍会成为该领域的主流研究方向。

从模型的构建思想来看，该类别的系列模型均具有相同的精算假设，即多个人口群体死亡率变动趋势中既包含共同的趋势特征，又包含单个群体的个体差异特征。从模型的设置形式来看，尽管所有模型都设置了公共因子参数，但部分模型未设置附加时间效应因子参数，如 Joint-K 模型、CF 模型、S-Lee-Carter 模型和 T-Lee-Carter 模型，由于附加时间效应因子参数为均值回复过程，这些模型在长期预测中就不能保证多人口群体之间死亡率的一致性变动趋势。

从模型的估计原理来看，SVD 分解法适用的范围最小，仅适用于 CF 模型和 ACF（0）模型；两阶段最小二乘估计方法，先获得公共因子参数的最优估计结果，在此基础上再获取附加因子参数的最优估计结果，适用于 Joint-K 模型、CF 模型、ACF（0）模型、ACF（1）模型和 ACF（2）模型，但该方法得到的参数估计并非模型整体的最优参数估计结果；极大似然估计方法适用于该类别内的所有模型，且能够得到模型整体的最优参数估计结果，但当参数过多时，迭代算法容易出现难以收敛或收敛值为局部最优的问题。此外，基于迭代算法的模型求解过程中，初始值的设置较为重要，初始值越接近真实值，则优化速度越快；反之，模型收敛较慢，且容易出现局部最优问题。

从拟合效果来看，目前研究主要是基于低死亡率的发达国家的实证检验，其中 CAE 模型的拟合效果表现最好，尤其是当阶数取 2 时拟合效果最佳（LC-V 模型可以看作阶数为 1 的 CAE 模型）；Joint-K 模型主要在人口死亡率相对较高的阶段拟合效果较好，当人口死亡率相对较低时拟合优度降低；ACF（0）模型参数较多，采用极大似然估计方法容易出现收敛结果为局部最优的问题，若克服此问题、拟合优度较高；S-Lee-Carter 模型、T-Lee-Carter 模型、ACF（1）模型和 ACF（2）模型均是对 ACF（0）模型减少参数后的改进，这些改进方法尽管可以提高模型的计算效果，但会不同程度地损失拟合优度。

总之，多人口参数随机死亡率模型，具有估计方法多样、拟合效果稳定和长期预测合理等优点，但模型也存在一定的不足之处：一是样本选取受限，在进行人口群体样本选择时，需要考虑人口群体之间的样本规模、文化特征、经济水平等多种因素，若这些因素之间存在较大差异，则不能任意将多个相差较大的人口群体进行联立，因此能够找到合适的人口群体进行联合建模，成为研究中的限制；二是模型假设单一，当前多人口模型的基本假设是死亡率的一致性变动趋势，但当前人口学界研究显示人群间的死亡率差异也会存在变动的趋势，这些新的特征并未考虑到多人口死亡率建模中；三是短期预测欠佳，多人口死亡率建模方法比单人口死亡率方法复杂，模型的拟合优度也会受到一定的损失，短期预测效果略差于单人群模型，但多人口死亡率模型能保证不同人口群体未来死亡率变动呈现一致性特征，趋势更加稳健，长期内预测结果更为科学合理。

二、特殊的两人口参数随机死亡率模型

对于特殊的两人口参数随机死亡率模型，假设两个相互关联的人口群体的死亡率之间存在一个固定比率，即两人口群体之间具有稳定比率关系的年龄效应参数、时间效应参数和队列效应参数，通过这个固定比率将两人口群体参数进行联合建模。

两人口参数随机死亡率模型包括适用于全年龄段的引力模型、贝叶斯模型和适用于高龄人口的 Logistics 模型。其中，引力模型主要是针对具有非平等关系的两人口群体进行建模，如大数量人口国家和小数量人口国家或全国人口群体和某个地区人口群体；贝叶斯模型是在引力模型的基础上，既能对非平等关系的两人口群体建模，又能对平等关系的两人口群体建模（如两性别人口群体），并且加入先验信息，使模型内涵更加丰富，通过引入数据克隆技术后，MCMC 方法能够得到稳定的参数估计结果；高龄的两人口 Logistics 模型假设高龄人口死亡率并不是指数模型结构，而是服从 Logistics 模型结构，随着年龄的增长，死亡率趋于一个小于 1 的常数，该模型拓展了高龄人口死亡率建模方法，在全球普遍面临人口寿命延长的背景下具有重要现实意义。Li 和 Liu（2019）将两人口 Logistics 模型分为四类：初始模型、标准化模型、增加个体曲率模型和增加公共曲率模型，并通过欧洲国家人口死亡率数据进行验证，结果表明含有曲率的模型拟合效果较佳，尤其是增加个体曲率的模型拟合效果最为稳定。

总之，两人口参数随机死亡率模型具有模型针对性强、方法使用前沿和长期预测合理等优点，但也存在一些缺陷：一是估计方法繁琐，参数估计计算量较大，需要一定的编程技术与计算速度，然而在计算机技术高度发达的当今时代，计算问题已经不是阻碍人口死亡率模型求解的关键，更重要的是对模型的理解和选择；二是系统考量不足，两人口群体模型仅从两个人口群体间的关系开展研究，这种建模思路缺乏全局观，在长期内可能会与整个人类死亡率的变动趋势发生背离；三是短期预测结果欠佳，与多人口参数随机死亡率模型一样，两人口模型加入了人口间关系的限制，降低短期预测结果的精确度，但提升了死亡率长期预测的合理性。

三、其他多人口随机死亡率模型

对于其他多人口随机死亡率模型是在参数模型之外，对多人口随机死亡率模型研究的补充，为多人口随机死亡率建模提供了更多、更新的思路，但其尚未形成成熟的研究范式，稳定性也有待进一步检验。这些方法主要包括：基于 Copula 方法的多人口死亡率模型、基于函数型数据的多人口死亡率模型和基于机器学习的多人口死亡率模型。其中，基于 Copula 方法的多人口死亡率模型，依托于 Copula 函数在相依性测度和多元模型的构造与模拟方面的强大优势，可以较好地应用于具有相依关系的多个人口群体联合建立死亡率模型。基于函数型数据方法的多人口随机死亡率模型是一种非参数建模方法，能够对经典的参数方法做出有效的补充，丰富了多人口死亡率模型的理论框架。基于机器学习方法的多人口死亡率模型，对人口死亡数据的假定较少，产生的结果用交叉验证的方法来判断，避免了经典统计中参数估计、假设检验过程中可能出现的显著性问题，并且该方法具有较好的预测效果。

总之，其他多人口随机死亡率模型借鉴了当前较为流行的理论方法，将其应用于多人口死亡率的预测，可以有效弥补参数模型中估计方法、假设检验中存在的问题，并且能够在长寿风险证券化等领域具有较好的应用价值，但也存在一些缺陷：一是模型稳定性有待检验，由于当前相关研究较少，仍需要更多研究的支撑，以获得更加稳定的死亡率拟合与预测结果；二是尚未自成体系，当前研究主要是其他的理论方法在多人口死亡率建模中的应用，而并非形成像参数模型一样的自成体系的多人口死亡率建模方法；三是受到方法制约，当前研究主要基于 Copula、函数型数据模型和机器学习等方法，这些方法自身的发展直接决定着人口死亡率预测问题的发展。

第五节 本章小结

多人口随机死亡率模型目前已形成以参数模型为主体、多种研究方法有效补充的理论和应用框架。多人口随机死亡率模型的研究，推动了寿险精算学基础研究的纵深化发展，实现了精算学与人口学的理论互动，为长寿风险定量管理提供基础和保证。建立多人口随机死亡率模型，不仅能为人口数量较大的发达国家提供更具科学性的死亡率预测方法，还能为人口较少的国家和数据质量欠佳的发展中国家提供可行的人口死亡率预测方案。对于我国来说，尽管人口总量较大，但分年龄、分性别人口死亡数据的有效积累期间较短，自 1982 年的第三次人口普查时开始积累，自此每隔末位数字为 0 的年份为人口普查数据，每隔末位数字为 5 的年份为 1% 的抽样调查数据，其他的年份为 1‰ 的变动抽样数据。对于我国大部分抽样调查年份，分年龄、分性别的人口死亡数据无法达到统计学的显著性要求，从而导致死亡率模型中参数估计出现较大偏差。通过将中国人口死亡率数据与高数据质量人口群体联合建模，可以扩充死亡率数据集，为中国人口数据导入更多有效先验信息，提高参数估计的可信度和方法的科学性。

同时，多人口随机死亡率模型研究具有重要意义，能够突破当前我国人口死亡率预测和长寿风险管理中的瓶颈与掣肘，但从研究文献上看，目前我国学界在该领域的研究较少，文献中更多是侧重单一人口群体死亡率模型的研究。本研究后续章节，从优化多人口随机死亡率模型参数估计方法的角度，构建一套多人口随机死亡率模型的方法体系，通过中国人口死亡率的动态预测对建模与参数估计方法进行比较与评价，并将最优死亡率模型应用于保险公司和养老保险制度长寿风险量化管理中。

第三章 国内外人口死亡模式转变的趋势分析

随着经济的发展与医疗技术的进步,世界范围内的人口平均预期寿命的延长已成为不可逆转的趋势。人口平均预期寿命的延长是死亡率降低的直接结果,这一现象已经引起各国的广泛关注。其中,发达国家人口死亡率下降程度普遍高于发展中国家,且随着时间推移在年龄模式上发生转变,即死亡率下降首先出现在婴幼儿阶段,然后转向青年和中年人群,最后出现在老年人群(Li 等,2013)。不同年龄人口死亡率的变动趋势的差异会对人口年龄结构产生影响,给养老保险体系的负债评估和偿付能力管理带来较大的不确定性。因此,在考虑人口死亡模式转变的基础上,建立科学的人口随机死亡率预测模型,是经济主体应对长寿风险的重要保证。

本章内容重点分析国内外人口死亡模式转变的趋势,该趋势特征和经验事实是建立多人口随机死亡率模型的客观基础。首先,选取北美精算师协会测度人口死亡率改善水平的指标,对国内外人口死亡率的变动趋势进行分析,总结了发达国家和地区人口死亡模式转变的经验,并结合中国人口死亡率改善速度较快的特征,得出了未来中国人口死亡率改善速度将会放缓、且在年龄别和性别两个维度发生模式转变的结论。在此基础上,对中国人口死亡率变动趋势以及性别差异的趋势进行分析,提出了将中国人口死亡率预测问题纳入多人口模型框架的必要性。

第一节 人口死亡模式转变的测度指标

一、北美精算师协会指标

在年龄别人口死亡率相对变动水平的测度上,选择北美精算师协会经常采用的公式(Li 等,2010;Purushotham 等,2011;王晓军、米海杰,2013;王晓军、赵明,2014),即

$$I_{x,t\sim t+k} = 1-\left[\frac{m(x,t+k)}{m(x,t)}\right]^{1/k} \quad (3.1)$$

其中,$m(x,t)$ 表示 x 岁的人在 t 年的死亡率;$m(x,t+k)$ 表示 x 岁

的人在 $t+k$ 年的死亡率，k 取整数；$I_{x,t\sim t+k}$ 为死亡率年龄效应因子，是死亡率降低的相对水平值，表示 x 岁的人在 $t+k$ 年死亡率相对于 t 年降低比率的几何平均数①，一般为百分比形式。死亡率年龄效应因子的值域原则上为全体实数集，其中因子为正表明死亡率降低，而因子为负表明死亡率升高；在不考虑数据漏报与人口抽样误差的条件下，死亡率年龄效应因子一般为小于 1 的正值。

二、对数死亡率改善指标

为死亡率建模和计算的简便性，Li 和 Gerland（2011）将北美精算师协会指标进行简化，得到的对数死亡率改善因子更容易与经典 Lee-Carter 模型相联系。死亡率改善因子的定义如下：

$$I_{x,t\sim t+k}^2 = \log\left[\frac{m(x,t+k)}{m(x,t)}\right] \tag{3.2}$$

其中，$I_{x,t\sim t+k}^2$ 表示 x 岁的人在 t 年到 $t+k$ 年之间的对数死亡率改善因子，$m(x, t+k)$ 表示 x 岁的人在 $t+k$ 年的粗死亡率，$m(x, t)$ 表示 x 岁的人在 t 年的死亡率。

三、β 因子指标

Lee-Carter 模型描述了死亡率随时间推移不断变化的特征。将某一特定年龄的死亡率时间序列的对数值分为两部分之和：一是与时间无关的特定年龄部分；二是反映总体死亡率随时间变化的时间参数与反映特定年龄死亡率受总体死亡率变化影响的参数之积，即：

$$\ln m(x,t) = \alpha(x) + \beta(x)\kappa(t) + \varepsilon(x,t) \tag{3.3}$$

其中，$m(x, t)$ 表示 x 岁的人在 t 时的死亡率；$\alpha(x)$ 表示各年龄别死亡率对数变化的基数，是一个只与年龄有关的参数；$\beta(x)$ 反映各年龄别死亡率对数变化趋势，可以理解为 $\kappa(t)$ 的斜率，反映了不同年龄死亡率随时间变动的改善程度，且只与年龄有关；$\kappa(t)$ 描述 t 时间死亡率水平的变化，被定义为随机游走模型：$\kappa(t+1) = \kappa(t) + d + e(t)\sigma$，其中，$e(t) \sim N(0,1)$，$E[e(t)e(s)] = 0$；$\varepsilon(x,t)$ 表示误差。Lee-Carter 模型属于双线性模型，为了得

---

① 由于年龄效应因子采用的是统计学中的环比概念，应采取几何平均方法刻画一段时间内死亡率的平均下降水平，且该指标被北美精算师协会所采用，适用于数据年份较少的情况，可计算某一时间段上死亡率的年均变化率，可比性较强。

到唯一解，模型限制条件为：$\sum_x \beta(x) = 1$，$\sum_t \kappa(t) = 0$。

Lee-Carter 模型中，通常将 β_x 定义为死亡率改善因子，运用最小二乘估计方法（OLS）可以得到 β_x 的解析式：

$$I^3_{x,t\sim t+k} = \hat{\beta}(x) = \sum_t \hat{\kappa}(t)(\ln m(x,t) - \hat{\alpha}(x)) / \sum_t \hat{\kappa}^2(t) \quad (3.4)$$

其中，$\hat{\alpha}(x) = \ln(\prod_t^T m(x,t)^{1/T})$ 和 $\hat{\kappa}(t) = \sum_x (\ln m(x,t) - \hat{\alpha}(x))$ 是根据模型限制条件得到的结果。由于经典 Lee-Carter 模型的拟合需要连续时间上的人口死亡率数据，$I^3_{x,t\sim t+k}$ 为死亡率的年度改善因子，κ 的取值只能是 1，即 $I^3_{x,t\sim t+k} = I^3_{x,t\sim t+1}$。

第二节 发达国家和地区人口死亡模式转变

为了更好地将中国大陆人口死亡率改善情况与典型国家或地区进行比较，选取了四个具有代表性的国家和地区，分别为美国、日本、瑞典、中国台湾省。其中，美国为经济发达国家，生活水平较高；日本属于亚洲国家，生活习惯与中国较为相似，人种差异较小；中国台湾省人口属于中国的一个省级人口群体；瑞典养老金水平较高，高龄人口能够得到更好的保障。根据 Bulatao（1989）的研究，人口死亡率与 GDP 呈显著的线性关系，随着经济水平的提高，人口死亡率不断降低。因此，本节内容并没有选取非洲等经济欠发达国家的数据进行比较，因为这些国家人口死亡率相对较高，对研究中国人口死亡率未来的变化无参考意义。

王晓军和赵明（2014）认为人口死亡率具有随机波动性与趋势性，其中短期内主要体现随机波动性，而长期内会呈现趋势性。在研究人口死亡率改善时，将时间间隔适度拉长，能有效避免短期内死亡率波动造成的干扰。此外，中国人口死亡率数据既包括普查数据，也包括抽样调查数据，其中抽样数据波动性较大，容易掩盖真实信息。因此，本节选取中国近四次人口普查（1981年、1989年、2000年和2010年）的分年龄、分性别人口死亡率数据，且普查间隔时间均在10年左右，能够较好地反映人口死亡率的改善情况。相应地，其他四个国家和地区也选取对应时间点上的分年龄、分性别人口死亡率数据，数据主要来自人类死亡率数据库（Human Mortality Database，HMD）。其中，中国大陆人口普查数据的极限年龄为100岁，而 HMD 数据库给出的日本、美国、瑞典及中国台湾省等四个国家和地区人口的极限年龄为110岁。

根据中国大陆人口死亡率数据特征，本节选用北美精算师协会指标进行分析，该指标适用于数据年份较少的情况，可计算某一时间段上死亡率的年均变化率，可比性较强。本节在计算死亡率改善因子时，将年龄组分为 0 岁、1—4 岁、5—9 岁、……、105—109 岁，共 23 组。此外，联合国世界卫生组织经过对全球人体素质和平均寿命进行测定，对年龄的划分标准做出规定，将人的一生分成五个年龄段，即：44 岁以下为青年人；45 岁到 59 岁为中年人；60 至 74 岁为年轻的老年人；75 岁到 89 岁为老年人；90 岁以上为长寿老年人。为了更好地说明人口死亡率改善随年龄变迁的趋势，同时避免年龄段划分过大导致波动过大，本节在联合国世界卫生组织分类的基础上，对 44 岁以下人口做进一步细分，将人口年龄段划分为：10 岁以下、10—44 岁、45—59 岁、60—74 岁、75—89 岁和 90 岁以上，共 6 组，分析 1981—1989 年、1989—2000 年和 2000—2010 年三个时段上人口死亡率改善随年龄变迁的情况。

一、不同国家和地区人口死亡率改善趋势的差异

（一）1981—1990 年人口死亡率改善状况

1981—1990 年，各国人口死亡率在整体上呈现下降趋势，但在不同年龄段的改善水平有所差异。表 3-1 列示了不同国家和地区不同年龄段人口死亡率改善的平均水平。

表 3-1　1981—1989 年不同国家（地区）人口死亡率改善状况表　　单位：%

	中国大陆 男	中国大陆 女	日本 男	日本 女	美国 男	美国 女	中国台湾省 男	中国台湾省 女	瑞典 男	瑞典 女
10 岁以下	6.54	6.70	4.67	3.98	2.44	1.92	5.14	3.82	2.43	0.65
10—44 岁	0.34	2.39	2.28	2.24	0.06	0.67	0.30	1.01	1.16	0.70
45—59 岁	0.70	2.00	2.16	2.49	1.86	1.48	0.56	2.65	2.88	1.57
60—74 岁	-0.46	0.52	2.23	3.67	1.42	0.50	2.51	2.48	2.10	2.10
75—89 岁	0.78	1.53	2.18	3.55	0.73	0.64	1.33	1.71	1.59	1.92
90 岁以上	-2.01	-0.76	1.16	2.95	-0.41	-0.04	-1.18	2.48	0.35	2.10
平均	0.74	2.00	2.36	2.98	0.79	0.79	1.13	1.26	1.59	1.03

从全年龄段来看，日本人口平均死亡率改善水平最高，男性和女性分别为 2.36% 和 2.98%。美国人口平均死亡率改善水平较低，男性和女性均为 0.79%；可见美国在 20 世纪 80 年代人口死亡率改善水平相对较低。中国台湾省和瑞典人口死亡率改善水平较为接近，男性分别为 1.13% 和

1.59%，女性分别为1.26%和1.03%。中国大陆女性人口平均死亡率改善水平（2.00%）仅低于日本，高于中国台湾省和瑞典；中国大陆男性人口平均死亡率改善水平（0.74%）低于美国。

从不同年龄段来看，对于男性人口，10岁以下的人口中，中国大陆人口死亡率改善水平最高，为6.54%；其次为中国台湾省，死亡率改善水平为5.14%；日本死亡率改善水平居中，为4.67%；美国和瑞典死亡率改善水平相对较低，分别为2.44%和2.43%。10—44岁年龄组中，日本人口死亡率改善水平最高，为2.28%；其次为瑞典，死亡率改善水平为1.16%；中国大陆与中国台湾省人口死亡率改善水平居中，分别为0.34%和0.30%；死亡率改善水平最低是美国，仅为0.06%。45—59岁年龄组中，瑞典人口死亡率改善水平最高，为2.88%；其次为日本，死亡率改善水平为2.16%；美国人口死亡率改善水平居中，为1.86%；死亡率改善水平最低是中国大陆与中国台湾省，分别为0.70%和0.56%。60—74岁年龄组中，中国台湾省人口死亡率改善水平最高，为2.51%；其次为日本，死亡率改善水平为2.23%；瑞典人口死亡率改善水平居中，为2.10%；死亡率改善水平最低是中国大陆，为-0.46%。75—89岁年龄组中，日本人口死亡率改善水平最高，为2.18%；其次为瑞典和中国台湾省，死亡率改善水平分别为1.59%和1.33%；中国大陆和美国人口死亡率改善水平较低，分别为0.78%和0.73%。可见，中国大陆男性人口死亡率改善水平在低年龄处相对较高，但日本和中国台湾省等国家或地区的人口死亡率改善水平在高年龄处相对较高。90岁以上年龄组，各国男性人口死亡率改善水平均显著低于女性；日本高龄男性死亡率改善水平显著高于其他国家，为1.16%；美国和中国大陆人口死亡率均出现了负改善，一方面是由于高龄老人数量较小导致的样本代表性不足，另一方面也说明人口死亡率仅改善到中低年龄组，还未变迁到高年龄组。

对于女性人口，10岁以下人口中，中国大陆人口死亡率改善水平最高，为6.70%；其次为日本和中国台湾省，死亡率改善水平分别为3.98%和3.82%；美国人口死亡率改善水平相对居中，为1.92%；瑞典人口死亡率改善水平最低，为0.65%。10—44岁年龄组中，中国大陆和日本人口死亡率改善水平较高，分别为2.39%和2.24%；中国台湾省人口死亡率改善水平居中，为1.01%；瑞典和美国人口死亡率改善水平较低，分别为0.70%和0.67%。45—59岁年龄组中，中国台湾省人口死亡率改善水平最高，为2.65%；其次为日本，死亡率改善水平为2.49%；中国大陆人口死亡率改善水平居中，为2.00%；死亡率改善水平较低是瑞典和美国，分别为1.57%和1.48%。60—74岁年龄组中,日本人口死亡率改善水平最高,为3.67%;其次为中国台湾省,死亡率改善水平为2.48%;瑞典人口死亡率改善水平居中,为2.10%;死亡率改善水平较低是中国大陆和美国,分别为0.52%和0.50%。75—89岁年龄组中,日本人口死亡率改善水平最高,为3.55%;其次为瑞典,死亡率改善水平为1.92%;中国台湾省和中国大陆人口死亡率改善水平分别为1.71%和1.53%;美国人口死亡率改善水平最低,为0.96%。可见,中国大陆女性人口死亡率改善水平高于男性,但在改善趋势上与男性人口相似。90岁以上年龄组,日本高龄女性人口死亡率改善呈现了较高的水平,为2.95%;中国台湾省和瑞典高龄女性人口死亡率改善水平较为接近,分别为2.48%和2.10%;中国大陆和美国人口死亡率改善水平为负值,原因与男性人口一致。

(二) 1989—2000年人口死亡率改善状况

相对于1981—1989时间段,1989—2000年各国人口死亡率改善水平在不同年龄段发生变化,人口死亡率改善结果列示于表3-2中。

表3-2　1989—2000年不同国家(地区)人口死亡率改善状况表　　单位:%

	中国大陆		日本		美国		中国台湾省		瑞典	
	男	女	男	女	男	女	男	女	男	女
10岁以下	1.54	0.99	3.38	3.16	3.63	3.47	3.01	2.55	5.16	4.71
10—44岁	1.25	3.42	1.14	1.56	2.50	1.19	2.55	2.71	3.02	2.78
45—59岁	1.64	2.51	1.05	1.28	1.58	1.05	1.02	2.06	2.40	0.96
60—74岁	1.70	1.75	1.10	2.33	1.91	0.73	1.27	2.74	2.28	1.01
75—89岁	0.35	0.31	1.82	3.25	0.89	0.12	1.98	2.47	1.14	1.16
90岁以上	−0.99	1.07	1.21	1.60	−0.38	−0.61	1.82	2.67	−0.08	0.42
平均	0.89	1.44	1.52	2.06	1.74	0.96	2.04	2.57	2.34	1.94

从全年龄段来看,对于男性人口,瑞典人口平均死亡率改善水平最高,为2.34%;其次为中国台湾省,人口平均死亡率改善水平为2.04%;中国大陆人口平均死亡率改善水平最低(0.89%),低于美国的1.74%、低于日本的1.52%。对于女性人口,中国台湾省人口平均死亡率改善水平最高,为2.57%;其次为日本,人口平均死亡率改善水平为2.06%;瑞典人口平均死亡率改善水平居中(1.94%);中国大陆人口平均死亡率改善水平为1.44%,高于美国的0.96%。

从不同年龄段来看,对于男性人口,10岁以下人口中,瑞典人口死亡率改善水平最高，为5.16%；其次为美国，死亡率改善水平为3.63%；日本死亡率改善水平居中，为3.38%；中国大陆人口死亡率改善水平最低（1.54%），显著低于中国台湾省的3.01%。10—44岁年龄组中，瑞典人口死亡率改善水平最高，为3.02%；其次为中国台湾省和美国，人口死亡率改善水平分别为2.55%和2.50%；中国大陆人口死亡率改善水平为1.25%，略高于日本的1.14%。45—59岁年龄组中，瑞典人口死亡率改善水平最高，为2.40%；其次为中国大陆，人口死亡率改善水平为1.64%，略高于美国的1.58%；日本和中国台湾省人口死亡率改善水平较低，分别为1.05%和1.02%。60—74岁年龄组中，瑞典人口死亡率改善水平最高，为2.28%；其次为美国，人口死亡率改善水平为1.91%；中国大陆人口死亡率改善水平居中，为1.70%；死亡率改善水平较低的是中国台湾省和日本，分别为1.27%和1.10%。75—89岁年龄组中，中国台湾省人口死亡率改善水平最高，为1.98%；其次为日本，人口死亡率改善水平分别为1.82%；瑞典人口死亡率改善水平居中，为1.14%；中国大陆人口死亡率改善水平最低（0.35%），低于美国的0.89%。美国男性老年人口死亡率改善水平仅高于中国，但美国老年人口死亡率基数显著低于中国。90岁以上年龄组，中国台湾省高龄男性死亡率改善水平最高（1.82%），高于日本的1.21%；其余国家高龄男性人口死亡率改善水平均为负，其中美国为-0.38%，瑞典为-0.08%，中国为-0.99%。

对于女性人口，10岁以下人口中，瑞典人口死亡率改善水平最高，为4.71%；其次为美国，人口死亡率改善水平为3.63%；日本死亡率改善水平相对居中，为3.38%；中国大陆人口死亡率改善水平最低（0.99%），显著低于中国台湾省的3.01%。10—44岁年龄组中，中国大陆人口死亡率改善水平最高，为3.42%；其次为瑞典，人口死亡率改善水平为2.78%；中国台湾省人口死亡率改善水平居中，为2.71%；日本和美国人口死亡率改善水平相对较低，分别为1.56%和1.19%。45—59岁年龄组中，中国大陆人口死亡率改善水平最高，为2.51%；其次为中国台湾省，人口死亡率改善水平为2.06%；日本人口死亡率改善水平居中，为2.00%；人口死亡率改善水平最低的是瑞典（0.96%），低于美国的1.05%。60—74岁年龄组中，中国台湾省人口死亡率改善水平最高，为2.74%；其次为日本，人口死亡率改善水平为2.33%；中国大陆人口死亡率改善水平居中，为1.75%；人口死亡率改善水平最低的是美国（0.73%），低于瑞典的1.01%。75—89岁年龄组中，日本人口死亡率改善水平最高，为3.25%；其次为中国台湾省，人口死亡率改善水平为2.47%；瑞典人口死亡率改善水平居中，为1.16%；人口死亡率改善水平最低的是美国（0.12%），低于中国大陆的0.31%。美国女性老年人口死亡率改善水平甚至低于中国大陆，与男性人口呈现出类似的特征，反映出美国老年人口死亡率改善动力不足或老年人口已走过高速改善阶段。90岁以上年龄组，中国台湾省高龄女性人口死亡率改善呈现较高的水平，为2.67%；其次为日本，高龄女性人口死亡率改善水平为1.60%；中国大陆高龄人口死亡率改善水平高于瑞典，分别为1.07%和0.42%；仅有美国人口死亡率改善水平是负值，为-0.61%。

（三）2000—2010年人口死亡率改善状况

2000—2010年各国人口死亡率仍呈现下降趋势，但不同国家和地区人口死亡率改善程度与之前相比出现较大差异，结果列示于表3-3中。

表3-3 2000—2010年不同国家（地区）人口死亡率改善状况表　单位：%

	中国大陆		日本		美国		中国台湾省		瑞典	
	男	女	男	女	男	女	男	女	男	女
10岁以下	9.97	11.45	3.75	2.92	2.20	2.24	4.48	4.93	2.77	0.48
10—44岁	3.74	6.01	1.67	1.04	1.54	1.17	3.42	3.48	2.20	1.76
45—59岁	2.26	4.10	1.92	1.53	0.78	0.51	1.47	2.57	2.12	2.95
60—74岁	3.19	3.72	2.12	2.12	2.30	2.13	2.26	3.51	2.47	1.41
75—89岁	2.81	2.69	1.33	2.16	2.37	1.80	2.15	2.73	1.84	1.48
90岁以上	0.91	1.37	0.37	0.67	1.54	1.24	2.81	0.99	0.51	0.67
平均	3.68	4.93	1.76	1.57	1.73	1.44	2.88	3.02	1.96	1.48

从全年龄段来看，中国大陆人口平均死亡率改善水平最高，男性和女性分别为3.68%和4.93%；其次为中国台湾省，男性和女性人口死亡率改善水平分别为2.88%和3.02%；美国人口平均死亡率改善水平最低，男性和女性分别为1.73%和1.44%；日本和瑞典两个国家死亡率改善水平较为接近，其中瑞典男性人口死亡率改善水平（1.96%）略高于日本（1.76%），女性人口死亡率改善水平（1.48%）略低于日本（1.57%）。在这一阶段，中国大陆经济高速发展，人口死亡率改善水平大幅度提升，显著高于其他国家，并且带动了中国台湾省的发展；瑞典和日本等发达国家人口死亡率经历了之前几轮的充分改善，目前已经趋于平缓；美国人口死亡率改善水平也相对前两个阶段有所提高，但相对其他国家略低。

从不同年龄段来看，对于男性人口，10岁以下人口中，中国大陆人口死亡率改善水平最高，为9.97%，说明中国大陆男性低龄人口死亡率还未得到充分改善；其次为中国台湾省，死亡率改善水平为4.48%；日本死亡率改善水平居中，为3.75%；瑞典和美国死亡率改善水平相对较低，分别为2.77%和2.20%。10—44岁年龄组中，中国大陆人口死亡率改善水平最高，为3.74%；其次为中国台湾省，死亡率改善水平为3.43%；瑞典人口死亡率改善水平居中，为2.20%；日本和美国死亡率改善水平相对较低，分别为1.67%和1.54%。45—59岁年龄组中，中国大陆人口死亡率改善水平最高，为2.26%；其次为瑞典，人口死亡率改善水平为2.12%；日本和中国台湾省人口死亡率改善水平相对居中，分别为1.92%和1.47%；人口死亡率改善水平最低是美国，为0.78%。60—74岁年龄组中，中国大陆人口死亡率改善水平最高，为3.19%；其次为瑞典，人口死亡率改善水平为2.47%；美国、中国台湾省和日本人口死亡率改善水平差距较小，分别为2.30%、2.26%和2.12%。75—89岁年龄组中，中国大陆人口死亡率改善水平最高，为2.81%；其次为美国，人口死亡率改善水平分别为2.37%；中国台湾省人口死亡率改善水平居中，为2.15%；日本人口死亡率改善水平最低（1.33%），略低于瑞典（1.84%）水平。90岁以上年龄组，中国台湾省高龄男性死亡率改善水平最高（2.81%），高于美国的1.54%；中国大陆高龄人口死亡率改善水平居中，为0.91%；瑞典和日本高龄人口死亡率改善水平相对较低，分别为0.51%和0.37%。

对于女性人口，10岁以下人口中，中国大陆人口死亡率改善水平最高，为11.45%；其次为中国台湾省，死亡率改善水平为4.93%；日本和美国人口死亡率改善水平较为接近，分别为2.92%和2.24%；瑞典人口死亡率改善水平最低，为0.48%。10—44岁年龄组中，中国大陆人口死亡率改善水平最高，为6.01%；其次为中国台湾省，死亡率改善水平为3.48%；瑞典人口死亡率改善水平居中，为1.76%；美国与日本人口死亡率改善水平较低，分别为1.17%和1.04%。45—59岁年龄组中，中国大陆人口死亡率改善水平最高，为4.10%；其次为瑞典，死亡率改善水平为2.95%；中国台湾省人口死亡率改善水平居中，为2.57%；死亡率改善水平较低是美国（0.51%），显著低于日本的1.53%。60—74岁年龄组中，中国大陆人口死亡率改善水平最高，为3.72；其次为中国台湾省，人口死亡率改善水平为3.51；美国和日本人口死亡率改善水平较为接近，分别为2.13%和2.12%；瑞典人口死亡率改善水平最低，为1.41%；75—89岁年龄组中，中国台湾省人口死亡率改善水平最高，为2.73%；其次为中国大陆，人口死亡率改善水平为2.69%；日本人口死亡率改善水平居中，为2.16%；瑞典人口死亡率改善水平最低（1.48%），略低于美国的1.80%。

90岁以上年龄组，中国大陆高龄女性死亡率改善水平最高（1.37%），高于美国的1.24%；中国台湾省高龄人口死亡率改善水平居中，为0.99%；瑞典和日本高龄人口死亡率改善水平相对较低，均为0.67%。

二、人口死亡率改善变迁的趋势特征

人口死亡率改善变迁主要体现为三种情况：一是人口死亡率改善幅度随年龄进展由降低变为提高；二是人口死亡率改善水平的提高幅度随年龄进展不断增加；三是人口死亡率改善水平的降低幅度随年龄进展不断降低。为了更为直观地展示人口死亡率改善随时间进展在年龄上的变迁，图3-1绘制了1981—1989年、1989—2000年和2000—2010年三个时段上人口死亡率改善趋势图。其中，图3-1（a）和（b）图展示了1981—1989年各国家男性与女性人口死亡率改善趋势图；（c）图和（d）图展示了1989—2000年各国家男性与女性人口死亡率改善趋势图；（e）图和（f）图展示了2000—2010年各国家男性与女性人口死亡率改善趋势图。

对于中国大陆人口，1981—1989年人口死亡率改善水平随年龄整体呈现递减的趋势，其中低年龄组（10岁以下）人口死亡率改善水平在五个国家和地区中处于较高的位置，但随着年龄的不断增长，中国大陆人口死亡率改善水平不断降低，尤其是60岁以上的男性人口死亡率改善水平下降至图3-1 (a)中最低，女性人口死亡率改善水平也接近图3-1 (b)中的最低。1989—2000年，中国大陆人口死亡率改善水平在全部五个国家和地区中仍处于较低的位置（见图3-1c和d），与1981—1989年相比平均改善水平变化较小，但在不同的年龄组上死亡率改善出现变迁；低年龄组（10岁以下）人口死亡率改善水平显著降低，其中男性低年龄组人口死亡率改善水平相对（1981—1989年）降低5%，女性相对降低5.71%；随着年龄的递增，人口死亡率改善水平的提升开始转向中、高年龄组，其中男性10—44岁年龄组人口死亡率改善水平相对（1981—1989年）提高0.91%、45—59岁年龄组相对提高0.93%、60—74岁年龄组相对提高2.15%，女性10—44岁年龄组人口死亡率改善水平相对（1981—1989年）提高1.04%、45—59岁年龄组相对提高0.51%、60—74岁年龄组相对提高1.22%；而75—89岁年龄组人口死亡率改善水平相对（1981—1989年）出现下降趋势，其中男性降低0.43%、女性降低1.22%，即人口死亡率改善尚未变迁到该年龄段；在随后的90岁以上年龄组中，人口死亡率改善水平则相对（1981—1989年）提高，男性提高1.02%、女性提高1.84%，其中男性人口死亡率改善水平仍是负值，而女性人口则由负转正。2000—

2010年，中国大陆人口死亡率改善水平开始全面提升，几乎各个年龄段均处于所选五个国家和地区的较高位置（见图e和图f），其原因在于21世纪初期中国经济的高速增长和医疗技术水平的快速进步；低年龄组人口死亡率改善水平相对（1989—2000年）提高幅度较大，其中男性人口提高8.43%、女性人口提高10.46%，说明前两个时间段，中国低龄人口死亡率改善并未充分，在本段时间内人口死亡率得到了较大幅度的改善，尤其是女性人口；随着年龄组的不断提高，尽管人口死亡率改善水平都在不断提高，但呈现出了随年龄的变迁趋势，即中低年龄组人口死亡率改善水平提高的幅度低于高年龄组人口。然而90岁以上人口，无论是男性还是女性，死亡率改善的降低幅度开始提高，说明改善变迁尚未进展到该年龄段。

（a）1981—1989年男性人口

（b）1981—1989年女性人口

（c）1989—2000年男性人口

（d）1989—2000年女性人口

（e）2000—2010年男性人口

（f）2000—2010年女性人口

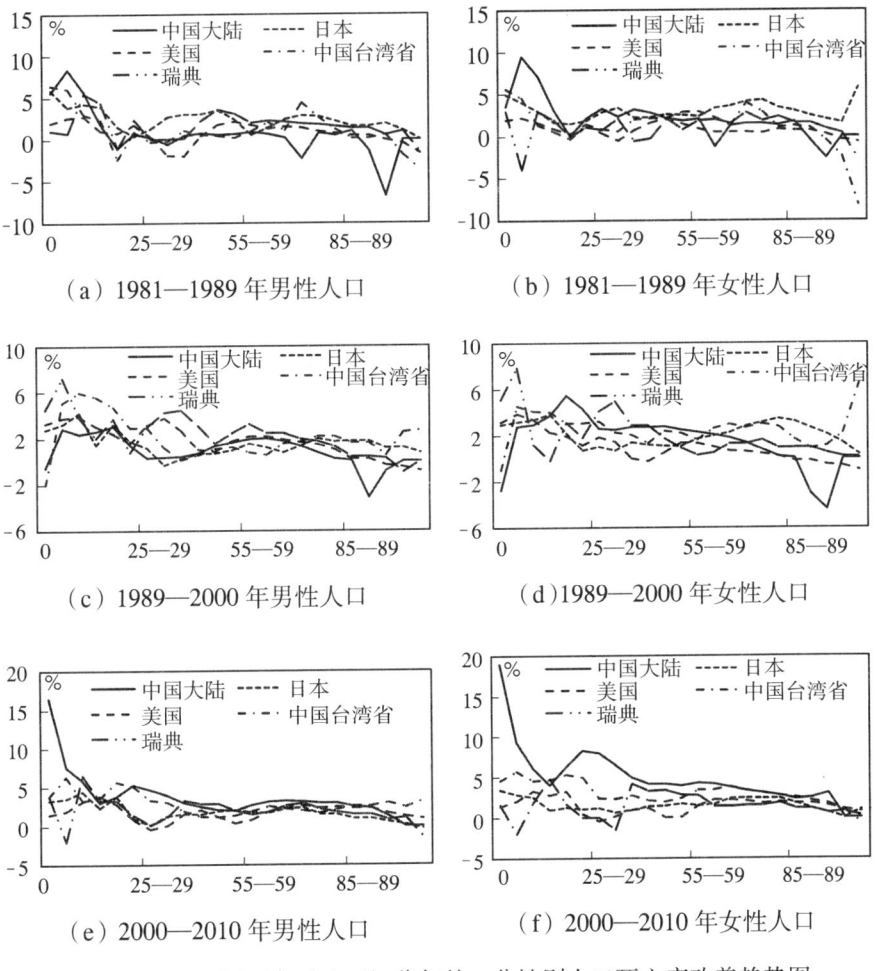

图3-1 不同国家（地区）分年龄、分性别人口死亡率改善趋势图

对于中国台湾省人口死亡率随年龄的变迁状况与中国大陆相似,但死亡率改善趋势与中国大陆不同。1981—1989 年,中国台湾省人口死亡率改善水平随年龄呈现出先降—后升—再降的趋势,其中低年龄组(10 岁以下)人口死亡率改善水平较高(男性仅低于中国,女性低于中国大陆和日本),青年和中年阶段(10—59 岁)人口死亡率改善水平降到最低,随后在 60—74 岁年龄段上升,再到 75—109 岁年龄段又开始下降,甚至 90 岁以上年龄段死亡率改善水平为负值。1989—2000 年,中国台湾省人口死亡率改善出现年龄上的变迁,其中低年龄组(10 岁以下)人口死亡率改善水平相对 1981—1989 年显著降低(男性相对降低 2.13%,女性相对降低 1.28%),中高年龄组人口死亡率改善水平开始提高(除 60—74 岁男性人口组和 45—59 岁女性人口组外),但中年龄组人口死亡率的改善水平提高的幅度要大于高年龄组(除 90 岁以上年龄组),可见此阶段人口死亡率主要由低年龄组向中年龄组变迁,并且长寿老年组人口死亡率由于上一阶段改善水平较低,此阶段改善程度大幅提高。2000—2010 年,中国台湾省人口死亡率改善水平也呈现全面提升的状况,死亡率改善水平的提升幅度出现了年龄变迁,60—74 岁年龄组人口死亡率改善提升的幅度高于 10—44 岁和 45—59 岁年龄组(男性与女性均符合),但此阶段低年龄组(10 岁以下)人口死亡率改善水平提高幅度仍较高、高年龄组(75—89 岁)提高幅度仍较低。90 岁以上人口,男性人口相对 75—89 岁人口组有变迁趋势,但相对 60—74 岁人口组无变迁趋势;而此阶段的女性人口则无任何变迁趋势。

对于日本人口,1981—1989 年人口死亡率改善水平随年龄变动趋势较为平稳,除了低年龄组(10 岁以下)人口死亡率改善水平较高外,其他年龄组男性基本维持在 2.2%水平上下;女性老年组(60 岁以上)略高于青年和中年组(10—59 岁)。1989—2000 年,日本人口死亡率改善水平在全年龄组上均为下降,并出现年龄变迁特征。其中,男性低年龄组(10 岁以下)人口死亡率改善水平降低幅度最大(为 1.28%),10—44 岁、45—59 岁和 60—74 岁三个年龄组人口死亡率改善水平降低幅度均在 1.12%上下;75—89 岁年龄组人口死亡率改善水平降低幅度为 0.36%,即随着年龄的不断增长,人口死亡率改善降低幅度不断减小;90 岁以上人口死亡率改善水平由降低变为提高,呈现了显著的变迁特征。此外,日本女性人口死亡率随年龄变迁特征与男性相似,但 90 岁以上年龄组未呈现出变迁特征。2000—2010 年,日本 74 岁以下男性人口死亡率改善水平整体呈升高态势,改善变迁特征明显,而 75—109 岁阶段则无显著变迁趋势;女性人口则在75—109岁阶段展现出较为显著的变迁特征。

对于美国人口，1981—1989年低年龄组人口死亡率改善水平最高，但与其他年龄组死亡率改善水平差距较小，其中男性人口青年组（10—44岁）死亡率改善水平最低、中老年组（45岁以上）人口死亡率改善水平逐渐上升，女性人口青年组（10—44岁）死亡率改善水平最低、中年组（45—59岁上）人口死亡率改善水平上升、老年组（60岁以上）人口死亡率改善水平又开始下降。1989—2000年，美国男性在10岁以下和10—44岁年龄组人口死亡率改善水平均提高，但10—44岁年龄组人口死亡率改善水平提高幅度较高，体现了死亡率改善的年龄变迁特征；在45—59岁和60—74岁年龄组上人口死亡率改善水平分别降低0.28%和提高0.50%，体现了死亡率改善的年龄变迁特征。美国女性在45—59岁和60—74岁年龄组上人口死亡率改善水平分别降低0.42%和提高0.24%，体现了死亡率改善的年龄变迁特征。除此之外的其他年龄组之间，男性和女性人口死亡率变迁特征均不显著。2000—2010年，美国人口死亡率在年龄上的变迁特征显著，男性10岁以下年龄组人口死亡率改善水平相对降低1.43%、10—44岁年龄组相对降低0.96%、45—59岁年龄组相对降低0.80%、60—74岁年龄组相对增加0.39%、75—89岁年龄组相对增加1.48%、90岁以上年龄组相对增加1.92%，女性10岁以下年龄组人口死亡率改善水平相对降低1.24%、10—44岁年龄组相对降低0.02%、45—59岁年龄组相对降低0.54%、60—74岁年龄组相对增加1.40%、75—89岁年龄组相对增加1.68%、90岁以上年龄组相对增加1.86%，其中男性人口在高年龄组间的改善变迁最显著，而女性人口在低年龄组间的改善变迁最显著。

对于瑞典人口，1981—1989年死亡率改善水平随年龄呈现递增的趋势，其中低年龄组（10岁以下）人口死亡率改善水平在五个国家和地区中处于较低的位置，且随着年龄的不断提高人口死亡率改善水平也在不断增大。1989—2000年，瑞典男性45—59岁年龄组人口死亡率改善水平相对降低0.48%、60—74岁年龄组相对提高0.48%、90岁以上年龄组相对降低0.43%，出现了年龄变迁特征；女性60—74岁年龄组人口死亡率改善水平相对降低1.09%、75—89岁年龄组相对降低0.76%、90岁以上年龄组相对增加0.39%，出现了年龄迁移特征。除此之外的其他年龄组，男性和女性人口死亡率改善变迁特征均不显著。2000—2010年，瑞典男性人口死亡率在年龄上的变迁特征十分显著，男性10岁以下年龄组人口死亡率改善水平相对降低2.39%、10—44岁年龄组相对降低0.82%、45—59岁年龄组相对降低0.28%、60—74岁年龄组相对增加0.19%、75—89

岁年龄组相对增加0.70%，在全年龄段上均出现了显著的变迁特征；女性人口死亡率在年龄上的变迁特征仅出现在中低年龄，但改善变迁幅度大于男性人口，其中10岁以下年龄组人口死亡率改善水平相对降低4.24%、10—44岁年龄组相对降低1.02%、45—59岁年龄组相对提高2.00%，其余年龄组无改善变迁趋势。

综上，中国大陆人口死亡率改善在1989—2000年出现的年龄变迁，只是小周期内的迁移，此时的中国大陆人口死亡率显著高于代表性国家或地区，未来仍具有较大的改善空间；随着经济的发展与社会的进步，2000—2010年中国大陆人口死亡率改善开始加速，改善变迁体现为人口死亡率改善水平的提高幅度随年龄进展不断增加。中国台湾省人口死亡率改善在1989—2000年出现的年龄变迁在性别上具有差异，其中男性人口仅在低年龄段和高年龄段出现变迁特征，女性人口在全年龄段上的变迁特征均显著；2000—2010年中国台湾省人口死亡率改善的年龄变迁特征仅出现在中年到老年阶段。日本人口死亡率改善在1989—2000年出现的年龄变迁，体现为人口死亡率改善水平的降低幅度随年龄进展不断降低；在2000—2010年出现的年龄变迁，男性人口体现为人口死亡率改善水平的提高幅度随年龄进展不断增加，女性人口体现为人口死亡率改善水平的降低幅度随年龄进展不断降低。美国人口死亡率改善在1989—2000年的变迁特征不太明显，仅有几个年龄段间能够出现变迁特征；然而在2000—2010年人口死亡率改善变迁特征十分显著，在中低年龄段体现为人口死亡率改善水平的降低幅度随年龄进展不断降低，高年龄段体现为人口死亡率改善水平的提高幅度随年龄进展不断增加。瑞典人口死亡率改善在1989—2000年出现的年龄变迁并不显著，男性人口仅在中年龄段有变迁特征，女性人口仅在老年段有变迁特征。2000—2010年，瑞典男性人口死亡率在全年龄段上均具有变迁特征，中低年龄组体现为人口死亡率改善水平的降低幅度随年龄进展不断降低，高年龄组体现为人口死亡率改善水平的提高幅度随年龄进展不断增加；而女性人口仅在中低年龄具有变迁特征，其中低年龄组变迁特征体现为人口死亡率改善水平的降低幅度随年龄进展不断降低。

第三节 中国人口死亡率变动趋势分析

一、中国人口粗死亡率变动趋势分析

根据中国国家统计局公布的1950—2018年人口粗死亡率数据，并采

用式（3.1）计算每年的年龄效应因子（$k=1$），结果如图 3-2、图 3-3 所示。从图 3-2 和图 3-3 可见，人口死亡率先经历了从 1950—1957 年的大幅下降（死亡率由 18.00‰ 降低到 10.80‰），年龄效应因子为正值；然后我国进入三年困难时期，死亡率严重恶化到 1960 年的 25.43‰，增幅最高超过 70%，且年龄效应因子为负值；从 1961 年开始，死亡率重新进入快速下降通道，1965 年突破 10‰ 关口、降低至 9.50‰，1981 年降低至 6.36‰。由于三年困难时期属于非经常性事件，对死亡率的影响只是暂时的，并且很快得到修复，并没有改变死亡率快速下降的趋势。1981—2005 年中国人口粗死亡率下降速度开始减缓，维持在 6‰—7‰，整体上呈现平稳下降的趋势。2005 年中国人口粗死亡率开始上升，且年龄效应因子为负值，一直持续至今。

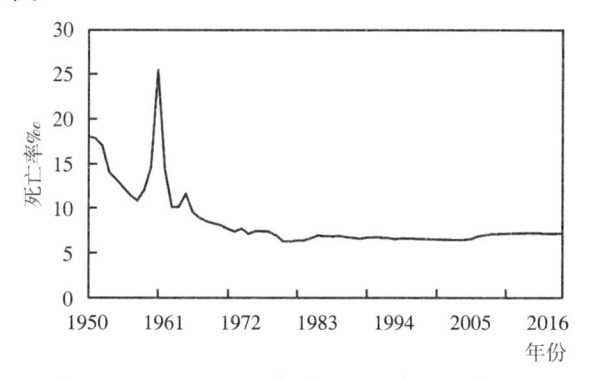

图 3-2　1950—2018 年中国人口粗死亡率趋势

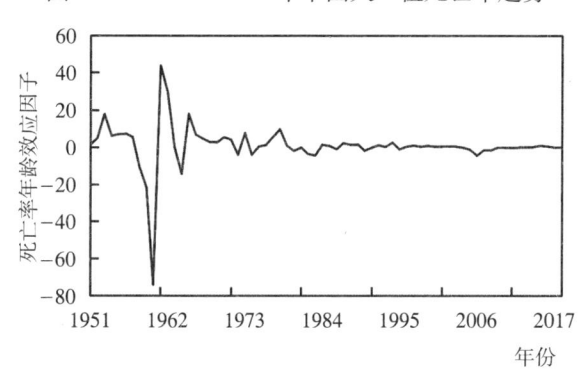

图 3-3　1950—2018 年中国人口死亡率下降趋势

二、中国年龄别人口死亡率变动趋势分析

（一）人口死亡率加速下降阶段（1950—1981 年）

1950—1981 年，中国人口粗死亡率加速下降，年龄别人口死亡率下降的绝对和相对数值均较大，但年龄分布呈现特殊规律（见图 3-4、

图 3-5）。

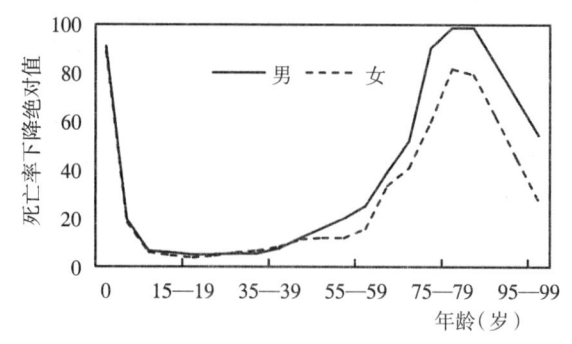

图 3-4　1950—1981 年年龄别死亡率下降绝对值变动趋势

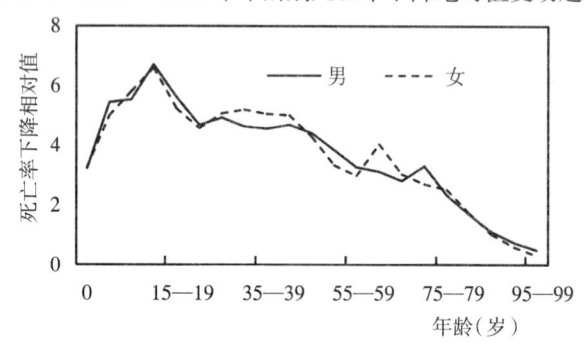

图 3-5　1950—1981 年年龄别死亡率下降相对变动趋势

图 3-4 展示了 1950—1981 年人口死亡率下降绝对数值的变动趋势。随着年龄的增长，死亡率变动呈现先递减、后递增、再递减的趋势。其中，0 岁人口死亡率下降程度相对较高，男性由 1950 年的 142.93‰下降到 1981 年的 52.00‰；同期女性由 138.70‰下降到 50.00‰。随着年龄的增大，死亡率下降的绝对值迅速减小，15—19 岁年龄组降至最低水平后逐步增长，在 75—79 岁男性人口达到 98.59‰、女性达到 81.65‰之后又开始下降。此外，从性别差异看，45 岁以下人口死亡率下降幅度的性别差异较小，45 岁以上男性人口死亡率下降幅度开始逐渐大于女性。图 3-5 展示了人口死亡率下降相对水平的年龄分布情况。随着年龄的增长，死亡率变动呈现先递增、后递减的趋势，且性别间差异较小。10—14 岁年龄组，人口死亡率降低的相对水平值最高，男性为 6.70%、女性为 6.59；随后死亡率变动呈线性递减趋势，直至 95—99 岁年龄组。综上可见，这一阶段中国 0—14 岁人口死亡率降低的绝对数值和相对水平均较高，15 岁开始相对值呈下降趋势，且一直保持至极限年龄处。从性别角度看，两性人口死亡率均处于加速下降阶段，变动趋势较为一致，并未出现分化。

（二）人口死亡率平稳下降阶段（1981—2005年）

1981—2005年，中国人口粗死亡率平稳下降，但年龄别人口死亡率下降的绝对数值和相对数值的波动性均较大（见图3-6、图3-7）。

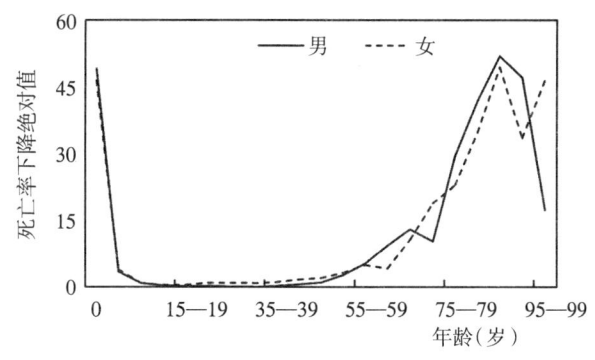

图3-6 1981—2005年年龄别死亡率下降绝对值变动趋势

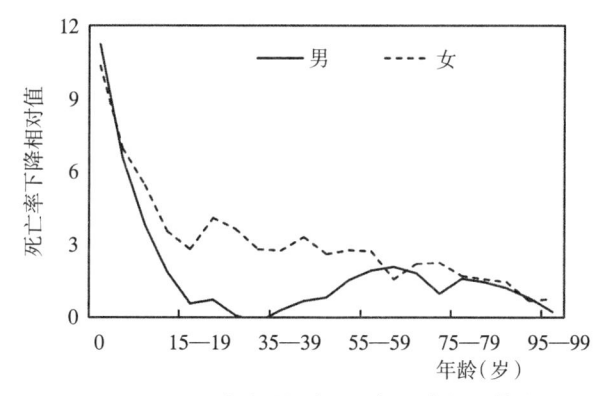

图3-7 1981—2005年年龄别死亡率下降相对值变动趋势

图3-6展示了1981—2005年人口死亡率降低的绝对数值变动趋势，与1950—1981年相似，呈现出先递减、后递增、再递减的规律。此阶段人口死亡率下降绝对数值较上一阶段均显著降低，且性别间差异变小。死亡率下降绝对数值的峰值出现在85—89岁年龄组，其中男性为51.87‰，女性为49.38‰，相对于上一阶段推后了10岁。图3-7展示了1981—2005年人口死亡率变动相对数值的年龄分布情况。随着年龄的增长，死亡率变动的相对水平呈现出较大的性别差异。0—14岁，人口死亡率下降的相对水平整体高于1950—1981年，且随年龄增长降低速度不断加快，男性人口减低速度高于女性；15—59岁男性人口死亡率下降速度放缓，且在30—34岁年龄组略低于0，然后缓慢上升，而女性人口死亡率下降速度保持较高水平；60岁及以上人口死亡率变动的性别差异逐渐缩小，且随年龄在低位呈现缓慢下降趋势。

（三）人口死亡率上升阶段（2005—2015 年）

2005—2015 年中国人口粗死亡率开始上升，但年龄别人口死亡率下降的绝对数值和相对数值均为正值（见图 3-8、图 3-9）。

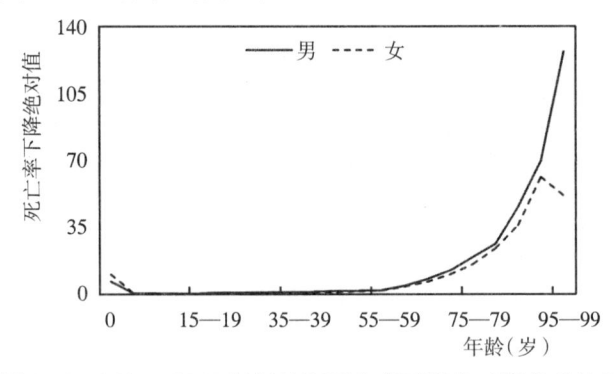

图 3-8　2005—2015 年年龄别死亡率下降绝对值变动趋势

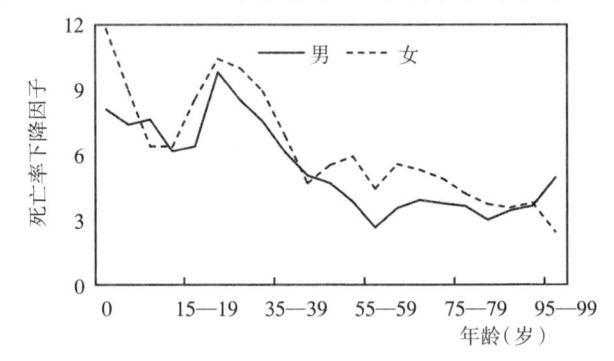

图 3-9　2005—2015 年年龄别死亡率相对值变动趋势

图 3-8 显示，2005—2015 年人口死亡率下降随年龄呈现先小幅递减、后快速递增的趋势，且性别间差异较小。然而，60 岁及以上人口死亡率降低幅度显著提高，且性别间差异开始显现，男性人口降低幅度大于女性。由图 3-9 可见，2005—2015 年中国人口死亡率下降相对水平值而言，整体上随年龄呈现递减趋势，且 0 岁人口死亡率下降程度仍较高，意味着中国新生婴儿死亡率仍处于持续下降的趋势中；15—59 岁人口死亡率下降水平明显高于上一阶段（1981—2005），尤其是男性人口死亡率变动经过一段时间的低迷后，开始复苏，但幅度仍略低于女性；60 岁及以上人口死亡率下降的相对水平较前两阶段显著提升。

对比以上三个阶段人口死亡率变动特征可以发现：①中国新生婴儿死亡率在改革开放后开始大幅下降，且一直保持至今，但相对那些低死亡率的发达国家，仍有一定的下降空间。②在中国人口死亡率变动的过程中，出现两个年龄转折点，即 15 岁和 60 岁，死亡率下降速度以这两个年龄为分界出现分化。其中，1981—2005 年人口死亡率下降速度在 15 岁开始放缓，直至 60 岁才恢复到 1950—1981 年的水平；2005—2015 年人口死亡率下降速度则在 60 岁开始加快，且一直保持到极限年龄处。

第四节　中国人口死亡率性别差异分析

一、研究方案设计

选取中国国家统计局和联合国世界人口司数据进行研究，具体的假设与研究设计为：

（1）将研究期间设置为 1950—2016 年，并进一步划分为新中国成立初期到改革开放初期（1950—1980 年）和改革开放初期至近年（1981—2016 年）两个时间段。由于新中国成立以来中国人口死亡率大幅度降低，死亡率数量级发生了较大的变化，分段研究能减轻死亡率数量级变化的干扰。此外，改革开放作为中国重要的历史时刻，研究其前后死亡率性别差异也是具有较强的现实价值。

（2）1950—1980 年中国未积累分年龄、分性别人口死亡率数据，借鉴联合国《世界人口展望 2019》的估测数据。联合国世界人口司每两年发布一次《世界人口展望》，采用贝叶斯分层模型方法估计世界各国分年龄人口死亡率数据，其方法科学、结果合理，在国际上具有一定的权威性，对研究具有较强的参考价值。

（3）1981—2016 年人口死亡率数据来自中国国家统计局，1981 年、1989 年、2000 年和 2010 年为人口普查数据，1986 年、1995 年、2005 年和 2015 年为 1% 抽样调查数据，其余年份为 1‰ 变动抽样数据。其中，抽样调查数据存在一定的抽样误差，会使分年龄死亡率数据波动较大；普查数据中 1981 年和 1989 年质量较高，而 2000 年和 2010 年主要在低龄人口数据处存在漏报（王广州，2019）。

（4）设定人口极限年龄为 99 岁，将年龄组分为 0 岁、1—4 岁、5—9 岁、……、95—99 岁，共 21 组。对于部分高龄人口数据缺失或人口暴露数不足的年份，采用 Gompertz 模型对这些年份 90 岁以上人口死亡率进行修正（赵明等，2019）。

（5）假设局部年龄段上的人口死亡率服从均匀分布（UUD 假设）。部分年份人口死亡数据来自 1‰ 抽样调查，个别年份会出现死亡人数为零的情况，尤其在女性人口中较为突出，通过 UUD 假设对死亡人数为零的数据进行插补。

（6）在研究方法上，选用人口死亡率性别间的绝对差值和相对值（死亡率性别比：女性/男性）进行研究，分析人口死亡率性别差异的变动趋势特征。

二、人口死亡率性别差异变动趋势分析

（一）全年龄段人口死亡性别差异趋势分析

由于不同年龄或年龄段的人口死亡率是由各年龄（年龄段）的生理特征以及社会经济、医疗技术和生态环境等外部因素共同作用的结果。在一定的国家或地区内，外部因素对不同年龄或年龄段死亡率水平的作用基本相同，决定人口性别差异的主要因素即为不同年龄或年龄段的生理特征。

表3-4给出了1950—1980年和1981—2016年，不同年龄（或年龄段）的人口死亡率性别差异在时间上变化的均值、最大值和最小值。主要采用均值作为衡量指标，分析不同年龄人口死亡率性别比的变动情况，针对均值变动较大的年龄辅以最大值和最小值进行说明。

1950—1980年，死亡率性别比随着年龄的增长呈现两次波峰，第二次出现的峰值显著高于第一次的峰值。其中，5—14岁死亡率性别比逐渐上升至1.21，随后逐渐下降至25—34岁的0.98；35岁之后，死亡率性别比重新上升，55—59岁时达到最高点后又逐渐下降，不断趋近于1。如果从整体的趋势来看，可以将55—59岁年龄段作为分界点，在此之前死亡率性别比逐渐升高，在此之后死亡率性别比逐渐降低。1981—2016年，0岁人口死亡率性别比为0.95，女性人口死亡率高于男性；1—4岁人口死亡率性别比为1.17略大于1，性别差异较小；接下来死亡率性别比逐渐增大，直至20—24岁的2.00，即性别差异在此阶段逐渐增大；25—59岁死亡率性别比波动性减小，到了59岁之后便开始稳定减小，直至95—99岁性别比缩小至1.10。结合1950—1980年和1981—2016年两段时间死亡率性别差异在年龄上的变动特征，将人口年龄划分为四个阶段，分别为0岁人口组、1—4岁人口组、5—59岁人口组和60—99岁人口组。其中，0岁人口组，男婴死亡率低于女婴（尤其是改革开放后更为显著）；1—4岁年龄组，人口死亡率性别差异较小；5—59岁年龄组，女性人口死亡率低于男性，且差距随年龄增长逐渐增大；60—99岁年龄组，女性人口死亡率仍低于男性，但差距随年龄增长逐渐减小。

表 3-4　1950—1980 年全年龄段人口死亡性别差异统计值

	死亡率性别间差值			死亡率性别比		
	最大值	最小值	均值	最大值	最小值	均值
1950—1980 年						
0 岁	1.56%	0.10%	0.62%	1.18	1.01	1.08
1—4 岁	1.20%	0.09%	0.35%	1.25	1.01	1.07
5—9 岁	0.74%	0.09%	0.27%	1.21	1.04	1.12
15—19 岁	0.59%	0.04%	0.31%	1.28	1.09	1.18
25—29 岁	0.16%	−0.46%	−0.12%	1.10	0.87	0.98
35—39 岁	0.11%	−0.19%	−0.05%	1.06	0.96	1.00
45—49 岁	2.83%	0.50%	1.67%	1.44	1.11	1.31
55—59 岁	7.62%	1.88%	4.71%	1.61	1.28	1.46
65—69 岁	7.83%	5.00%	6.68%	1.39	1.24	1.31
75—79 岁	11.36%	4.58%	8.02%	1.20	1.11	1.17
85—89 岁	5.99%	3.32%	4.45%	1.08	1.05	1.06
95—99 岁	3.41%	0.60%	2.18%	1.04	1.01	1.02
1981—2016 年						
0 岁	0.23%	−1.29%	−0.36%	2.54	0.40	0.95
1—4 岁	0.08%	−0.05%	0.01%	2.07	0.53	1.17
5—9 岁	0.05%	0.00%	0.02%	4.83	1.00	1.93
15—19 岁	0.06%	−0.01%	0.03%	3.07	0.90	1.69
25—29 岁	0.08%	0.00%	0.04%	6.00	0.98	1.95
35—39 岁	0.12%	0.02%	0.09%	3.20	1.10	1.95
45—49 岁	0.25%	−0.06%	0.16%	2.69	0.87	1.81
55—59 岁	0.57%	0.21%	0.39%	2.05	1.34	1.71
65—69 岁	1.36%	0.52%	0.93%	1.91	1.28	1.58
75—79 岁	2.97%	1.31%	2.05%	1.61	1.32	1.43
85—89 岁	10.06%	0.97%	4.01%	2.27	1.10	1.34
95—99 岁	16.24%	−8.34%	2.16%	1.79	0.72	1.10

(二) 中国人口死亡率性别差异的趋势分析

由于不同年龄人口死亡率差别较大，因此本章从不同的年龄段出发，探讨人口死亡率性别差异在时间维度上的变动趋势。参照联合国和世界卫生组织的一般划分，本章将年龄划分为四个阶段，分别为婴儿阶段（0岁）、幼儿阶段（1—4岁）、中低龄阶段（5—59岁）和高龄阶段（60岁以上），且每个阶段选取代表性年龄进行分析。

1. 婴儿人口死亡率性别差异变动趋势分析

婴儿死亡率是反映一个国家和民族居民健康水平和社会经济发展水平的重要指标。图3-10分别展示了1950—1980年和1981—2016年中国婴儿死亡率性别差异的变动趋势图。

（a）1950—1980年　　　　（b）1981—2016年

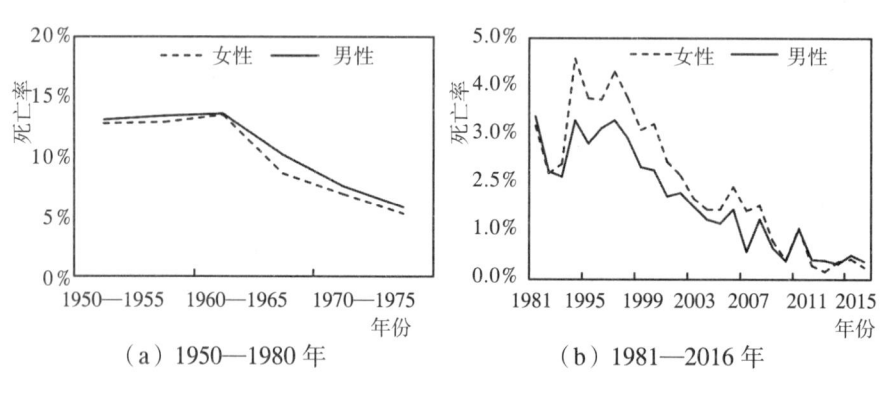

图3-10　1950—2016年0岁人口死亡率性别差异趋势

由图3-10（a）可见，1950—1980年男性婴儿人口死亡率高于女性，且均呈现整体下降的趋势。其中，男性婴儿死亡率由1950—1955年的13.36%下降至5.76%，下降了55.82%；女性婴儿死亡率由1950—1955年的12.72%下降至5.21%，下降了59.02%。分阶段来看，1950—1955年男女婴儿死亡率同时上升，并在1955—1960年期间达到一个局部高点，性别差异由1950—1955年的0.32%下降至1960—1965年的0.10%。由于1960—1965年中国经历了三年困难时期，粮食严重短缺，婴儿因机体发育尚不成熟，对外界环境和疾病的抵抗相对较弱，婴儿死亡率受到的影响程度较高，且男女婴儿表现出较强的一致性。随着困难时期的结束，婴儿死亡率开始快速下降，且女婴死亡率下降速度超过男婴，死亡率性别差异也开始加大；自1970年开始，随着女婴死亡率下降速度放缓，死亡率逐渐向男婴趋近，此时死亡率性别差异逐渐缩小。

由图3-10（b）可见，1981—2016年女性婴儿死亡率整体高于男婴，性别差异呈现出先增大、后减小的趋势,但男女死亡率变动趋势呈现出较强的一致性。随着1982年计划生育政策的出台,一对夫妻只能生育一个子女,符合一定条件的可按人口计划及间隔期规定安排再生育一个子女。由此,中国新生婴儿数量开始锐减,同时受"重男轻女"等落后观念的影响,导致大多数家庭往往倾向于只生一个男孩;由于性别歧视的普遍存在,致使部分女婴不能享受平等待遇,这是导致改革开放之后女婴死亡率高于男婴的主要原因。在此阶段,1981—1985年男女婴死亡率继续下降,女性死亡率下降速度低于男性,男女婴死亡率差异进一步缩小且变动趋势一致。1986—1994年,男女婴死亡率同时上升,其中女婴死亡率由1986年的2.19%上升至1994年的4.57%,上升了2.38%,上升幅度高达108.67%;男婴死亡率由1986年的2.23%上升至1994年的3.29%,上升了1.06%,上升幅度为47.27%。在此阶段,女婴死亡率开始大于男婴,死亡率性别差异由1986年的男婴比女婴高0.04%,反转至1994年的女婴比男婴高1.29%。1994年以后,男女婴死亡率总体呈线性下降趋势,女婴死亡率下降速度较快,到2010年时死亡率逐渐趋于一致。

综上可见,中国婴儿死亡率性别差异具有以下特点:第一,新中国成立后到改革开放前,男婴死亡率整体高于女婴,而改革开放后受计划生育政策及落后观念影响,女婴死亡率整体高于男婴,直到2010年男女婴死亡率才趋于一致水平;第二,改革开放后,婴儿死亡率性别差异随着时间呈现先增加、后减小的变动趋势,且逐渐趋于一致;第三,男女婴死亡率有着同方向的变动趋势,同增或同减,一致性较强。

2. 幼儿人口死亡率性别差异变动趋势分析

1—4岁为幼儿人口死亡率统计范围,身体免疫力逐渐提升,在此阶段两性别人口死亡率表现出了较强的一致性。图3—11分别展示了1950—1980年和1981—2016年幼儿人口死亡率性别差异的变动趋势。

由图3—11(a)可见,1950—1980年1—4岁男女幼儿死亡率变动趋势基本相同,死亡率性别差异较小。分阶段来看,男性幼儿死亡率由1955—1960年的8.49%上升到1960—1964年的8.71%,上升了0.22%,相比于1955—1960年上升了2.58%;女性幼儿死亡率由1955—1960年的8.29%上升到1960—1964年的8.63%,上升了0.34%,相比于1955—1960年上升了4.07%。三年困难时期,男女幼儿死亡率均有所升高,且性别差异较小,表现出来的趋势特征与新生婴儿较为相似。1965年以后,女性幼儿死亡率出现了短暂的快速下降,性别差异逐渐拉大,但随后逐渐与男性幼儿死亡率逐渐趋同。由图3—11(b)可见,1981—2016年1-4岁男女幼儿死亡率下降速度相对放缓，且死亡率性别差异较小，由图可观测到两条曲线重合较多。在此期间，男女死亡率之差绝对值的最大值仅为0.08%，均值为0.03%。男女死亡率性别比（男/女）最大值为2.07，最小值为0.53，均值为1.17。

（a）1950—1980年

（b）1981—2016年

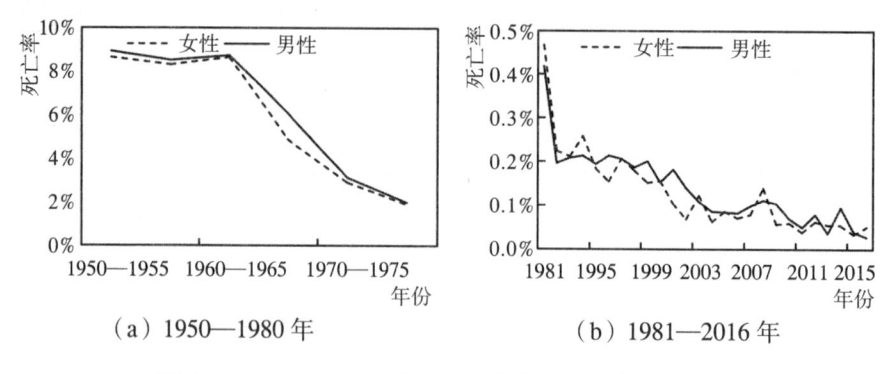

图3-11　1950—2016年1—4岁人口死亡率变动趋势

综上可见，中国幼儿死亡率性别差异呈现以下特点：第一，男性人口死亡率与女性人口死亡率性别差异较小，死亡率曲线呈现小幅度的反复交叉重叠趋势；第二，男性人口死亡率与女性人口死亡率具有相同的变动趋势，即同增、同减，且死亡率下降速度整体保持一致。

3. 中低龄人口死亡率性别差异变动趋势分析

由于中低龄人口年龄跨度大，本章选取5—9岁、25—29岁和55—59岁分别代表少年、青年和中年三个不同阶段。图3-12中展示了1950—2016年5—9岁、25—29岁和55—59岁三个年龄段人口死亡率性别差异的变动趋势。1950—2016年各年龄段死亡率变动趋势一致，整体表现为波动下降。由图3-12中的(a)(c)和(e)可见，5—9岁、25—29岁和55—59岁三个年龄段死亡率性别比的均值分别为1.12、0.98和1.46，最大值分别为1.21、1.10和1.61，最小值分别为1.04、0.87和1.28，三项指标整体呈递增趋势（25—29岁死亡率性别略低），死亡率性别比随着年龄的增长不断增大。由图3-12中的(b)(d)和(f)可见，1981—2016年5—9岁、25—29岁和55—59岁三个年龄段的死亡率性别比的均值分别为1.93、1.95和1.71，最大值分别为4.83、6.00和2.05，最小值分别为1.00、0.98和1.34，受极端最大值的影响，均值并非为递增趋势，但最小值呈现递增的趋势，若剔除极端值影响，死亡率性别比在大的趋势上随着年龄的增长不断增大。在此阶段，随着时间的变化各个年龄段死亡率快速下降，意味着随着年龄增长死亡率性别差异逐渐减小，男女死亡率逐渐趋于一致。

综上可见，中国中低龄人口死亡率性别差异呈现以下特点：第一，男性人口死亡率大于女性，且随着年龄的增长，男女死亡率性别差异不断增大；第二，随着时间的推移，各年龄男女死亡率均呈快速下降趋势，性别差异保持相对稳定；第三，男女人口死亡率变动趋势接近，同增同减，具有较强的一致性。

(a) 1950—1980 年 5—9 岁人口

(b) 1981—2016 年 5—9 岁人口

(c) 1950—1980 年 25—29 岁人口

(d) 1981—2016 年 25—29 岁人口

(e) 1950—1980 年 55—59 岁人口

(f) 1981—2016 年 55—59 岁人口

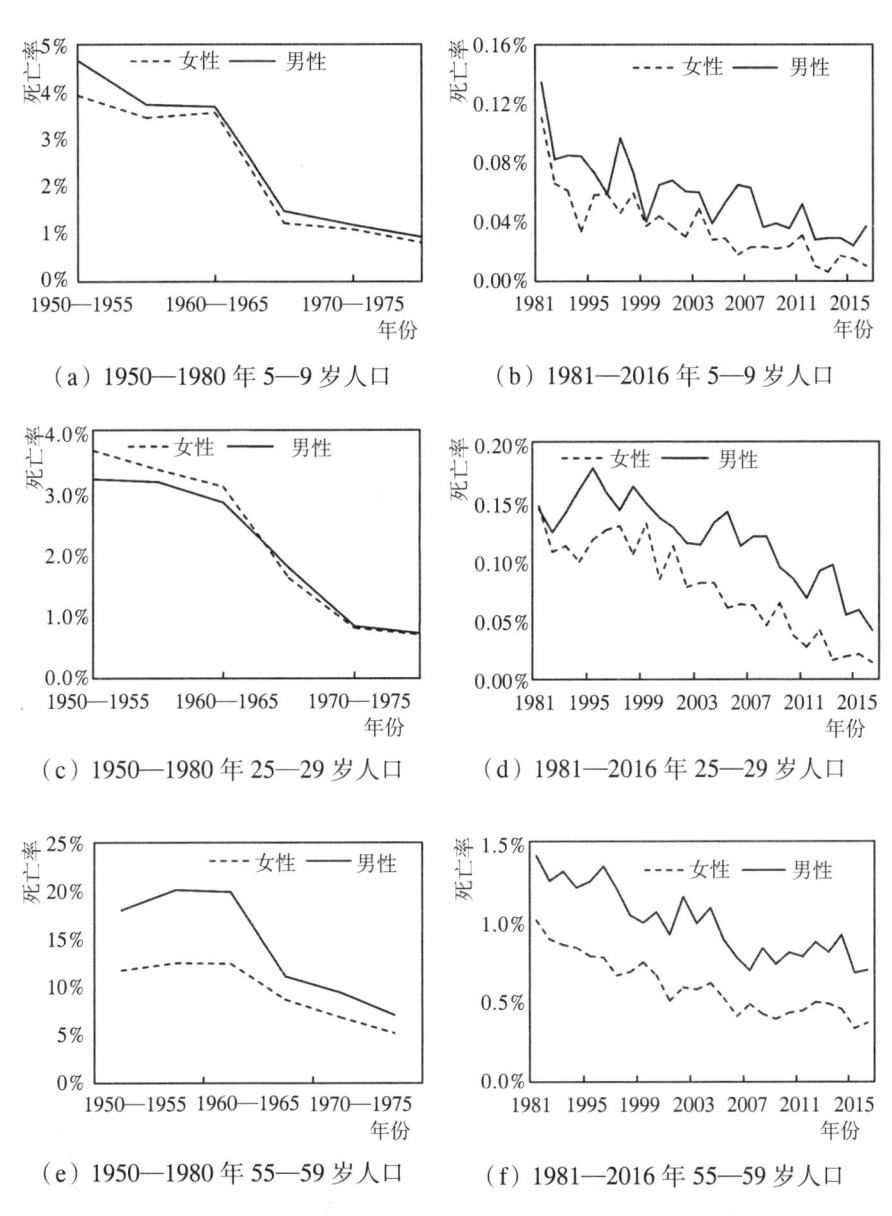

图 3-12　1950—2016 年 5—59 岁人口死亡率变动趋势

4. 高龄人口死亡率性别差异变动趋势分析

图 3-13 中展示了 1950—2016 年 60—64 岁、70—74 岁和 90—94 岁三个年龄段的人口死亡率性别差异的变动趋势。1950—2016 年三个年龄段男女死亡率变动趋势一致，整体表现为缓慢下降。

（a）1950—1980 年 60—64 岁人口

（b）1981—2016 年 60—64 岁人口

（c）1950—1980 年 70—74 岁人口

（d）1981—2016 年 70—74 岁人口

（e）1950—1980 年 90—94 岁人口

（f）1981—2016 年 90—94 岁人口

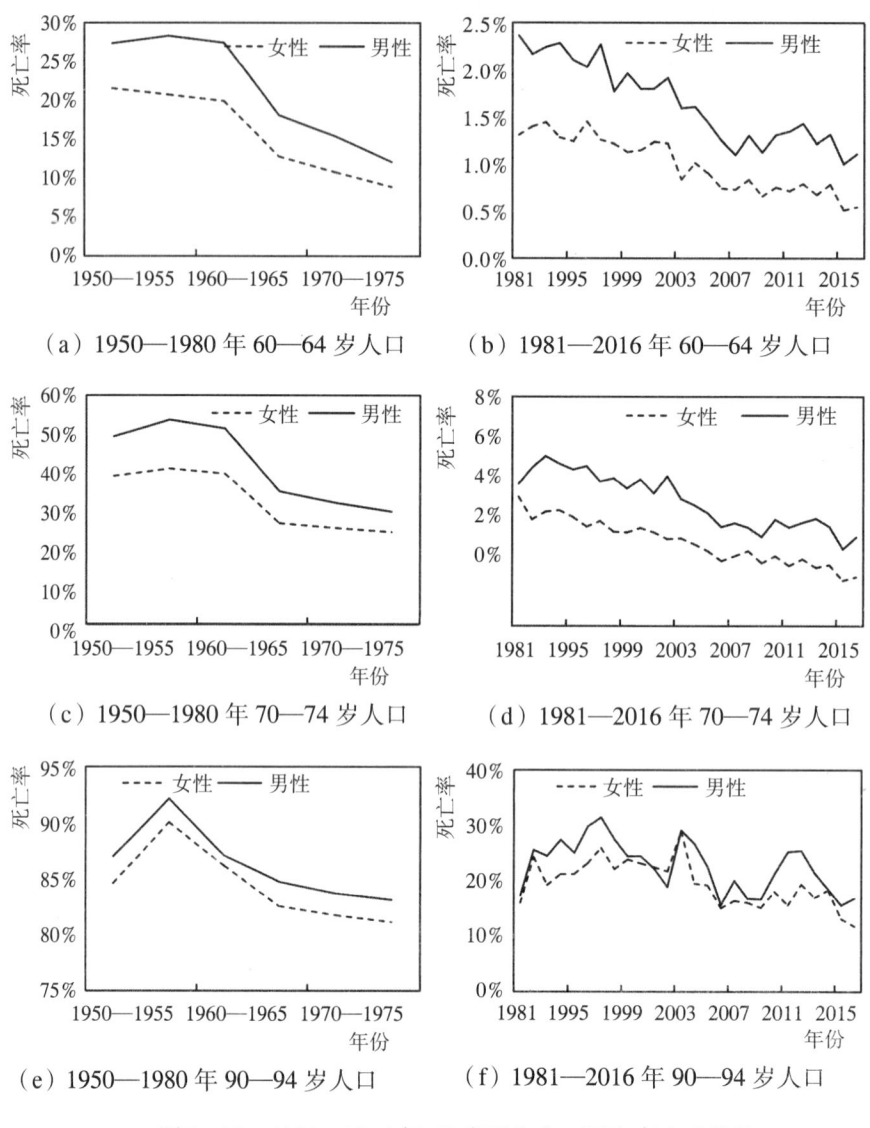

图 3-13　1950—2016 年 60 岁以上人口死亡率变动趋势

由图 3-13 中的 (a) (c) 和 (e) 可见，三个年龄段死亡率性别比的均值分别为 1.37、1.28 和 1.02，最大值分别为 1.43、1.32 和 1.03，最小值分别为 1.27、1.22 和 1.01，三项指标均呈依次递减趋势，死亡率性别比随着年龄的增长不断减小，且逐渐趋近于 1。由图 3-13 中的 (b) (d) 和 (f) 可见，三个年龄段的死亡率性别比的均值分别为 1.69、1.52、1.17，最大值分别为 2.04、1.84 和 1.62，最小值分别为 1.40、1.10 和 0.87，三项指标均呈依次递减趋势，死亡率性别比随着年龄的增长不断减小，且逐渐趋近于 1。此外，随着时间的变化，各个年龄段的死亡率缓慢下降，且性别间变动趋势一致。

综上可见，中国高龄人口死亡率性别差异呈现以下特点：第一，男性人口死亡率仍大于女性，且随着年龄的增长，男女死亡率性别差异不断减小；第二，随着时间的推移，各年龄男女死亡率均呈平稳下降趋势，性别差异保持相对稳定性；第三，男女人口死亡率变动趋势接近，同增同减，具有较强的一致性。

通过上述分析，本章发现无论是死亡率的上升、下降或是波动，还是在各个年龄段中，男女人口死亡率呈现出同增、同减的趋势，均能表现出性别变动趋势的一致性。尽管男女人口死亡率在数值上存在差异，但性别差异保持相对稳定性，人口死亡率性别比在长期内保持稳定，这一特性能够运用到多人群死亡率的建模中，为本章后续联合两性别共同预测中国人口死亡率提供了经验依据。

第五节　本章小结

本章分析国内外人口死亡模式转变的经验，并分析了中国人口死亡率变动趋势和性别差异，得到如下三方面的结论：

首先，对于国外人口死亡模式转变来说，日本作为预期寿命最高的国家，人口死亡率的快速改善也是最先启动，死亡率改善程度显著高于其他国家，随着死亡率改善的不断充分，改善速度有所减缓；几乎在全年龄段都呈现出变迁特征，并且在最近的时间段女性人口改善变迁已进展到 90 岁以上的长寿老年人。瑞典人口死亡率改善程度仅低于日本，死亡率改善也较为充分，且改善变迁已轮转到高龄人口阶段。中国台湾省人口死亡率改善程度居中，死亡率改善变迁主要体现在中年人口阶段。美国人口死亡率改善程度相对较低，新生婴儿死亡率较高，未来还有一定的改善空间，且部分年龄已呈现出显著的变迁特征。

其次，中国人口死亡率变动趋势呈现如下特征。第一，1950—1981 年中国人口粗死亡率快速下降。其中，0—14 岁人口死亡率降低的绝对数值和相对水平均较高，15 岁开始死亡率降低速度开始减缓，且一直保持至极限年龄处。从性别角度看，男女人口死亡率均处于加速下降阶段，变动趋势较为一致，并未出现分化现象。第二，1981—2005年中国人口粗死亡率平稳下降。其中，0岁人口死亡率下降速度大幅提高，15—59岁男性人口死亡率下降的相对值较小，死亡率变动趋势与1950—1981年相比出现变化，其原因主要是男性人口死亡率下降速度放缓。此外，人口死亡率下降速度出现了较大的性别差异，女性人口平均预期寿命与男性逐渐拉开差距。第三，2005—2015年人口粗死亡率开始上升，但年龄别死亡率下降的绝对值和相对值均为正，即年龄别人口死亡率仍然呈现下降的趋势，并没有随粗死亡率上升。意味着2005年以来粗死亡率的上升是受人口年龄结构变化的影响，年龄别人口死亡率持续下降的趋势未曾改变，且60岁及以上人口死亡率下降速度较前两阶段有所提高。

最后，中国人口死亡率性别差异具有如下特征：第一，中国人口死亡率性别间存在一致的变动趋势，但在年龄上存在差异。新生男婴死亡率小于女婴，性别差距随时间呈现先增大、后减小的变动趋势；1—4岁年龄组人口死亡率性别差距较小，男女性别人口死亡率较为接近；5—60岁年龄组男性人口死亡率逐渐高于女性，且随时间推移差距不断增大；60岁以上人口组，人口死亡率性别差距开始不断减小，但男性人口死亡率仍高于女性。第二，选取1950—2016年为研究期间，并将年龄划分为四个阶段，分别为婴儿阶段（0岁）、幼儿阶段（1—4岁）、中低龄阶段（5—59岁）和高龄阶段（60岁以上），且每个阶段选取代表性年龄进行死亡率变动趋势分析。其中每个阶段可以分成三个年龄段，并计算这三个年龄段的死亡率性别比的均值、最大值和最小值，根据数据分析得出三项指标均呈依次递减趋势，死亡率性别比随着年龄的增长不断减小，且逐渐趋近于1。此外，随着时间的变化，各个年龄段的死亡率缓慢下降，且性别间变动趋势一致。

总之，无论是死亡率的上升、下降或是波动，还是在各个年龄段中，我国男女人口死亡率呈现出同增、同减的趋势，均能表现出性别变动趋势的一致性。尽管男女人口死亡率在数值上存在差异，但性别差异保持相对稳定性，人口死亡率性别比在长期内保持稳定，这一特性能够运用到多人群随机死亡率的建模中，为后续建立多人口随机死亡率模型提供了经验依据和理论基础。

第二篇

方法篇

第四章　考虑死亡模式转变的人口随机死亡率建模

　　从发达国家年龄别人口死亡率变动趋势看，20世纪初人口死亡率下降首先出现在低年龄段，随后逐渐向中、高年龄段发展，且不同国家（地区）年龄别人口死亡率变动趋势存在较大差异。Lee等（1992）在构建随机死亡率模型时，提出了相对简单且拟合效果稳定的参数模型，将年龄效应因子假定为常数。然而，不同年龄人口死亡率变动存在差异，年龄效应因子不是常数，若忽略该问题，对死亡率进行长期预测（30年或更长）将会得到错误结果（Bongaarts，2005）。尽管部分学者已经对年龄别人口死亡率变动趋势做出了相应的探讨，但均未获得理想的结果，原因在于一方面不同年龄人口死亡率变动趋势复杂，另一方面不同时期和不同国家（地区）的人口死亡率变动特征均不一致。为了解决上述问题，Li等（2011）在Lee-Carter模型中加入了一个旋转项，来体现年龄别人口死亡率的变动趋势，然而这种方法具有一定的主观性，可扩展性不强。Li等（2013）又将旋转项与人口平均预期寿命进行关联建模。然而，中国学者在该领域上的探讨相对较少，在翟振武和陶涛（2010）、赵梦晗和杨凡（2013）的研究中，可以发现1981—2010年中国人口死亡率变动模式发生较大变化，青壮年女性和老年人口死亡率下降幅度较大，体现了人口死亡率下降在年龄上的变动。黄匡时（2015）运用增加旋转项的Lee-Carter模型，弥补了中国人口死亡率长期预测中的不足，并应用在中国模型生命表的拓展中。

　　基于以上经验事实和理论基础，本章根据低死亡率国家人口死亡模式在年龄别上的经验规律，并结合中国人口死亡率变动特征，将人口死亡模式转变考虑到中国人口死亡率建模当中，进而提升人口死亡率预测效果。本章作为过渡性章节，将死亡率建模思想由单人口建模转向多人口建模，主要就以下问题进行研究：首先，通过公式分析得出Lee-Carter模型中暗含的假设忽略了年龄别死亡率变动趋势存在差异的事实；其次，在此基础上将年龄别死亡率变动趋势加入死亡率模型中，构建了死亡率的年龄轮转模型，并对模型中所用数据进行说明与假设，对参数进行估计和稳健性调整分析；最后，分别用 Lee-Carter 模型和年龄轮转模型（稳健模型）对中国人口死亡率进行动态预测。

第一节 年龄轮转死亡率模型

一、Lee-Carter 模型及其变形

根据 Lee-Carter 模型，$\ln m_{x,t} = \alpha_x + \beta_x \kappa_t + \varepsilon_{x,t}$，对其进行变形，得到对数形式的死亡率变化率：

$$\ln\left[\frac{m_{x,t+1}}{m_{x,t}}\right] = \ln m_{x,t+1} - \ln m_{x,t} \beta_x = \beta_x(k_{t+1} - k_t) + (\varepsilon_{x,t+1} - \varepsilon_{x,t}) = \beta_x(d + e_t\sigma) + (\varepsilon_{x,t+1} - \varepsilon_{x,t}) \tag{4.1}$$

对式（4.1）两边求期望，可得

$$\ln\left[\frac{m_{x,t+1}}{m_{x,t}}\right] = E\left[\beta_x(d + e_t\sigma) + (\varepsilon_{x,t+1} - \varepsilon_{x,t})\right] = d\beta_x \tag{4.2}$$

由式（4.2）可见，不同年龄的对数死亡率变化率等于乘以常数 d，其中 β_x 即为死亡率的年龄效应。一旦得到了 β_x 的参数估计结果，则 β_x 在每一个年龄 x 处为确定常数，并不随时间 t 发生变化。因此，在用 Lee-Carter 模型对人口死亡率进行预测时，即暗含了 β_x 与时间 t 独立的假设，该假设违背了年龄别死亡率变动趋势存在差异的特征。

二、加入年龄别死亡率变动趋势的随机死亡率模型

Li 等（2013）通过对人口死亡率变动趋势的研究发现，发达国家低年龄人口死亡率下降速度在减慢，而老年人口死亡率下降速度在加快，为了将这种趋势考虑到模型中，Li 等（2011）将式（4.2）两边同时加负号[①]，可得 $-\ln\left(\frac{m_{x,t+1}}{m_{x,t}}\right) = -d\beta_x$，在该式的基础上，构造了死亡率的年龄轮转模型（Rotation Model），即：

$$-\ln\left(\frac{m_{x,t+1}}{m_{x,t}}\right) = -d\beta_x + \theta_x \lambda_t \tag{4.3}$$

[①] 人口死亡率随时间变动一般会呈现下降趋势，则为负值，加负号后，其作为死亡率下降相对水平度量值的近似。

其中，λ_t 为不同年份死亡率下降速率；θ_x 为不同年龄死亡率下降速率；$\theta_x\lambda_t$ 为年龄和年份共同效应下的变动趋势；该模型的限制条件为：$\sum_x \beta_x = 1$，$\sum_x \theta_x = -1$，$\sum_t \lambda_t = 0$。针对式（4.3）的参数估计可以采用 SVD 方法，但该方法误差较大，因此，可以采取基于模型限制条件的最小二乘方法进行参数估计。

第二节 数据来源与参数估计

一、数据来源与假设

数据选取于 1995—2006 年的《中国人口统计年鉴》，以及 2007—2013 年的《中国人口和就业统计年鉴》中分年龄、分性别全国人口死亡率数据。由于当年的统计年鉴公布的是上一年度的统计数据，所得到的为 1994—2016 年死亡率数据，共计 23 年。其中，2000 年与 2010 年死亡率数据来自人口普查，1995 年、2005 年和 2015 年数据为来自 1% 的抽样调查，其他年份的数据来自人口变动抽样。为实现本章的研究目标，结合数据的特点以及实证分析的需要，本章需要对数据做如下说明和假设：

（1）从分年龄死亡率结构可以看出，人口普查年份的数据质量要优于 1% 抽样调查年份，1% 抽样调查年份的数据质量要优于人口变动抽样调查年份。

（2）选取中国男性人口死亡率为代表进行研究。由于我国大部分年份采用人口变动抽样，且女性人口死亡率显著低于男性，在部分年龄上出现死亡人数为 0 的情况，导致死亡率失真，而男性人口这种情况出现较少。

（3）假设我国高龄人口死亡率服从 Gompertz 模型。Yue（2002）选取台湾省和台北市的人口死亡率数据，检验了 Gompertz 模型的适用性，结果表明高龄人口死亡率分布均可以用 Gompertz 模型拟合，且拟合效果较佳。

（4）我国统计年鉴中不同年份人口死亡率数据的极限年龄有所差异，其中 1990 年、1995 年、2000 年、2015 年人口极限年龄为 100 岁，其余年份人口极限年龄均低于 100 岁[①]。鉴于以上情况，选择 Gompertz 模型对我国其余年份高龄人口死亡率进行外推，将人口极限年龄均外延到 100

[①] 1996 年人口极限年龄为 85 岁，其他年份的极限年龄均为 90 岁。

岁，使得不同年份人口死亡率数据的极限年龄保持一致。

二、参数估计结果

建立随机死亡率模型需要连续年份的数据，且历史数据的积累期越长参数估计的稳定性越好。选取1994—2016年中国男性年龄别人口死亡率数据，建立死亡率的年龄轮转模型，预测中国未来人口死亡率①。通过最小二乘法获得β_x、θ_x和λ_t的参数估计值（见图4-1）。

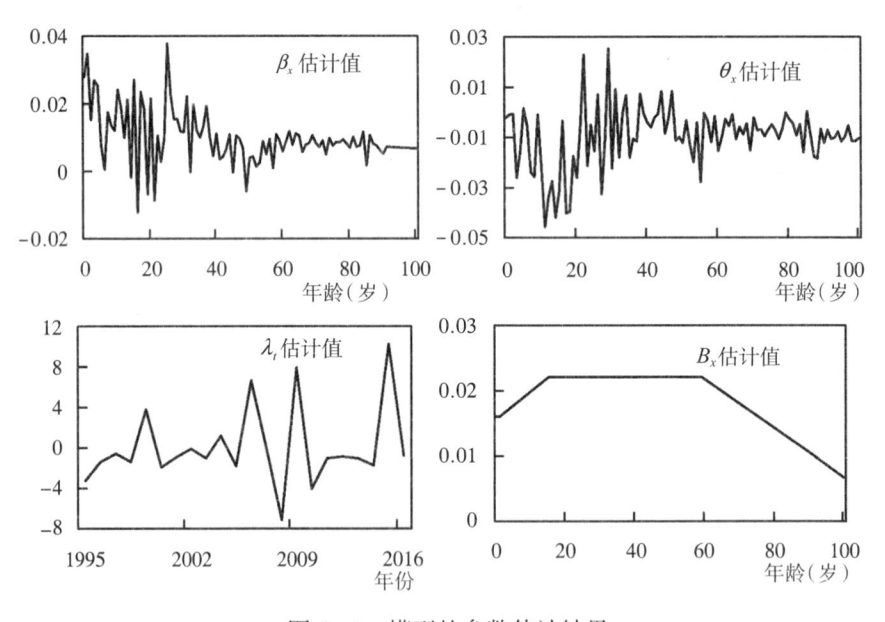

图4-1 模型的参数估计结果

图4-1显示，β_x即死亡率的年龄效应，其估计值是一条略带下降趋势的曲线，图中变现为由0岁时的0.027 973 815波动下降到100岁时的0.006 674 068，其中最小值出现在16岁时的-0.012 088 55，最大值出现在25岁时的0.037 767 063，这表明了死亡率变动的年龄模式特征。θ_x即不同年龄死亡率下降速率，其估计值呈现出随年龄先递减、后递增、再平缓的变动趋势，且15岁以下和60岁以上大部分年龄的取值为负数，15—59岁大部分年龄取值为正数，这表明中国男性人口以15岁和60岁为转折点，死亡率变动趋势发生改变。λ_t即不同年份人口死亡率下降的速率，

---

①选取中国男性人口死亡率为代表进行研究是因为大部分年份采用人口变动抽样，且女性人口死亡率显著低于男性，部分年龄出现死亡人数为零的情况，导致死亡率失真，而男性人口这种情况出现较少。

其估计值在 0 附近波动，且随着时间的推移，波动幅度不断增大。其中，当 λ_t 为正值时，表明第 t 年死亡率变动趋势与之前年份发生了改变。2005 年以来，λ_t 在大部分年份均保持为正值，意味着年龄别死亡率变动趋势也较之前年份发生了转变；尤其是 2010 年以来，λ_t 均为正，且处于较高的水平，说明男性人口死亡率变动趋势的转变也更加明显。

第三节　中国人口死亡率动态预测

结合中国人口死亡率变动趋势的特征，需要对 β_x 进行调整。根据上节参数估计中的分析，将 15 岁和 60 岁作为两个年龄转折点，对下一个阶段的 β_x 进行调整，并用 B_x 作为调整后的结果，具体步骤和假设为：①对于 15 岁以下人口组，$B(0)$ 为输入值，根据预测终止年份 0 岁人口死亡率确定；$B(1)=B(0)$；其余年龄采用线性插值法计算。②对于 15—59 岁组，B_x 为 β_x 在这些年龄上的均值。③对于 60—100 岁人口组，B_x 为模型 59 岁人口和模型中最高年龄之间的线性插值。

Li 等（2011）认为，婴儿死亡率在 30 年左右时间内的下降程度应以预测当年成年人平均死亡率为限。将 1980—2015 年作为观测周期，通过对所研究的国家或地区进行检验，发现美国和瑞典均符合这一规律，仅死亡率下降程度最高的日本婴儿死亡率超过了这一极限[①]。中国 2015 年 15—59 岁人口死亡率均值为 2.23‰，假设其作为 2050 年婴儿死亡率的预测值，反推得到 $B(0)$ 的输入值为 0.016。基于以上假设，可以得到稳健估计值。B_x 估计值曲线与 β_x 估计值曲线发生了较为明显的趋势变化，即随着预测期间的拉长（50 年甚至更长时间），0—14 岁年龄组 B_x 估计值曲线出现递增趋势，与 β_x 估计值曲线的递减趋势发生变动；15—59 岁年龄组 B_x 估计值曲线保持水平趋势，与 β_x 估计值曲线的递减趋势发生变动；60 岁及以上年龄组 B_x 估计值曲线尽管保持递减趋势不变，但斜率增大，与 β_x 估计值曲线波动水平趋势也发生变动。由于中国人口死亡率在 60 岁以后下降水平相对平缓，因此对 β_x 做调整后的趋势变动没有发达国家明显。

基于 β_x 的稳健性调整，运用 Lee-Carter 模型对未来人口死亡率进行预测，表达式为：

$$m_{x,t} = m_{x,s} \exp\left[B_x(\kappa_t - \kappa_s)\right] \quad (4.4)$$

[①] 2015 年，美国、瑞典和日本新生婴儿死亡率分别为 6.394‰、2.785‰和 2.080‰；1985 年美国、瑞典和日本成年人口平均年龄分比为 5.108‰、3.621‰和 3.306‰。

为得到死亡率的预测结果，须先得到 Lee-Carter 模型中参数 α_x 和 κ_t 的估计结果（见图 4-2）。

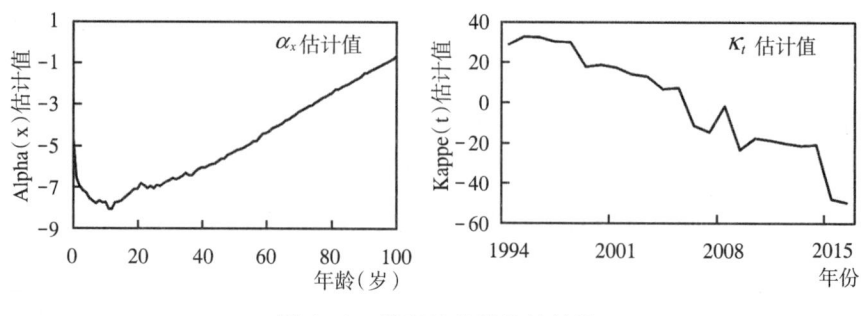

图 4-2 模型的参数估计结果

图 4-2 显示，α_x 反映年龄别死亡率对数变化的基数，它是一个只与年龄有关的参数；α_x 随年龄的增长呈现先递减后递增的趋势，最小值出现在年龄为 11 岁时；尽管式（4.4）中不包含 α_x，但其作为 κ_t 参数估计的先决条件是不可或缺的。κ_t 描述对数人口死亡率随时间 t 的变动趋势；κ_t 随时间的推移呈现递减趋势。

根据上述的参数估计结果，运用 Lee-Carter 模型和稳健模型，预测不同年龄未来年份的人口死亡率。由于 1% 抽样调查数据质量要优于变动抽样调查数据，在运用式（4.4）预测未来死亡率时，基期选择了 2015 年（见表 4-1）。由表 4-1 可见，Lee-Carter 模型的预测结果是基于年龄别死亡率变动趋势不发生改变，即年龄效应因子为常数得到的。而稳健模型则对未来人口死亡率变动趋势进行调整，在相对降低 0—14 岁人口死亡率下降速度的同时，加快了 15—59 岁，尤其是 60 岁及以上人口死亡率的下降速度。

首先，基于 Lee-Carter 模型，0 岁人口预测结果从 2020 年的 3.98‰，降低到 2050 年的 1.08‰，下降幅度为 72.86%。而过去的 30 年，美国 0 岁男性人口死亡率由 1980 年的 13.25‰，降低到 2010 年的 6.75‰，下降幅度为 49.03%。中国无论是绝对数值还是下降速度与美国有较大差距，Lee-Carter 模型高估了未来 0 岁人口死亡率的下降速度。

基于稳健模型，0 岁人口死亡率的预测结果由 2020 年的 4.37‰，下降到 2050 年的 2.08‰，下降 52.40%，符合人口死亡率下降程度降低的先验事实。对于 1—14 岁组，稳健模型预测值在大部分年份高于 Lee-Carter 模型，但随着年龄的增长，二者的差距不断减小。到 25 岁时，两者预测值较为接近，这意味着稳健模型中人口死亡率下降速度与 Lee-Carter 模型相同。25 岁之后，稳健模型预测值在各年份均低于 Lee-Carter

模型。到 100 岁时，稳健模型与 Lee-Carter 模型人口死亡率预测值相同，这是为保证稳健模型死亡率下降的斜率大于 Lee-Carter 模型，而对做出的主观假设①。

表 4-1　中国男性人口死亡率预测结果　　　　　单位：‰

年龄	2020 年 Lee-Carter 模型	2020 年 稳健模型	2030 年 Lee-Carter 模型	2030 年 稳健模型	2040 年 Lee-Carter 模型	2040 年 稳健模型	2050 年 Lee-Carter 模型	2050 年 稳健模型
0 岁	3.98	4.37	2.58	3.41	1.67	2.66	1.08	2.08
5 岁	0.26	0.24	0.23	0.19	0.21	0.14	0.18	0.11
10 岁	0.24	0.25	0.17	0.18	0.11	0.13	0.08	0.10
15 岁	0.33	0.35	0.22	0.25	0.14	0.17	0.09	0.12
20 岁	0.26	0.26	0.19	0.19	0.13	0.13	0.10	0.09
25 岁	0.50	0.56	0.28	0.40	0.15	0.29	0.09	0.20
30 岁	0.55	0.51	0.46	0.36	0.38	0.26	0.32	0.18
35 岁	0.81	0.74	0.70	0.53	0.60	0.37	0.51	0.27
40 岁	1.33	1.22	1.12	0.87	0.94	0.62	0.79	0.44
45 岁	2.24	1.88	2.25	1.34	2.26	0.95	2.27	0.68
50 岁	3.47	3.02	3.27	2.15	3.07	1.53	2.89	1.08
55 岁	5.58	4.89	5.16	3.48	4.78	2.47	4.42	1.76
60 岁	8.13	7.20	7.43	5.15	6.78	3.68	6.19	2.63
65 岁	12.59	11.72	10.68	8.63	9.07	6.35	7.70	4.67
70 岁	20.13	18.70	17.69	14.17	15.54	10.73	13.66	8.13
75 岁	32.57	30.50	28.97	23.79	25.77	18.55	22.92	14.47
80 岁	60.39	57.10	54.24	45.85	48.72	36.81	43.75	29.56
85 岁	87.64	80.72	85.39	66.72	83.20	55.15	81.06	45.59
90 岁	137.79	132.28	127.21	112.55	117.44	95.77	108.42	81.48
95 岁	156.73	154.82	140.69	135.61	126.29	118.78	113.37	104.04
100 岁	291.64	291.64	262.96	262.96	237.10	237.10	213.79	213.79

---

①对于 100 岁及以上年龄人口死亡率的预测，可以采用高龄人口死亡率模型，如 Gompertz 模型等进行外推获得。

综上所述相对于 Lee-Carter 模型，稳健模型能够更好地反映人口死亡率变动趋势的变化情况，使死亡率的长期预测更加科学合理，且符合人类的寿命特征。然而，稳健模型的假设具有一定的主观性，对进行不同的调整，会影响到不同年龄人口死亡率的预测值，进而影响到未来人口年龄结构。

第四节　本章小结

本章作为承上启下的一章，将建模思想由单人口随机死亡率建模过渡到多人口建模，根据低死亡率国家人口死亡模式在年龄别上的经验规律，并结合中国人口死亡率变动的特征，将人口死亡模式转变考虑到中国人口死亡率建模中，有效提升了人口死亡率预测结果的合理性，但该方法主观性较强，有必要建立数据驱动的多人口随机死亡率模型。

在人口死亡率预测方面，本章所建立的考虑人口死亡模式转变的稳健模型有效克服了 Lee-Carter 模型存在的不足，使其预测的中国未来人口死亡率符合发达国家经验特征。稳健模型放宽常数年龄效应因子假设，将年龄别人口死亡率变动差异考虑其中，更准确地预测了中国未来不同年份不同年龄的人口死亡率，更好地反映年龄别死亡率变动对长寿风险模型的影响，使死亡率预测长期合理，且符合人类的生物规律。然而，稳健模型自身也存在一定的局限性，即模型假设具有一定的主观性，对未来新生婴儿死亡率极限值和转折年龄的判断，会影响到不同年龄人口死亡率的预测结果，进而影响未来人口年龄结构，因此未来在多人口随机死亡率模型方向的研究是必然趋势。本篇的后续章节，从不同参数估计方法的角度，探讨多人口随机死亡率建模原理与估计方法，并通过实证分析对模型进行比较与评价。

第五章 基于极大似然估计法的两人口随机死亡率建模

人口随机死亡率建模经历了由单人口模型到多人口模型的发展历程，且多人口随机死亡率模型的优势不断显现。多人口随机死亡率模型也有着自身的发展脉络，其经历了从两人口到多人口的进展。然而，参数估计方法的优化与创新，是推动多人口随机死亡率建模不断发展的动因。其中，极大似然估计方法是随机死亡率建模中最重要的方法之一，在死亡率模型发展中起到了重要的作用。极大似然估计方法具有较强的普适性，尤其是在模型创新中发挥了不可替代的作用。无论模型表达式做何种修改或变换，采用极大似然估计方法理论上均可以得到参数估计结果。因此，在探讨多人口随机死亡率建模时，首先来分析基于极大似然估计方法的死亡率建模原理。

本章从中国男女两性别人口群体出发，建立两人口随机死亡率预测模型，采用两步极大似然估计法进行参数估计，并应用中国人口死亡率数据进行实证分析，将拟合与预期效果与单人口模型进行比较。具体内容包括：首先，构建两人口泊松公因子随机死亡率模型，放宽了残差服从正态分布的假设，加入了人口统计学中更为普遍接受的死亡人数服从泊松分布的假设；其次，说明了本章所用数据的来源，并提出了数据处理方法与精算假设；最后，采用两阶段的极大似然（MLE）方法进行参数估计，并将预测结果与单人口模型进行比较，以期为中国人口死亡率预测选择最优的方法。

第一节 两人口泊松公因子死亡率模型

一、泊松公因子模型（PCF 模型）

Li 提出泊松公因子模型（PCF 模型），假设死亡率人数服从泊松分布，即

$$d_{x,t,i} \sim \text{Poisson}(e_{x,t,i} m_{x,t,i}) \quad (5.1)$$

$$\ln m_{x,t,i} = \alpha_{x,i} + B_X K_t + \sum_{j=1}^{n} b_{x,i,j} k_{t,i,j} + \varepsilon_{x,t,j} \quad (5.2)$$

在式（5.1）中，i 表示性别，其中女性设置 $i=1$、男性设置 $i=2$；t 表示日历年，x 表示年龄，$d_{x,t,i}$ 表示死亡人数，$e_{x,t,i}$ 表示中人口暴露数；$m_{x,t,i}$ 表示死亡率。在式（5.2）中，$\alpha_{x,i}$ 表示的是不同性别、不同年龄人口对数死亡率的平均值；$B_x K_t$ 为男女人口死亡率变动趋势的共同因子，即两性别人口死亡率变化的共同趋势，其中 B_x 为年龄效应主因子，K_t 为时间效应主因子；$\sum_{j=1}^{n} b_{x,i,j} k_{t,i,j}$ 是 j 个额外附加因子，表示单个性别人口死亡率变动个体差异，其中 $b_{x,i,j}$ 为年龄效应附加因子，$k_{t,i,j}$ 为时间效应附加因子。

为得到唯一解，PCF 模型要符合以下的约束条件：

$$\sum_x B_x = 1, \quad \sum_t K_t = 0, \quad \sum_x b_{x,i,j} = 1, \quad \sum_t k_{t,i,j} = 0 \quad (5.3)$$

对于时间效应主因子 K_t，采用带有漂移项的随机游走模型（RW）建模，即

$$K_t = \mu + K_{t-1} + \varepsilon_t \quad (5.4)$$

其中，μ 是漂移项，为固定常数；ε_t 为误差项，满足 $\varepsilon_t \sim N(0, \sigma^2)$。漂移项通常为负，表明随着时间的推移，死亡率整体趋势为降低。

此外，将死亡率性别趋势一致性的特性代入模型，对附加因子 $k_{t,i,j}$ 应建立均值回复模型，常用的方法为 $AR(p)$ 模型，该模型能够保证死亡率性别比在长期中收敛为一个固定的常数，其表达式为

$$k_{t,i,j} = a_{0,i,j} k_{t-1,i,j} + a_{2,i,j} k_{t-2,i,j} + \cdots + a_{p,i,j} k_{t-p,i,j} + w_{t,i,j} \quad (5.5)$$

其中，$a_{0,i,j}, a_{1,i,j}, \cdots, a_{p,i,j}$ $\omega_{t,i,j}$ 是模型的参数；$\omega_{t,i,j}$ 为误差项，且 $\omega_{t,i,j} \sim N(0, v_{i,j}^2)$。

二、参数估计方法

随机死亡率模型的参数估计方法主要为三种：奇异值分解（SVD）、最小二乘方法（OLS）和极大似然法估计（MLE）。针对中国单一人群死亡率的分析显示，OLS 方法和 MLE 方法得到的结果拟合优度较高。为了最大限度地捕获人口死亡率变动中的主要趋势因子，放宽传统随机死亡率模型中的同方差假设，并避免模型过度参数化导致的难以收敛问题，给出两阶段法对 PCF 模型进行参数估计。

第一阶段，对 $B_x K_t$ 男女人口死亡率变动趋势的共同因子采用极大似然

法（MLE）进行参数估计。根据死亡人数服从泊松分布的假设，构造似然函数如下：

$$l(\alpha, B, K) = \sum_{x,t,i} \left[d_{x,t,i}(a_{x,i} + B_x K_t) - e_{x,t,i} e^{a_{x,i} + B_x K_t} \right] + \text{constan} t \quad (5.6)$$

从参数初始值，$\hat{a}_{x,i}^{(0)} = 0$、$\hat{B}_x^{(0)} = 1$ 和 $\hat{K}_t^{(0)} = 0$ 开始，按以下步骤更新迭代参数：

$$\hat{\alpha}_x^{(v+1)} = \hat{\alpha}_x^{(v)} + \frac{\sum_t \left(d_{x,t} - \hat{d}_{x,t}^{(v)} \right)}{\sum_t \hat{d}_{x,t}^{(v)}}, \quad \hat{B}_x^{(v+1)} = \hat{B}_x^{(v)}, \quad \hat{K}_t^{(v+1)} = \hat{K}_t^{(v)} \quad (5.7)$$

$$\hat{K}_x^{(v+2)} = \hat{K}_x^{(v+1)} + \frac{\sum_t \left(d_{x,t} - \hat{d}_{x,t}^{(v+1)} \right) \hat{\beta}_x^{(v+1)}}{\sum_t \hat{d}_{x,t}^{(v)} \left(\hat{\beta}_x^{(v+1)} \right)^2}, \quad \hat{\alpha}_x^{(v+2)} = \hat{\alpha}_x^{(v+1)}, \quad \hat{B}_x^{(v+2)} = \hat{B}_x^{(v+1)} \quad (5.8)$$

$$\hat{B}_x^{(v+3)} = \hat{B}_x^{(v+2)} + \frac{\sum_t \left(d_{x,t} - \hat{d}_{x,t}^{(v+2)} \right) \hat{K}_x^{(v+2)}}{\sum_t \hat{d}_{x,t}^{(v+2)} \left(\hat{K}_x^{(v+2)} \right)^2}, \quad \hat{\alpha}_x^{(v+3)} = \hat{\alpha}_x^{(v+2)}, \quad \hat{K}_x^{(v+3)} = \hat{K}_x^{(v+2)} \quad (5.9)$$

第二阶段，对表示单个性别人口死亡率变动个体差异的 $\sum_{j=1}^n b_{x,i,j} k_{t,i,j}$ 的额外附加因子采用最小二乘法（OLS）进行参数估计。根据第一阶段得到的参数估计结果，可以进一步得到残差平方和，如式（5.10）所示：

$$\sum_{x,t} \varepsilon_{x,t,i}^2 = \sum_{x,t} \left(\ln m_{x,t,i} - \hat{\alpha}_{x,i} - \hat{B}_x \hat{K}_t - \sum_{j=1}^n b_{x,i,j} k_{t,i,j} \right)^2 \quad (5.10)$$

其中，$\hat{\alpha}_{x,i}$、$\hat{B}_x$ 和 $\hat{K}_t$ 为常数，是第一阶段得到的参数估计值。通过 OLS 方法和 PCF 模型约束条件，可以得到第 1 个附加因子的参数估计结果为：

$$\hat{k}_{t,i,1} = \sum_x \left(\ln m_{x,t,i} - \hat{\alpha}_{x,i} - \hat{B}_x \hat{K}_t \right) \quad (5.11)$$

$$\hat{b}_{x,i,1} = \frac{\sum_t \hat{k}_{t,i,1} (\ln m_{x,t,i} - \hat{\alpha}_{x,i} - \hat{B}_x \hat{K}_t)}{\sum_t \hat{k}_{t,i,1}^2} \quad (5.12)$$

同理，可获得任意一个附加因子的参数估计结果。然而，PCF 模型最常见的缺陷是过度参数化，Li 等建议可以通过加入出生年效应因子来避免，或尽可能地减少附加因子数量。

三、死亡率预测方法

在预测死亡率时，使用最近观测到的数据作为起点，将有助于避免在预测期的早期出现显著的偏差。当 $t > s$ 时，即对未来死亡率的预测表示为：

$$\hat{m}_{x,t,i} = \dot{m}_{x,s,i} \exp\left(\hat{B}_x \left(\hat{K}_t - K_s \right) + \sum_{j=1}^{n} \hat{b}_{x,i,j} \left(\hat{k}_{t,i,j} - k_{s,i,j} \right) \right) \quad (5.13)$$

其中，$\hat{K}_t$ 和 $\hat{k}_{t,i,j}$ 为均值估计结果，$\dot{m}_{x,s,i}$ 为预测基年，$\hat{m}_{x,t,i}$ 为死亡率预测值。可进一步得到死亡率性别比（女性人口死亡率比男性人口死亡率）的预测值为

$$\frac{\hat{m}_{x,t,2}}{\hat{m}_{x,t,1}} = \frac{\dot{m}_{x,s,2}}{\dot{m}_{x,s,1}} \exp\left\{ \sum_{j=1}^{n} \left[b_{x,2,j} \left(\hat{k}_{t,2,j} - k_{s,2,j} \right) - b_{x,1,j} \left(\hat{k}_{t,1,j} - k_{s,1,j} \right) \right] \right\} \quad (5.14)$$

采用上述方法预测的附加时间效应因子 $\hat{k}_{t,1,j}$ 和 $\hat{k}_{t,2,j}$ 具有均值回复性质，死亡率性别比则会收敛于某一常数。

第二节 数据来源与参数估计

本章内容所采用的数据和精算假设与第四章相同，采用两阶段极大似然估计方法，可以得到两人口随机死亡率模型的参数估计结果。

一、参数估计结果

本节选取1994—2016年中国国家统计局公布的分年龄、分性别人口死亡率数据，分别采用PCF模型和LC模型进行预测。

1. 主因子的参数估计结果

根据上节给出的式（5.7）和式（5.8），可以计算得到年龄效应主因子和时间效应主因子的参数估计值，结果如图5-1和图5-2所示。

图5-1为年龄效应因子的趋势图，展示了PCF模型和LC模型估计得到的死亡率变动的年龄分布情况。其中，PCF模型参数估计得到的共同因子随年龄的增长，呈先小幅递减、再递增、后递减的变动趋势，意味着人口死亡率在15岁以下和60岁以上的两个年龄段下降速度较慢，而中间年龄段下降速度相对较快。LC模型得到的男女人口的年龄效应因子，整体上与共同因子的趋势相同，其中女性人口的效应因子与共同因子更为接近，主要原因是女性人口死亡率较低、稳定性较强。因此，共同因子方法对男性人口死亡率预测的改进程度高于女性，尤其是能够有效地改善80岁以上年龄段男性人口效应因子呈现的递增趋势。此外，LC模型得到的男性因子和女性因子均具有较大的波动性，而共同因子的稳定性较强，对死亡率降低趋势的刻画更加稳健。

图5-2为时间效应因子的趋势图，展示了PCF模型和LC模型估计得到的死亡率变动在日历年上的分布情况。两模型时间效应主因子估计值

随时间变化均表现出波动下降的趋势，其中，PCF 模型参数估计得到的共同因子下降的斜率最大，且斜率在整个期间内基本保持不变，意味着人口死亡率在时间轴上呈现显著的持续下降趋势。LC 模型得到的女性人口时间效应因子的斜率小于共同因子，但变动趋势较为接近；男性人口时间效应因子的斜率最小，且 2005 年以后斜率进一步降低，死亡率下降速度出现放缓趋势。因此，共同时间效应因子能够有效改善 2005 年以后男性人口死亡率放缓的趋势，改善女性人口时间效应因子波动较大的问题。

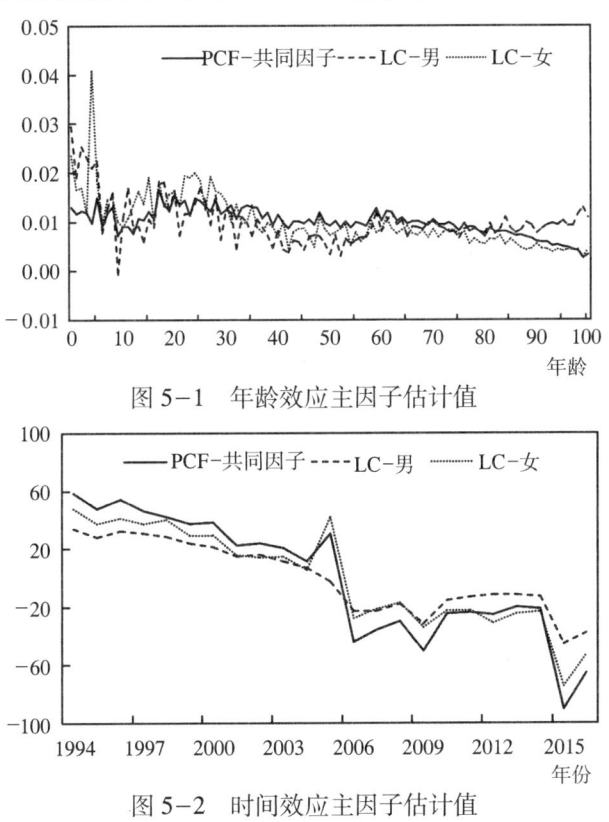

图 5-1　年龄效应主因子估计值

图 5-2　时间效应主因子估计值

2. 附加因子的参数估计结果

为防止模型过度参数化，并结合对拟合后的残差进行分析，选取 $j=1$，即含有 1 个性别附加因子。根据上节给出的式（5.11）和式（5.12），可以分别得到男女人口的附加年龄效应因子和附加时间效应因子，结果如图 5-3 和图 5-4 所示。

图 5-3 为附加年龄效应因子的趋势图，展示了人口死亡率变动趋势在年龄分布上的性别差异情况。与共同因子趋势较为接近，附加因子也呈现出先递增、后递减的变动趋势，但在不同年龄段上与共同因子的趋势存

在一定的差异。其中，80岁以上年龄人口附加因子呈现显著的下降趋势，而共同因子却呈现缓慢下降趋势。此外，5—30岁女性人口附加年龄效应因子波动较大，原因在于该年龄段女性人口死亡率较低，1‰抽样调查年份出现了部分年龄死亡人数为0的情况，导致人口死亡率数据严重失真。但随着年龄的提高，死亡率不断增大，死亡人数为0现象不断减少，女性附加年龄效应因子的变动趋势与男性也逐渐接近。

图5-4为附加时间效应因子的趋势图，展示了人口死亡率变动趋势在时间分布上的性别差异情况。与共同因子的变动趋势截然相反，附加因子整体上呈现了随时间波动增长的趋势，其中男性人口向上递增的斜率大于女性。如果将时间分为1994—2005年和2006—2016两个阶段考察：1994—2005年男性人口时间效应因子值在-15上下平稳波动，女性人口时间效应因子值在-10上下平稳波动；2006—2016年男女性人口时间效应因子呈现较强的一致性（男性略高于女性），数值在10上下平稳波动。由此可见，无论是男性还是女性，时间效应因子均存在均值回复的特征，只不过在不同的时间段表现出不同的均值水平。综上分析，可以通过建立AR（p）模型预测未来的时间效应附加因子的变动趋势。

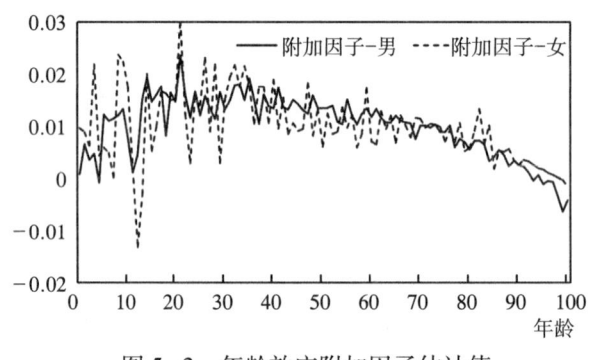

图5-3 年龄效应附加因子估计值

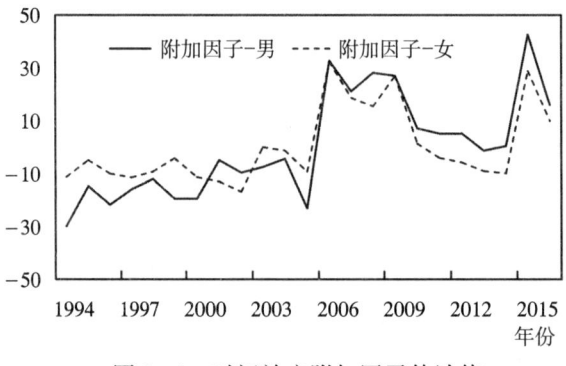

图5-4 时间效应附加因子估计值

二、样本内拟合优度检验

根据上节给出的式（5.13）和式（5.14）可对样本内对数死亡率数据进行拟合，选取 2000 年和 2010 年两个普查年份数据进行对比，如图 5-5 所示。

（1）2000 年男性人口

（2）2010 年男性人口

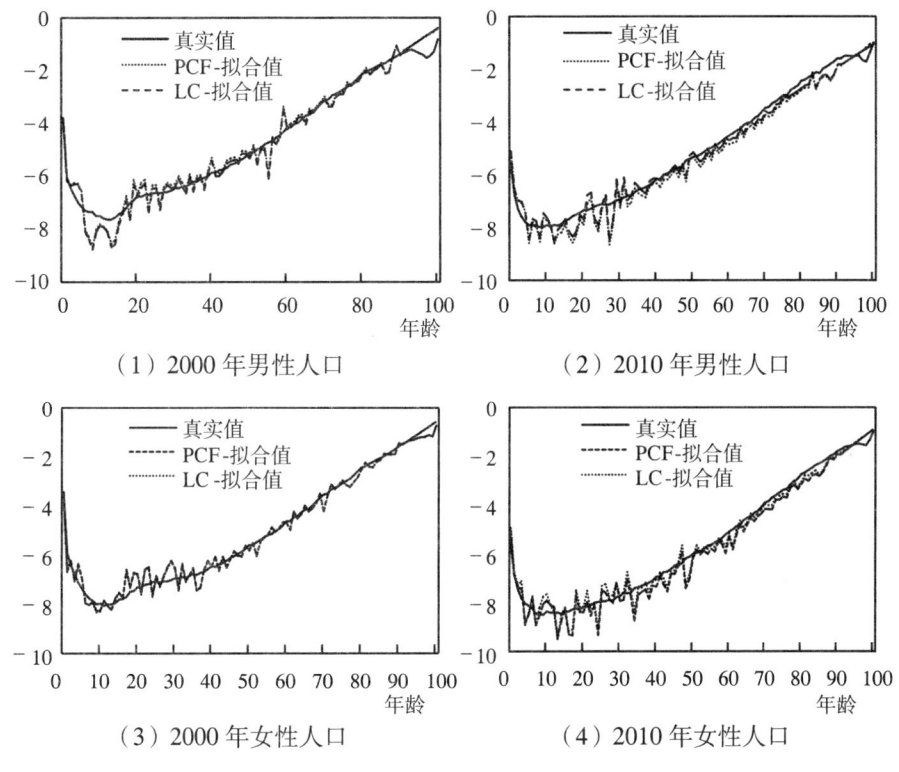

（3）2000 年女性人口

（4）2010 年女性人口

图 5-5 普查年份对数人口死亡率拟合情况比较

整体可见，PCF 模型和 LC 模型得到的对数死亡率拟合值均呈现先递减、后递增的变动趋势，与真实值变动趋势一致，并围绕真实值小幅波动。其中，在人口死亡率较低的年龄段（10—25 岁），拟合值与真实值之间的偏差较大，其原因在于基于线性模型的拟合结果在拐点处不具备较好的光滑性，导致波动较大。由于此处仅探讨死亡率拟合优度问题，不再去对死亡率进行光滑，若有制作生命表的需要，可进一步修匀数据。对比两个模型拟合值的差异可见，PCF 模型得到的 2000 年男性对数死亡率拟合值略大于 LC 模型结果，而在 2000 年女性、2010 年男女人口拟合值均略小于 LC 模型。

为检验 PCF 模型与 LC 模型拟合效果，选用平均绝对误差（Mean Absolute Error，MAE）和平均绝对百分比误差（Mean Absolute Percentage Error，MAPE）两个指标进行测算，平均绝对误差（MAE）指标值的计算方法为：MAE 指标值的计算方法为：取 t 年 x 岁个体对应的死亡率拟合值和实际值的差异，除以实际值后，在死亡率数据所覆盖的年龄和实践跨度上取平均值。平均绝对百分比误差（MAPE）指标值的计算方法为取 t 年 x 岁个体对应的死亡率拟合值和实际值差异的绝对值，除以实际值后，在死亡率数据所覆盖的年龄和实践跨度上取平均值。由计算方法可知，MAE 和 MAPE 值越小，死亡率拟合优度越高。结果列示于表 5–1 中。由于 PCF 模型考虑了人类的生物特征，参数较多，并且采用的两阶段参数估计方法能够捕获重要的主因子，因此会损失一定的拟合优度。然而由表 5–1 可见，PCF 模型对拟合优度的损失并没有想象中的明显，其与 LC 模型在 MAE 和 MAPE 的比较上已经非常的接近。PCF 模型计算得到的 MAE 和 MAPE 值仅略大于 LC 模型结果，其中 PCF 模型计算得到的男性人口 MAE 仅比 LC 模型计算得到的 MAE 高了 0.0003，PCF 模型计算得到的男性人口 MAPE 仅比 LC 模型计算得到的 MAPE 高了 0.0097；PCF 模型计算得到的女性人口 MAE 仅比 LC 模型计算得到的高了 0.0003、PCF 模型计算得到的女性人口 MAPE 仅比 LC 模型计算得到的高了 0.0171；两模型性别比 MAE 差距为 0.0009、MAPE 差距为 0.0107。因此，通过较少的损失拟合优度，获得更加符合人口生物特征的结果，使得模型在长期预测中更为合理，能够为养老金制度的长期负债评估提供科学依据。

表 5–1　基于 PCF 模型与 LC 模型拟合结果检验

	MAE	MAPE
PCF-M	0.0108	0.3471
LC-M	0.0105	0.3374
PCF-F	0.0097	0.4085
LC-F	0.0094	0.3914
PCF-Sex Ratio	0.3201	0.5464
LC-Sex Ratio	0.3192	0.5357

注：PCF-M 和 PCF-F 分别表示基于 PCF 模型的男、女性别人口死亡率拟合结果，LC-M 和 LC-F 分别表示基于 LC 模型的男、女性别人口死亡拟合结果，PCF-Sex Ratio 和 LC-Sex Ratio 分别表示基于 PCF 模型和 LC 模型的人口性别比（女性/男性）。

第三节 中国人口死亡率动态预测

表 5-2 给出了 PCF 模型和 LC 模型预测的 2020—2050 年部分年龄的男女人口死亡率和死亡率性别比。对于新生婴儿，PCF 模型预测得到的死亡率高于 LC 模型结果，有效改善了中国新生婴儿死亡漏报导致的死亡率被高估的问题；PCF 模型预测得到的新生男婴死亡率 5.12 高于新生女婴死亡率 4.30，而 LC 模型预测得到的新生男婴死亡率 4.22 低于新生女婴死亡率 4.47，两模型预测结果恰恰相反，与低死亡率的发达国家相对比[①]，PCF 模型预测结果更加合理。对于中青年人口，PCF 模型在早期（2020年）的死亡率预测值高于 LC 模型，而后期（2030—2050 年）则低于 LC 模型，如 2020 年 PCF 模型和 LC 模型预测的 30 岁男性人口死亡率分别为 0.65‰和 0.56‰、2030 年分别为 0.32‰和 0.37‰、2040 年为 0.16‰和 0.25‰、2050 年为 0.08‰和 0.17‰，即随着时间的推移，PCF 模型预测的中青年人口死亡率下降速度较快，这一规律也与发达国家人口死亡率在早期变动的趋势相吻合。对于高龄人口，尤其是极限年龄附近，PCF 模型预测的死亡率下降速度开始减缓，死亡率低于 LC 模型预测得到的结果，在此阶段由于人口年龄已接近极限，若无重大科学突破，人类寿命很难再如中青年一样快速下降。此外，PCF 模型得到的人口性别比能够收敛到某一常数，而 LC 模型预测结果不具备这一特征，其中 PCF 模型得到的 0 岁人口性别比收敛为 1.19，10 岁人口性别比收敛为 2.27，30 岁人口性别比收敛为 2.50，60 岁人口性别比收敛为 1.96，100 岁人口性别比收敛为 1.11。PCF 模型得到的性别比与中国死亡率历史数据变动趋势一致，不仅性别差异满足一致性要求，而且随年龄的增长，呈现性别差距先不断增大，后不断缩小的变动趋势。

综上所述，PCF 模型在预测人口死亡率时，能够较好地反映人类的生物特征，并且与中国人口死亡率性别差异的历史规律保持一致，同时与发达国家当前的经验事实相吻合。

---

① 根据人类死亡率数据库（HMD）资料显示，当前大部分发达国家新生女婴死亡率低于男婴死亡率。

表 5-2　基于 PCF 模型和 LC 模型的预测值　　　　单位：‰

	2020 年		2030 年		2040 年		2050 年	
	PCF 模型	LC 模型	PCF 模型	LC 模型	PCF 模型	LC 模型	PCF 模型	LC 模型
男性死亡率								
0 岁	5.12	4.22	2.46	1.62	1.18	0.62	0.57	0.24
10 岁	0.32	0.27	0.19	0.19	0.11	0.13	0.07	0.09
30 岁	0.65	0.56	0.32	0.37	0.16	0.25	0.08	0.17
60 岁	8.87	8.15	4.93	6.29	2.77	4.86	1.56	3.75
100 岁	353.80	289.57	296.51	203.56	247.46	143.11	206.52	100.60
女性死亡率								
0 岁	4.30	4.47	2.06	1.53	0.99	0.52	0.48	0.18
10 岁	0.14	0.14	0.08	0.10	0.05	0.06	0.03	0.04
30 岁	0.26	0.26	0.13	0.14	0.06	0.07	0.03	0.04
60 岁	4.44	4.39	2.49	2.99	1.40	2.04	0.79	1.39
100 岁	321.24	315.17	268.23	259.67	223.86	213.94	186.83	176.27
性别比								
0 岁	1.19	0.94	1.19	1.06	1.19	1.19	1.19	1.33
10 岁	2.27	1.89	2.27	2.00	2.27	2.13	2.27	2.22
30 岁	2.50	2.13	2.44	2.70	2.44	3.45	2.44	4.35
60 岁	2.00	1.85	1.96	2.08	1.96	2.38	1.96	2.70
100 岁	1.10	0.92	1.11	0.78	1.11	0.67	1.11	0.57

第四节　本章小结

本章基于极大似然估计法，放宽了残差服从正态分布的假设，加入了人口统计学中更为普遍接受的死亡人数服从泊松分布的假设，以中国两性别人口群体为基础，构建两人口随机死亡率模型，并将预测结果与单人口模型进行比较，以期为中国人口死亡率预测选择最优方法。

本章结论如下：第一，性别联合的随机死亡率模型能够同时反映死亡率变动的共同趋势和个体差异。考虑人口死亡率性别差异的一致性，建立性别联合的随机死亡率模型，能够有效刻画不同性别人口死亡率变动的共同趋势，降低单个性别人口死亡数据质量差或波动较大导致的偏误，同时运用附加因子又能体现性别间的差异特征。第二，PCF模型在中国人口死亡率预测中较好地反映了人的生物特征，且未过度损失拟合优度。PCF模型预测得到的人口死亡率性别比，在长期内收敛为某一固定值，且收敛结果符合人的生物特征，并且预测结果的误差值与Lee-Carter模型相比并没有明显增大。通过较少的损失拟合优度，换来更加符合生物规律人口死亡率数据，使得模型在长期预测中更为合理，为具有长期评估需求的养老金制度提供科学依据。此外，在参数估计方法上，采用第一阶段极大似然法和第二阶段的最小二乘法的两阶段参数估计有效克服了PCF模型存在的过度参数化问题，且能够较好地使计算过程得到收敛的结果，使模型参数估计的实现变得更加简洁与高效。

尽管两人口随机死亡率模型能够提高中国两性别人口死亡率长期预测的合理性，但也存在两点不足之处：一是样本内的拟合优度略低于单人口模型；二是采用中国粗死亡率数据拟合结果得到的MAPE和MAE值均较高。针对上述问题，下一章将基于修匀后人口死亡率数据进行验证分析，以期弥补本章研究结果所暴露出的问题。

第六章 基于奇异值分解法的两人口随机死亡率建模

奇异值分解法是人口死亡率模型中最为传统和基础的参数估计方法，该方法推动了 Lee-Carter 模型的发展，进而带动了随机死亡率模型研究具备科学范式。将奇异值分解法从单人口 Lee-Carter 模型，拓展应用于多个人口群体建模，开创了多人口随机死亡率建模的先河。探讨基于奇异值分解法的多人口随机死亡率建模及其在中国的应用，具有重要的理论与实践价值。然而，上一章节研究表明，中国人口粗死亡率数据波动较大，多人口随机死亡率模型的拟合效果不佳。因此，本章借鉴了国际上人口死亡率数据修匀与调整的研究经验，进一步探讨基于修匀数据的多人口随机死亡率模型的拟合与预测效果。

本章构建两人口随机死亡率模型，以中国男女人口修匀后死亡率数据为基础，采用两阶段的奇异值分解方法进行参数估计，并与单人口模型的估计结果进行比较，从拟合优度和预测效果两方面展示了多人口模型在中国的应用优势。具体内容包括：首先，给出了两人口 Li-Lee 随机死亡率模型的建模原理与参数估计方法，并将其与单人口 Lee-Carter 模型进行比较分析；其次，说明了本章所使用的数据，并给出了人口死亡率修匀所采用的方法，强调了人口死亡率建模中使用修匀数据的重要性；最后，基于修匀后数据，采用 Li-Lee 模型对中国男女人口死亡率进行动态预测，并将预测结果与单人口 Lee-Carter 模型进行比较。

第一节 两人口 Li-Lee 死亡率模型

一、单人口 Lee-Carter 模型

单人口 Lee-Carter 模型（以下简称为 Lee-Carter 模型）是当前国内外学者普遍采用的人口死亡率随机预测方法，其表达式为：

$$\ln(m_{x,t}) = a_x + b_x k_t + \varepsilon_{x,t} \tag{6.1}$$

其中，$m_{x,t}$ 为 x 岁人口在 t 年的死亡率，取对数的设定给予了模型一个不会出现负数预测的优势；a_x 为年龄效应参数，表示不同年龄人口的死亡率对数平均值；k_t 为时间效应参数，反映时间变化对死亡率的影响；b_x 为年龄改善效应参数，通过与 k_t 组成交互项，反映不同年龄死亡率的改善速度；误差项 $\varepsilon_{x,t}$ 的均值为 0、方差为 δ_ε^2。

Lee-Carter 模型的参数估计主要有三种方法，分别为奇异值分解（SVD）、最小二乘法（OLS）和极大似然估计法（MLE）。此外，由于动态生命表矩阵是近似的奇异矩阵，参数估计中会出现结果不唯一的问题，因此需要增加如下限制条件：

$$\sum_{t=t_1}^{t_n} k_t = 0 \tag{6.2}$$

$$\sum_{x=0}^{w} b_x = 1 \tag{6.3}$$

首先，通过公式（6.2），可以得到参数 a_x 的估计值，结果为：

$$\hat{a}_x = \ln\left(\prod_{t=t_1}^{t=t_n} m_{x,t}\right)/n \tag{6.4}$$

其次，为了保持参数估计方法的一致性，选择 SVD 方法求解 k_t 和 b_x 的参数估计值。对矩阵 $[\ln(m_{x,t}) - \hat{a}_x]$ 进行奇异值分解，具体过程和参数估计结果为：

$$[\ln(m_{x,t}) - \hat{a}_x] = UDV^T \tag{6.5}$$

$$\hat{k}_t = \left(\sum_i u_{i1}\right) d_{11} v_{t1} \tag{6.6}$$

$$\hat{b}_x = u_{x1} / \left(\sum_i u_{i1}\right) \tag{6.7}$$

为了满足公式（6.2）和公式（6.3）的限制条件，Lee-Carter 模型可做如下线性组合调整：b_x/c 和 ck_t 的组合；$a_x - cb_x$ 和 $k_t + c$ 的组合。

再次，对 k_t 建立 ARIMA（0，1，0）的随机游走模型进行预测，表达式为：

$$k_t = k_{t-1} + d + e_t \delta, \quad e_t \sim N(0,1) \tag{6.8}$$

最后，将上述参数估计结果和预测结果，带入公式（6.9）可得到未来人口死亡率的预测值。

$$\hat{m}_{x,t} = m_{x,T} e^{\hat{b}_x(\hat{k}_t - \hat{k}_T)} \tag{6.9}$$

二、多人口 Li-Lee 模型

多人口 Li-Lee 模型假设不同群体之间的死亡率具有一致的变动趋势，可以用于两性别人口群体死亡率联合建模，其表达式为：

$$\ln(m_{x,t,g}) = a_{x,g} + B_x K_t + b_{x,g} k_{t,g} + \varepsilon_{x,t,g} \quad (6.10)$$

其中，g 为指示变量，用以区分不同性别人口；$a_{x,g}$ 为年龄效应参数，表示不同性别和年龄人口死亡率的对数平均值；B_x 为共同年龄改善效应参数、K_t 为共同时间效应参数，相乘后刻画了两性别人口死亡率在年龄和时间上变动的共同趋势；$b_{x,g}$ 为附加年龄改善效应参数、$k_{t,g}$ 为附加时间效应参数，相乘后刻画了两性别人口死亡率在年龄和时间上的差异性变动趋势。

与 Lee-Carter 模型相比，Li-Lee 模型不仅对共同参数有限制条件要求，对附加参数也有相应的限制。无论是共同参数还是附加参数，Li-Lee 模型对年龄改善效应参数均限制为年龄上的累加值1，对时间效应参数均限制为时间上的累加值0。基于上述限制条件，Li-Lee 模型可以采用两阶段 SVD 分解法进行参数估计。

第一阶段，估计共同效应参数。将两性别人口死亡数据合并为一个总体，运用 Lee-Carter 模型的参数估计方法，即可得到共同参数 B_x 和 K_t 的估计值。若两性别人口暴露数差异较小，可以将两性别人口死亡率的平均值作为合并后总体人口的死亡率。

第二阶段，估计附加效应参数。根据 Li-Lee 模型共同时间参数和附加时间参数的限制条件，可以得到参数 $a_{x,g}$ 的估计值为：

$$\hat{a}_{x,g} = \ln(\prod_{t=t_1}^{t=t_n} m_{x,g})/n \quad (6.11)$$

接下来，对矩阵 $[\ln(m_{x,t,g}) - \hat{a}_{x,g} - \hat{B}_x \hat{K}_t]$ 进行 SVD 分解（步骤与上文的 Lee-Carter 模型一致），可以分别获得 $k_{t,g}$ 和 $b_{x,g}$ 的参数估计值。

在上述参数估计的基础上，根据参数 K_t 和 $k_{t,g}$ 的特性，分别建立时间序列预测模型。K_t 由于代表的是两性别人口死亡率的共同变动趋势，用具有漂移项的随机游走模型建模；$k_{t,g}$ 反映的是两性别人口死亡率变动趋势的个体化趋势，需要保证两人口群体死亡率具有一致的变动趋势，长期中收敛为一个固定的常数（或收敛到某一个较小区间），因此采用具有均值回复特征的 AR（1）过程建模。

最后，将上述参数估计结果和预测结果，带入公式（6.12）可得到未来人口死亡率的预测值。

$$\hat{m}_{x,t,g} = m_{x,T,g} e^{\hat{B}_x(\hat{K}_t - \hat{K}_T) + \hat{b}_{x,g}(\hat{k}_{t,g} - \hat{k}_{T,g})} \quad (6.12)$$

第二节 数据来源与参数估计

一、数据来源与假设

本节采用来源于《中国人口统计年鉴》和《中国人口和就业统计年鉴》的中国 1994~2018 年连续年份上的分年龄、分性别人口死亡率数据。为实现本章的研究目标,结合数据特点及实证分析需要,本章需要对数据进行如下的说明与假设:

(1) 采用线性插值法填补人口死亡率缺失数据。采用的死亡率数据中仅有 2000 年和 2010 年的数据为人口普查数据,其余均为抽样调查数据。由于抽样调查得到的分年龄、分性别人口死亡率数据样本量较小,部分年份上的低龄人口会出现死亡人数为 0 的情况,因此采用线性插值法填补这部分缺失数据。

(2) 采用 Gompertz 模型外推高龄人口死亡率。为充分度量长寿风险,假设极限年龄为 100 岁,而我国统计年鉴中部分年份的死亡率数据仅统计至 85 岁或 90 岁。以 65 岁以上人口死亡率数据为基准,通过应用 Gompertz 模型将人口死亡率外推至 100 岁。

(3) 采用二维泊松 P 样条修匀我国人口死亡率数据。我国抽样调查年份人口暴露数不足,死亡率数据波动性较大,不符合生命表的经验特征。采用二维泊松 P 样条方法(赵明,2017),从年龄和时间两个维度对人口死亡率数据进行修匀,以便更好地建立随机模型。

二、参数估计结果

1. 年龄效应参数 a_x 估计值

根据给出模型与参数估计方法,采用修匀后的我国人口死亡率数据,分别应用 Lee-Carter 模型和 Li-Lee 模型,得到如下参数估计结果。对于年龄效应参数 a_x 的估计值,由于 Lee-Carter 模型和 Li-Lee 模型均通过对死亡率对数取均值来估计 a_x,因此两模型的 a_x 估计值相同,具体见图 6-1。

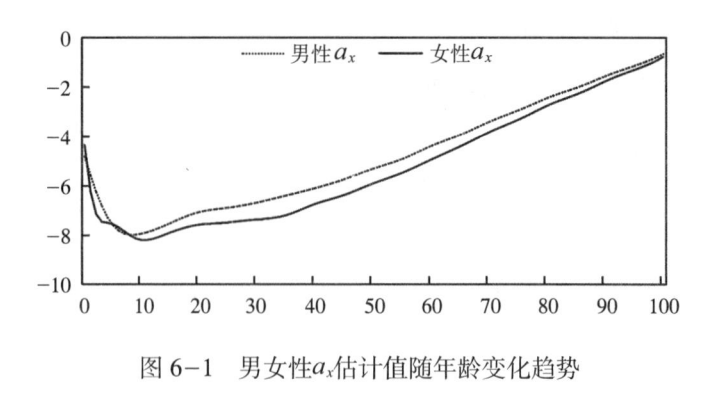

图 6-1 男女性a_x估计值随年龄变化趋势

由图 6-1 可见，男女性人口的a_x估计值均先随年龄下降，并在 10 岁左右达到最低值，随后呈现出稳定增长的趋势。由于a_x表示死亡率的均值，因此可以推断出处于少儿和青少年阶段的两性别个体死亡率水平较低。其次，从总体上来看，男性人口a_x的估计值要高于女性人口，意味着同时期我国男性人口的死亡率总体高于女性人口，这与国际上的普遍经验相一致。另外，从具体年龄阶段来说，在 10 岁之前的大部分年龄，男性人口的$\hat{a}_x$要高于女性，但 0 岁和 5—7 岁例外，对应的女性人口的$\hat{a}_x$更高；从 10 岁起，男性人口的$\hat{a}_x$始终高于女性人口，两性别人口a_x的差异先随年龄增长，至 35 岁左右达到峰值后呈现出下降趋势，而对于 80 岁以上的高龄人口，两个性别的$\hat{a}_x$的差异较小。

2. 死亡率改善效应参数B_x（b_x）估计值

Lee-Carter 模型和 Li-Lee 模型得到的死亡率改善效应参数的估计值及其变化趋势展示于图 6-2 中。参数B_x（b_x）的实际意义是反映当K_t（k_t）下降时，人口死亡率的改善速度，因此根据图 6-2 展示的 Li-Lee 模型共同年龄改善参数B_x的估计值可见，当共同时间效应参数K_t随时间推移下降时，两性别人口总体在婴幼儿时期死亡率改善速度最快，其中 0 岁个体对应的$\hat{B}_x$为 0.031，为全部年龄中的最高值；其次在 25 岁左右的青年期改善速度相对较快，$\hat{B}_x$最高可达 0.017；最后在 60—70 岁的老年期$\hat{B}_x$出现了两个相对小的峰值，分别为 0.0098 和 0.0095，随后便持续下降。将 Li-Lee 模型中的B_x估计值和 Lee-Carter 模型中男女性人口各自的b_x的估计值进行对比后可知，共同参数$\hat{B}_x$值始终介于男女性各自的$\hat{b}_x$值之间。此外在 Lee-Carter 模型中，5 岁、30—50 岁左右的女性人口b_x估计值明显高于男性人口。而在 10—20 岁和 80 岁以上两个年龄段，男性人口b_x的估计值显著高于女性。两性别人口$\hat{b}_x$的这种交替变化在图 6-2 中产生了多个交叉点。

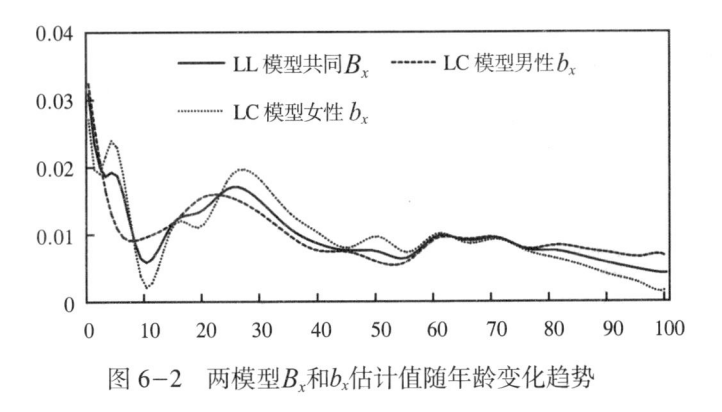

图 6-2　两模型 B_x 和 b_x 估计值随年龄变化趋势

3. 时间效应参数 $K(k_t)$ 估计值

Lee-Carter 模型和 Li-Lee 模型得到的时间效应参数估计值及其随时间的变化趋势展示于图 6-3 中。由图 6-3 可见，Li-Lee 模型共同参数 K_t 的估计值随时间推移而大幅下降，1994 年对应 $\hat{K}_t$ 为 38.67，在 2018 年降至 -37.04。意味着自 1994 年至 2018 年，我国两性别人口死亡率出现了较大幅度的改善。通过比较 Li-Lee 模型中的 $\hat{K}_t$ 与 Lee-Carter 模型中男女性人口的 $\hat{k}_t$，发现与死亡率改善效应参数 K_t 的估计值类似，Li-Lee 模型中共同时间效应参数的估计值始终介于 Lee-Carter 模型中男女性人口各自的 k_t 估计值之间。同时，Lee-Carter 模型中女性人口的 $\hat{k}_t$ 在 2006 年以前高于男性人口，1994 年对应的女性人口的 $\hat{k}_t$ 为 45.81，男性人口为 33.18；在 2006 年两性别人口 $\hat{k}_t$ 均接近于 0；随后二者交替，男性人口 k_t 的估计值高于女性，至 2018 年男女性人口的 $\hat{k}_t$ 分别为 -34.37 和 -44.19。综上可见，自新中国成立，尤其是改革开放以来，我国在经济发展、社会保障和医疗水平等方面取得的进步，推动着中国人口死亡率的持续改善，且我国女性人口的死亡率改善幅度大于男性人口。

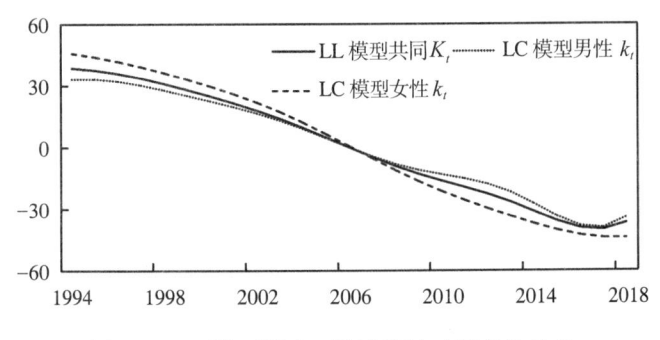

图 6-3　两模型 K_t 和 k_t 估计值随时间变化趋势

第三节　中国人口死亡率动态预测

一、模型拟合

将上述参数的估计结果分别代入 Li-Lee 模型和 Lee-Carter 模型，以得到 1994—2018 年我国男女性人口死亡率的拟合值。选取平均绝对百分比误差（MAPE）作为指标，对两模型的拟合度进行比较，其中两性别人口总体的 MAPE 值是男女性人口指标值的平均。

为了更全面反映两模型的拟合优度，先计算全部年份（1994—2018 年）的 MAPE 值，再将历史数据期间平均分为 5 个时间段，计算出每个时间段对应的 MAPE，结果列示于表 6-1 中。

表 6-1　两模型死亡率拟合数据 MAPE 值　　　　　单位：%

	1994—1998 年	1999—2003 年	2004—2008 年	2009—2013 年	2014—2018 年	全部年份
男性						
Li-Lee 模型	4.77	3.84	3.87	5.72	6.15	4.87
Lee-Carter 模型	3.63	3.14	8.82	7.41	6.13	5.83
女性						
Li-Lee 模型	6.74	3.67	5.89	7.14	5.24	5.74
Lee-Carter 模型	5.80	3.80	7.65	5.88	7.90	6.21
总体						
Li-Lee 模型	5.76	3.75	4.88	6.43	5.70	5.31
Lee-Carter 模型	4.72	3.47	8.24	6.64	7.02	6.02

表 6-1 汇总了 Li-Lee 模型和 Lee-Carter 模型男女性人口死亡率拟合数据的 MAPE，以及两性别人口总体的 MAPE，表头第一行展示了数据所处的时间段。首先，根据全部年度的数据可知，Li-Lee 模型拟合的男女性人口死亡率数据的 MAPE 分别为 4.8730% 和 5.7373%，明显低于 Lee-Carter 模型的 5.8263% 和 6.2092%，降幅为 0.9533% 和 0.4719%；对于两性别人口总体，Li-Lee 模型拟合的死亡率 MAPE 低于 Lee-Carter 模型 0.7126%。这意味着，对于全部年度的男女性人口死亡率数据，Li-Lee 模型的拟合度相对于 Lee-Carter 模型显著提升，且对男性人口死亡率数据的提升大于女

性人口。其次，通过分段数据可以观察到，在部分时间段，即使Li-Lee模型拟合的男性或女性人口死亡率数据的MAPE要高于Lee-Carter模型，但是Li-Lee模型最终对应的两性别人口总体MAPE仍更低。比如在2009—2013年期间，虽然Li-Lee模型拟合的女性人口死亡率数据的MAPE高于Lee-Carter模型1.2639%，但男性人口死亡率数据的MAPE要低于Lee-Carter模型1.687%，最终总体上仍低于Lee-Carter模型0.2116%，即Li-Lee模型的拟合度更高。这种情况是因为Li-Lee模型拟合的男性或女性人口死亡率数据的准确度被牺牲，以保证两性别人口总体死亡率拟合的优度。除此以外，还可以观察到，虽然在部分时间段Li-Lee模型拟合的男性或女性人口死亡率数据的MAPE相较Lee-Carter模型更高，但是在全部年度Li-Lee模型拟合的死亡率数据MAPE始终更低。以女性人口为例，在1994—1998年和2009—2013年两个时期Li-Lee模型的拟合死亡率数据MAPE高于Lee-Carter模型，平均上升幅度为1.0984%，在其他三个时期Li-Lee模型拟合的死亡率数据MAPE低于Lee-Carter模型，平均下降幅度为1.5187%，最终Li-Lee模型拟合的全部年度的死亡率数据MAPE相对于Lee-Carter模型下降了0.4719%。类比前文可知，这种情况是因为部分时期Li-Lee模型拟合的男性或女性人口死亡率数据的准确度被牺牲，以确保全部年度的优异效果。综上所述，从整体而言Li-Lee模型的拟合优度要高于Lee-Carter模型。

二、稳健性检验

为进一步说明Li-Lee模型的优势，需要对其进行稳健性检验。借鉴Pascariu等（2019）的方法，将修匀后的中国1994—2018年死亡率数据分为两段。前段用作参数估计，以预测后段的死亡率。用于参数估计的前段数据起始年恒定为1994年，结束年从2004年开始，以两年为间隔增长，直至2016年。随后在常数死亡力（Constant Force of Mortality）假设下，将死亡率换算为预期寿命，通过比较预测和实际的后段预期寿命来评估模型预测历史数据的准确度。此外，再加入平均绝对误差（Mean Absolute Error，MAE）作为补充，检验模型的稳健性。具体的计算结果列式于表6-2和表6-3中。

表6-2和表6-3分别展示了Li-Lee模型和Lee-Carter模型在不同分段情况下预期寿命预测数据的MAPE和MAE。首先，从总体上来看，Li-Lee模型在全部七种分段情况下，预测数据的MAPE和MAE均低于Lee-Carter模型。其中，在以2006年为分界点时，Li-Lee模型预测数据的总

体 MAPE 相对于 Lee-Carter 模型下降最明显,从 4.539% 降至 3.860%,降幅为 0.679%;Li-Lee 模型对应的总体 MAE 相对于 Lee-Carter 模型的下降幅度也为最大,从 0.825 年降至 0.627 年,降幅为 0.198 年。其次,从分性别人口角度来看,Li-Lee 模型预测的男性人口预期寿命的 MAPE 相对于 Lee-Carter 模型最多下降 1.437%,MAE 最多下降 0.216 年,两指标的最大降幅均是在以 2008 年为分界点时出现;Li-Lee 模型预测的女性人口预期寿命的 MAPE 相对于 Lee-Carter 模型最多下降 0.685%,MAE 最多下降 0.228 年。此外还可以观察到,在部分分段情况下,Li-Lee 模型预测的男性或女性人口预期寿命的 MAPE 或 MAE 要高于 Lee-Carter 模型,但总体的 MAPE 或 MAE 仍为更低。例如在以 1994—2004 年为参数估计年度,2005—2018 年为验证年度时,Li-Lee 模型的男性人口预测数据的 MAPE 和 MAE 高于 Lee-Carter 模型 0.103% 和 0.041%,女性人口预测数据的 MAPE 和 MAE 低于 Lee-Carter 模型 0.685% 和 0.172%,最终 Li-Lee 模型对应的总体 MAPE 和 MAE 相对于 Lee-Carter 模型降低了 0.29% 和 0.065%。这意味着,虽然 Li-Lee 模型在部分情况下对单性别人口预测的准确度低于 Lee-Carter 模型,但从总体上来看,Li-Lee 模型预测结果的准确度始终高于 Lee-Carter 模型。通过改变评估方式,多次进行测试,并未发现有任何与之前结论明显相悖的数据表现。因此,可以推断出 Li-Lee 模型通过了稳健性检验。

表 6-2　两模型预期寿命预测数据 MAPE 值　　　　单位:%

	2004 年	2006 年	2008 年	2010 年	2012 年	2014 年	2016 年
男性							
Li-Lee 模型	4.201	4.532	8.196	4.629	3.396	4.249	4.048
Lee-Carter 模型	4.098	5.357	9.633	5.113	3.718	4.409	4.539
女性							
Li-Lee 模型	4.838	3.188	4.634	2.981	2.009	2.600	2.087
Lee-Carter 模型	5.523	3.720	3.767	2.544	2.120	2.619	1.968
总体							
Li-Lee 模型	4.52	3.860	6.415	3.805	2.703	3.424	3.067
Lee-Carter 模型	4.81	4.539	6.700	3.828	2.919	3.514	3.253

表 6-3　两模型预期寿命预测数据 MAE　　　　　单位：%

	2004 年	2006 年	2008 年	2010 年	2012 年	2014 年	2016 年
男性							
Li-Lee 模型	0.69	0.72	1.29	0.68	0.65	0.78	0.55
Lee-Carter 模型	0.65	0.89	1.50	0.71	0.75	0.84	0.59
女性							
Li-Lee 模型	1.29	0.54	0.47	0.34	0.44	0.54	0.20
Lee-Carter 模型	1.46	0.77	0.35	0.31	0.44	0.53	0.20
总体							
Li-Lee 模型	0.99	0.63	0.88	0.51	0.54	0.66	0.38
Lee-Carter 模型	1.05	0.83	0.93	0.51	0.59	0.68	0.40

三、人口死亡率样本外预测

由于我国学者已经广泛地接受和运用了 Lee-Carter 模型，而对于 Li-Lee 模型的研究极少，因此为进一步充分说明 Li-Lee 模型的优势，在应用该模型进行预测的同时，还展示出 Lee-Carter 模型的预测结果，以进行比较。

图 6-4 至图 6-6 分别展示了 Li-Lee 模型和 Lee-Carter 模型时间效应参数的区间预测结果。根据共同参数 K_t 的区间预测可以分析出，Li-Lee 模型预测的未来我国男女性人口的死亡率总体上呈持续下降趋势。将 Li-Lee 模型中的 K_t 和 Lee-Carter 模型中男女性人口各自的 k_t 的区间预测进行对比，可以发现 Li-Lee 模型 K_t 预测值的大小、下降幅度和波动幅度均介于 Lee-Carter 模型中男女性人口各自的 k_t 预测值之间。对于 Lee-Carter 模型，女性人口的 k_t 预测均值、上分位数、下分位数均明显小于男性人口；女性人口的 k_t 预测值的下降幅度大于男性人口；男性人口 k_t 预测值的波动幅度大于女性人口。

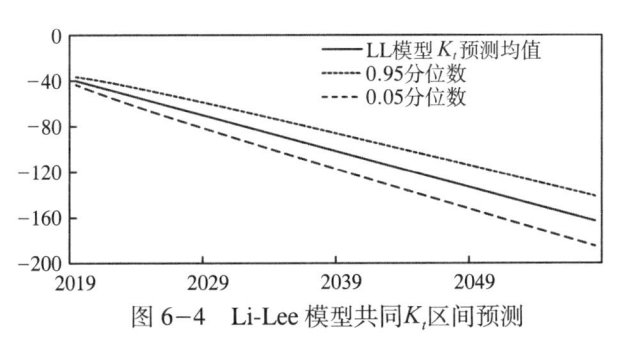

图 6-4　Li-Lee 模型共同 K_t 区间预测

图 6-5　Lee-Carter 模型男性 k_t 区间预测

图 6-6　Lee-Carter 模型女性 k_t 区间预测

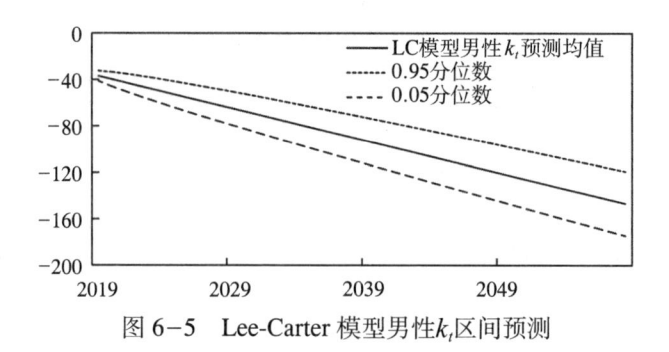

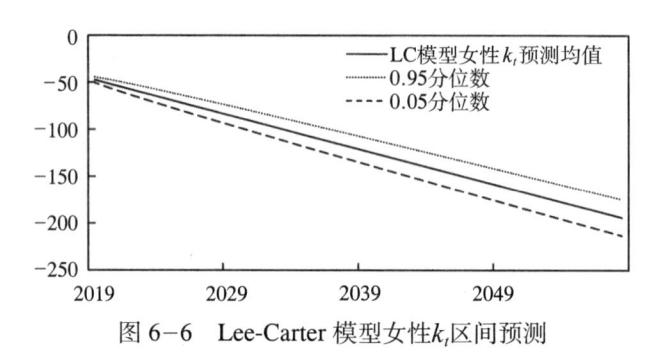

表 6-4 和表 6-5 分别展示了基于 Li-Lee 模型和 Lee-Carter 模型得到的我国未来两性别人口死亡率的均值预测结果。

首先，分析 Li-Lee 模型的预测结果发现，我国两性别人口死亡率持续降低，这与共同时间效应参数 K_t 的预测值持续降低相对应。从分年龄角度来看，0 岁的两性别人口由于对应的 B_x 估计值在所有年龄中最大，因此死亡率下降速度最快；10 岁左右的两性别人口死亡率较低，但下降速度较慢，这是由于对应的 a_x 估计值处于所有年龄阶段中的最低点，而 B_x 估计值此时为极小值；20—30 岁的两性别人口对应的 a_x 估计值不高，而 B_x 的估计值较高，所以死亡率预测值朝着极低的水平发展；40—50 岁的两性别人口的死亡率预测值与对应的 a_x 估计值相一致，居于所有年龄中的中间位置；60 岁以上的高龄两性别人口由于 a_x 估计值较高，因此死亡率水平较高，其中 60—70 岁人口对应的 B_x 估计值相对于 70 岁以上的人口明显更高，所以死亡率的改善速度在全部高龄人口中最快。

其次，对 Li-Lee 模型和 Lee-Carter 模型的预测结果进行比较，可以发现相对于 Li-Lee 模型，Lee-Carter 模型高估了男性人口、低估了女性人口在绝大多数年龄的死亡率。这是因为在 Li-Lee 模型中，两性别人口死亡率的发展逐渐趋近于由共同时间效应参数 K_t 描述的总体发展趋势，而在

表6-4　两模型男性人口死亡率预测均值　　　　　　　　　　单位：‰

	2020年		2030年		2040年		2050年	
	Li-Lee模型	Lee-Carter模型	Li-Lee模型	Lee-Carter模型	Li-Lee模型	Lee-Carter模型	Li-Lee模型	Lee-Carter模型
0岁	2.46	2.48	0.94	1	0.35	0.4	0.13	0.16
10岁	0.24	0.23	0.2	0.18	0.16	0.13	0.14	0.1
20岁	0.42	0.41	0.27	0.27	0.18	0.17	0.11	0.11
30岁	0.66	0.66	0.42	0.46	0.27	0.32	0.17	0.22
40岁	1.47	1.48	1.14	1.2	0.87	0.97	0.67	0.78
50岁	3.51	3.55	2.8	3.01	2.22	2.56	1.75	2.17
60岁	8.23	8.33	6.02	6.41	4.44	4.93	3.27	3.79
70岁	21.67	21.85	15.97	16.68	11.82	12.74	8.76	9.72
80岁	66.73	67.16	51.98	53.17	40.86	42.1	32.18	33.33
90岁	183.39	184.42	150.13	150.5	125.1	122.81	104.59	100.22
100岁	538.67	540.94	458.2	448.38	400.23	371.66	351.38	308.06

表6-5　两模型女性人口死亡率预测均值　　　　　　　　　　单位：‰

	2020年		2030年		2040年		2050年	
	Li-Lee模型	Lee-Carter模型	Li-Lee模型	Lee-Carter模型	Li-Lee模型	Lee-Carter模型	Li-Lee模型	Lee-Carter模型
0岁	3.34	3.31	1.27	1.20	0.48	0.44	0.18	0.16
10岁	0.28	0.29	0.23	0.27	0.19	0.25	0.15	0.23
20岁	0.43	0.43	0.27	0.28	0.17	0.18	0.11	0.12
30岁	0.19	0.18	0.13	0.09	0.08	0.05	0.06	0.02
40岁	0.67	0.66	0.53	0.45	0.41	0.31	0.32	0.21
50岁	1.60	1.55	1.29	1.08	1.05	0.75	0.84	0.52
60岁	3.90	3.84	2.92	2.64	2.18	1.81	1.63	1.25
70岁	11.49	11.35	8.63	8.02	6.47	5.67	4.85	4.01
80岁	40.97	40.90	32.35	32.02	25.53	25.06	20.15	19.62
90岁	150.51	151.74	124.78	130.97	103.53	113.05	85.97	97.57
100岁	515.64	525.15	442.51	493.09	380.61	462.98	328.04	434.71

Lee-Carter 模型中，两性别人口的死亡率发展由各自的参数k_t描述，且男性人口k_t的预测值始终明显高于K_t的预测值，女性人口k_t的预测值始终明显低于K_t的预测值，从而造成 Lee-Carter 模型预测的男性人口死亡率高于、女性人口死亡率低于 Li-Lee 模型。

此外，个别特殊的年龄也值得关注。如基于 Lee-Carter 模型得到的 100 岁男性个体在 2020 年的死亡率预测值高于 Li-Lee 模型，但在随后的年份，Lee-Carter 模型的预测值呈现出更加迅速的下降趋势。女性人口则恰好相反，Lee-Carter 模型预测的死亡率水平下降速度要慢于 Li-Lee 模型。该现象的成因在于：应用 Lee-Carter 模型预测时，男女性人口各自的年龄改善效应参数b_x保持不变，而应用 Li-Lee 模型预测时，两性别人口在不同年龄的死亡率改善速度逐渐接近于共同参数B_x。对于 90 岁以上的超高年龄段，男性人口b_x的估计值明显高于共同参数B_x的估计值，女性人口b_x的估计值明显低于B_x的估计值，即相对于 Li-Lee 模型，Lee-Carter 模型高估了男性人口、低估了女性人口在该年龄段的死亡率改善速度。Lee-Carter 模型预测的 100 岁男性个体在 2020 年的死亡率为 540.94‰，高于女性 525.15‰的预测值。该结果符合历史数据的经验，也与男性人口死亡率整体高于女性人口的普遍认知相一致。但男性人口死亡率在 2050 年的预测值竟大幅下降至 308.06‰，远低于女性人口 434.71‰的预测。在实际中，观察到类似交替情况的可能性极小。而 Li-Lee 模型预测的男性人口死亡率水平始终高于女性人口，且两性别人口间的差异不突出。2050 年男性人口死亡率的预测均值为 351.38‰，女性人口略低，为 328.04‰。另外，在 10 岁左右也可以观察到类似问题。此时 Lee-Carter 模型中女性人口b_x的估计值明显低于共同参数B_x的估计值，男性人口b_x的估计值明显高于B_x的估计值。在前期的 2020 年，两模型预测的 10 岁男性人口死亡率均略低于女性人口，介于 0.20‰—0.30‰。但男性人口死亡率的 Lee-Carter 模型预测值随后飞速下降，至 2050 年仅有 0.10‰，不到同期女性人口预测值 0.23‰的一半。而 Li-Lee 模型的预测结果则显示男性人口的数据始终略低于女性，2020 年的两性别差异为 0.04‰，在 30 年后为 0.01‰。基于以上分析可知，相比于 Lee-Carter 模型而言，Li-Lee 模型的预测更具有合理性。

为进一步比较分析，需基于 Li-Lee 模型和 Lee-Carter 模型预测的死亡率计算出我国未来死亡率性别比（男性/女性）的均值。图 6-7 展示了 Li-Lee 模型和 Lee-Carter 模型预测的死亡率性别比的均值，可见，基于两模型得到的 2019 年死亡率性别比均值均在 1.8 左右，而 Lee-Carter 模型对应的数值随即飞快增长，至 2040 年死亡率性别比均值已超过 2.5，并最终在 2058 年达到 3.6。也就是说根据 Lee-Carter 模型的预测，40 年后，男性人口死亡率平均将会是女性人口的 3.6 倍。而 Li-Lee 模型的预测数据则显示，未来 40 年内两性别人口死亡率的平均比值主要在 1.7—1.8 之间，并在长期将收敛于固定常数 1.58。因此和 Lee-Carter 模型的结果相比，Li-Lee 模型预测的死亡率性别比均值更符合人的生物规律。

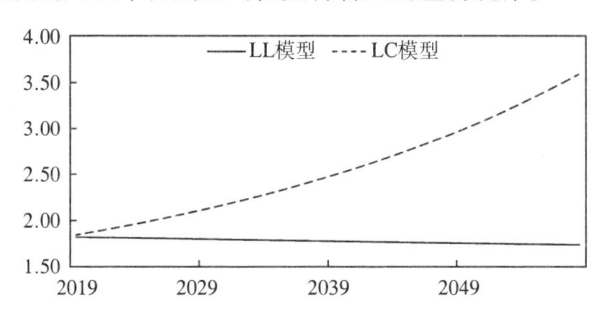

图 6-7 两模型死亡率性别比均值随时间变化趋势

第四节 本章小结

本章采用多人口 Li-Lee 模型，将两性别人口视为两个具有相关性的群体，考虑两性别人口死亡率的共同趋势与差异特征，联合预测男女人口死亡率，并将其结果与 Lee-Carter 模型结果进行比较，得出如下结论：第一，从人口死亡率拟合效果看，Li-Lee 模型拟合的我国人口死亡率数据的 MAPE 总体上低于 Lee-Carter 模型，反映出 Li-Lee 模型具有良好的拟合表现。第二，从人口死亡率稳健检验看，Li-Lee 模型拟合的我国人口死亡率数据的 MAPE 和 MAE 总体上低于 Lee-Carter 模型，反映出 Li-Lee 模型通过了稳健性检验。第三，从人口死亡率预测效果看，相比 Li-Lee 模型，Lee-Carter 模型在绝大多数年龄处，会高估男性人口死亡率，低估女性人口死亡率。

总体而言，Li-Lee 模型预测的我国男女两性人口死亡率的均值比 Lee-Carter 模型的预测结果更加具有合理性。且进一步分析 Li-Lee 模型预测的我国全年龄人口死亡率性别比的均值将收敛于固定常数 1.58，符合人的生物规律特征；Lee-Carter 模型预测的人口死亡率性别比不具备收敛特征，且二者之间差距会随时间推移逐渐增大，由 2019 年的死亡率性别均值 1.8 左右增大至 2058 年的男性人口死亡率均值将是女性人口的 3.6 倍。因此相比较之下，Li-Lee 模型预测的死亡率性别比均值更加适应人类生物规律。

此外，修匀后的两人口随机死亡率模型能够显著提升样本内拟合效果，能够有效弥补中国人口粗死亡率数据波动大、模型拟合效果不佳的缺陷。根据国际经验显示，人类死亡率数据库（HMD）中提供的均是修匀或调整后的死亡率数据。接下来，第七章和第八章开展的多人口随机死亡率模型研究，将会用到人类死亡率数据库的台湾省和香港地区人口死亡率数据，为了保持数据处理上的一致性，在后续研究中均使用修匀后的数据进行建模分析。

第七章 基于加权最小二乘法的多人口随机死亡率建模

加权最小二乘参数估计方法是在普通最小二乘法的基础上，对人口死亡率模型进行参数估计的有效方法。对数死亡率的方差近似等于死亡人数的倒数，可以将死亡人数作为残差平方和的权重。由于奇异值分解法和普通最小二乘法均假设不同年龄人口死亡率的权重相同，当人口死亡率较低时该假设会产生较大的误差。此外，将两人口随机死亡率模型扩展到多人口建模时，模型参数会成倍增加，采用极大似然估计方法容易出现迭代结果不易收敛或收敛为局部最优的问题。根据李志生和刘恒甲（2010）的研究显示，相对于其他参数估计方法，加权最小二乘法在中国人口死亡率模型应用中具有显著的优势，因此加权最小二乘是人口死亡率模型参数估计的较好选择。

为了避免奇异值分解法中不同年龄人口死亡率权重相同问题和极大似然方法在模型求解时存在的不易收敛问题，本章推导了基于限制条件的两阶段加权最小二乘估计法，应用于中国大陆、台湾省和香港地区共同建立的多人口随机死亡率模型。进一步，本章对四种常见的多人口随机死亡率模型进行纵向比较，并与单人口 Lee-Carter 模型和联合国人口司预测方法进行横向比较，分别采用中国大陆人口粗死亡率和修匀后死亡率对模型进行稳健性检验，以期全面探讨多人口死亡率模型拟合与预测效果。此外，本章所探讨的是一维多人口随机死亡率模型，即分别针对不同地区的男性人口建立多人口随机死亡率模型进行比较分析，在选出最优模型的基础上，进一步应用于不同地区女性人口的建模。

第一节 多人口随机死亡率模型

一、多人口随机死亡率模型族

多人口随机死亡率模型族主要包括 Joint-K 模型、ACF 模型及其改进模型，具体内容见表7-1。

表7-1 多人口随机死亡率模型族表达式

模型名称	提出时间	表达式
Joint-k 模型	Carter 和 Lee（1992）	$\ln m_{x,t,i} = \alpha_{x,i} + \beta_{x,i} \cdot K_t + \varepsilon_{x,t,i}$
ACF（0）模型	Li 和 Lee（2005）	$\ln m_{x,t,i} = \alpha_{x,i} + B_x \cdot K_t + \beta_{x,i} \cdot k_{t,i} + \varepsilon_{x,t,i}$
ACF（1）模型	Enchev 等（2017）	$\ln m_{x,t,i} = \alpha_{x,i} + B_x \cdot K_t + \beta_x \cdot k_{t,i} + \varepsilon_{x,t,i}$
ACF（2）模型	Enchev 等（2017）	$\ln m_{x,t,i} = \alpha_{x,i} + B_x \cdot (K_t + k_{t,i}) + \varepsilon_{x,t,i}$

在表7-1中，$m_{x,t,i}$为第i个人群中x岁的人在日历年t的死亡率；$\alpha_{x,i}$为第i个人群年龄x岁人口对数死亡率的平均值；B_x为共同年龄效应因子，代表着人口群体在年龄上对数死亡率下降的共同趋势；K_t为共同时间效应因子，代表着人口群体在时间上对数死亡率下降的共同趋势；$\beta_{x,i}$为附加年龄效应因子，代表着单个人群在年龄上对数死亡率下降趋势；为附加时间效应因子，代表着单个人群在时间上对数死亡率下降趋势。

二、参数估计方法

针对多人口随机死亡率模型的参数估计，Li 和 Lee（2005）采用奇异值分解法（SVD）对 ACF 模型进行估计，但该方法扩展能力较弱，在一些模型的变形中不适用。Enchev 等（2017）采用最大似然估计方法进行参数估计，该方法具有较强的扩展能力，但在模型参数较多的情况下会出现参数估计不易收敛或收敛结果为局部最优等问题。兼顾参数估计方法的可扩展性和适用性，推导了基于约束条件的加权最小二乘参数估计方法。由于 Lee-Carter 模型中对数死亡率矩阵是一个奇异矩阵，因此需要对参数设置约束条件，具体如表7-2所示。

表7-2 多人口随机死亡率模型约束条件

Joint-k 模型	ACF（0）	ACF（1）	ACF（2）
——	$\sum xB_x = 1$	$\sum xB_x = 1$	$\sum xB_x = 1$
$\sum tK_t = 0$	$\sum tK_t = 0$	$\sum tK_t = 0$	$\sum tK_t = 0$
$\sum x\beta_{x,i} = 1$	$\sum x\beta_{x,i} = 1$	$\sum x\beta_x = 1$	——
——	$\sum tk_{t,i} = 0$	$\sum tk_{t,i} = 0$	$\sum tk_{t,i} = 0$

针对 ACF（0）模型，基于约束条件的加权最小二乘参数估计方法具

体步骤如下：

步骤一，估计最优共同因子，基于 $\ln m_{x,t,i} = \alpha_{x,i} + B_x \cdot K_t + \varepsilon_{x,t,i}$。

（1）基于约束条件 $\sum tK_t = 0$，获得 $\alpha_{x,i}$ 估计值：

$$\hat{\alpha}_{x,i} = \frac{\sum_{t=t_L}^{t_U} \ln m_{x,t,i}}{t_U - t_L + 1} \tag{7.1}$$

其中，$t = t_L, \cdots, t_U$，$i = 1, \cdots, r$，该估计结果同样适用于 Joint-K 模型、ACF（1）模型和 ACF（2）模型。

（2）基于约束条件 $\sum xB_x = 1$，获得 K_t 估计值：

$$\hat{K}_t = \sum_{i=1}^{r} \sum_{x=x_L}^{x_U} w_i \cdot \left[\ln(m_{x,t,i}) - \hat{\alpha}_{x,i} \right] \tag{7.2}$$

其中，$x = x_L, \cdots, x_U$，$i = 1, \cdots, r$，w_i 为群体 i 的权重，即 $\sum_{i=1}^{r} w_i = 1$，假定每个人群的权重均为 w_i 为 $1/r$。

（3）对式 $\left[\ln(m_{x,t,i}) - \alpha_{x,i} \right]$ 采用最小二乘法，获得 B_x 估计值：

$$\hat{B}_x = \frac{\sum_{i=1}^{r} \sum_{t=t_L}^{t=t_U} w_i \left[\hat{K}_t \cdot (\ln m_{x,t,i} - \hat{\alpha}_{x,i}) \right]}{\sum_{t=t_L}^{t_U} \hat{K}_t^2} \tag{7.3}$$

步骤二，估计最优附加因子，基于
$\ln m_{x,t,i} = \alpha_{x,i} + B_x \cdot K_t + \beta_{x,i} \cdot k_{t,i} + \varepsilon_{x,t,i}$。

（1）基于约束条件 $\sum x\beta_{x,i} = 1$，获得 $k_{t,i}$ 估计值：

$$\hat{k}_{t,i} = \sum_{x=x_L}^{x_U} \left[\ln(m_{x,t,i}) - \hat{\alpha}_{x,i} - \hat{B}_x \cdot \hat{K}_t \right] \tag{7.4}$$

（2）对式 $\left[\ln(m_{x,t,i}) - \hat{\alpha}_{x,i} - \hat{B}_x \cdot \hat{K}_t \right]$ 采用最小二乘法，获得 $\beta_{x,i}$ 估计值：

$$\hat{\beta}_{x,i} = \frac{\sum_{t=t_L}^{t_U} \left[\hat{k}_{t,i} \cdot (\ln m_{x,t,i} - \hat{\alpha}_{x,i}) \right] - \hat{B}_x \sum_{t=t_L}^{t_U} K_t \hat{k}_{t,i}}{\sum_{t=t_L}^{t_U} \hat{k}_{t,i}^2} \tag{7.5}$$

上述参数估计步骤，同样适用于 Joint-K 模型、ACF（1）模型和 ACF（2）模型，不再展示具体估计步骤，直接给出参数的估计结果。

Joint-K 模型中 $\beta_{x,i}$ 的估计结果为，

$$\hat{\beta}_{x,i} = \frac{\sum_{t=t_L}^{t_U} \left[\hat{K}_t \cdot (\ln m_{x,t,i} - \hat{\alpha}_{x,i}) \right]}{\sum_{t=t_L}^{t_U} \hat{K}_t^2} \tag{7.6}$$

ACF（1）模型中$\beta(x)$的估计结果为，

$$\hat{\beta}_x = \frac{\sum_{i=1}^{r}\sum_{t=t_L}^{t_U} w_i \left[\hat{k}_{t,i} \cdot (\ln m_{x,t,i} - \hat{\alpha}_{x,i})\right] - \hat{B}_x \sum_{i=1}^{r}\sum_{t=t_L}^{t_U} w_i \hat{K}_{t,i} \hat{k}_{t,i}}{\sum_{i=1}^{r}\sum_{t=t_L}^{t_U} \hat{k}_{t,i}^2} \quad (7.7)$$

其余参数的估计结果，均可以在 ACF（0）模型参数估计的基础上，通过调整获得。

三、模型的预测方法

在死亡率预测之前，需要先对样本内拟合情况进行检验，常用MAPE（平均绝对百分误差）进行拟合效果的评估（Li 和 Lee，2005；Tsai 和 Lin，2017），其表达式为：

$$\text{MAPE}_i = \frac{1}{x_U - x_L + 1} \frac{1}{t_U - t_L + 1} \sum_{x=x_L}^{x_U}\sum_{t=t_L}^{t_U} \left|\frac{\hat{m}_{x,t,i} - m_{x,t,i}}{m_{x,t,i}}\right| \quad (7.8)$$

其中，MAPE 取值范围是（0，+∞），当预测值与真实值完全吻合时，MAPE 等于0。MAPE 值越低，表示模型拟合效果越好。

对人口死亡率进行样本外预测，需要对时间效应因子建模。多人口随机死亡率模型，既包括共同的时间效应因子K_t，也包括附加时间效应因子$k_{t,i}$。Li 和 Lee（2005）提出了采用具有漂移项的 ARIMA（0，1，0）模型（随机游走模型）对K_t进行建模，采用 AR（1）模型（一阶均值回复模型）对$k_{t,i}$进行建模，表达式分别为：

$$\hat{K}_t = \theta + \hat{K}_{t-1} + \varepsilon_t \quad (7.9)$$

$$\hat{k}_{t,i} = \phi_0 + \phi_1 \hat{k}_{t-1,i} + \varepsilon_{t,i} \quad (7.10)$$

在式（7.9）中，θ为漂移项，将K_t建模为具有漂移项的随机游走模型，能够保证多个人口群体死亡率随时间进展呈现共同下降的趋势。式（7.10）为均值回复模型，其中ϕ_0，ϕ_1为模型参数，该模型不仅能够表示不同群体人口死亡率的差异性特征，还能够使不同群体之间死亡率比值在长期中保持为一个固定常数。

将上述参数估计值带入式（7.11），可以得到未来人口死亡率的预测值。

$$\hat{m}_{x,t,i} = \dot{m}_{x,s,i} \exp\left[\hat{B}_x \left(\hat{K}_t - K_s\right) + \hat{\beta}_{x,i}\left(\hat{k}_{t,i} - k_{s,i}\right)\right] \quad (7.11)$$

其中，$\hat{K}_t$和$\hat{k}_{t,i}$为均值估计结果，$\dot{m}_{x,s,i}$为预测基年，$\hat{m}_{x,t,i}$为死亡率预测值。

第二节 数据来源与精算假设

本章选取1994—2014年中国大陆、香港地区和台湾省分年龄人口死亡率数据进行建模。其中，中国大陆人口死亡率数据来源于中国国家统计局发布的《中国人口统计年鉴》和《中国人口和就业年鉴》，目前可获取的连续年份上的死亡率数据为1994—2017年；香港地区和台湾省人口死亡率数据均来源于2019年最新版本的人类死亡率数据库（HMD），目前香港地区可获取的连续年份上的死亡率数据为1986—2017年，台湾省目前可获取的连续年份上的死亡率数据为1970—2014年。为保持三个人口群体死亡率数据区间的一致，选择共同的1994—2014年，共21年。根据研究需要和所选取数据的特征，本章需要对数据做如下说明与假设：

（1）选取男性人口为代表进行研究。中国大陆国家统计局公布的各年度人口死亡率中，以抽样调查数据为主，部分年龄抽样中的死亡人口数为0，导致死亡率数据失真，由于女性人口死亡率低于男性，这种失真现象在女性人口中出现的概率更大，因此选取男性人口死亡率为研究对象。

（2）修正中国大陆新生婴儿死亡率数据。中国大陆人口死亡率数据有效积累不足、抽样调查年份误差较大，甚至普查年份新生婴儿和高龄人口死亡人数也存在一定程度的漏报（郭志刚，2011）。大量研究表明我国第三次人口普查的死亡数据质量较高（孙福滨等，1993；李树茁，1994），在此基础上可以对第五次人口普查和第六次人口普查的死亡率数据进行检验与修正。基于这一思想，王金营（2013）采用布拉斯罗吉特生命表系统，以第三次人口普查的死亡率数据作为标准，对第五次人口普查和第六次人口普查的死亡率数据进行重新估计和修正，修正后的新生男婴死亡率分别为31.35‰和25.81‰[①]。引用以上修正数据，并采用线性插值法计算其他年份新生男婴的死亡率。

[①] 王金营（2013）对第五次人口普查新生婴儿死亡率的修正与国内其他学者的修正结果较为接近，但对第六次人口普查新生婴儿死亡率的修正结果偏高。其他学者，如黄荣清和曾宪新（2013）、李成等（2018）等，对第六次人口普查新生婴儿死亡率的修正值在14‰到20‰之间，这些研究主要是考虑同一年内新生婴儿死亡率与其他年龄人口死亡率的关系进行的修正，但第六次人口普查的低龄人口和高龄人口也存在一定程度的漏报。由于婴儿死亡率的修正并没有公认有效的方法，认为以第三次人口普查中的死亡数据为依据进行修正相对更为可靠，也期待相关学者进一步的探讨与评价。

（3）修匀中国大陆人口死亡率数据。由于 HMD 数据库中人口死亡率是修匀后数据，为了保持一致性，采用二维泊松 P 样条法对中国大陆人口死亡率进行修匀（赵明，2017a），修匀数据的年龄为 0—85 岁。

（4）拟合高龄人口死亡率数据。由于高龄人口暴露数大幅减少，死亡率数据质量降低，采用 Age-Shifting 模型（赵明，2017b），拟合 85 岁以上人口死亡率数据，外推至人口极限年龄 100 岁。

第三节　中国人口死亡率动态预测

一、中国男性人口死亡率预测

（一）参数估计结果

1. $\alpha_{x,i}$ 估计结果

在多人口随机死亡率模型中，$\alpha_{x,i}$ 表示单个人群对数死亡率的均值，与模型设置的形式没有关系，四种模型均包含相同的 $\alpha_{x,i}$ 估计值。根据公式（7.1），可以计算得到人群 i 的 $\alpha_{x,i}$ 的估计值，结果展示在图 7-1 中。

由图 7-1 可见，随着年龄增长，中国大陆、香港地区和台湾省对数死亡率均呈现出先降低、后升高的变动趋势。从全部年龄段上的整体水平来看，中国大陆人口死亡率最高，其次是台湾省，香港地区人口死亡率最低。从不同的年龄阶段来看，三个人口群体对数死亡率间的差距，随年龄增长整体呈现先扩大后缩小的变动趋势。其中，在任意年龄上，香港地区人口死亡率均低于中国大陆和台湾省；15—60 岁年龄段，中国大陆地区人口死亡率在绝大部分年龄上低于台湾省且差距较小，其他年龄段则台湾省人口死亡率相对较低但整体上二者之间并无较大差距。综上可见，$\alpha_{x,i}$ 参数估计结果反映出三个人口群体在样本期内对数死亡率平均水平的数值关系和年龄分布特征，符合人类生命表的基本规律；三个人口群体间对数死亡率平均值的差异关系，与同期人口平均预期寿命差异关系相互吻合[①]，尽管中国大陆人口平均预期寿命低于台湾省，但部分年龄段的死亡率已低于台湾省。

[①] 根据联合国《世界人口展望 2019》数据，可以计算得出 1995—2015 年中国大陆、香港地区和台湾地区的男性人口平均预期寿命的平均值分别为 71.05、78.91 和 74.60 岁，以此来近似与 1994—2014 年比对。

第七章 基于加权最小二乘法的多人口随机死亡率建模 121

图 7-1 $\alpha_{x,i}$ 估计结果

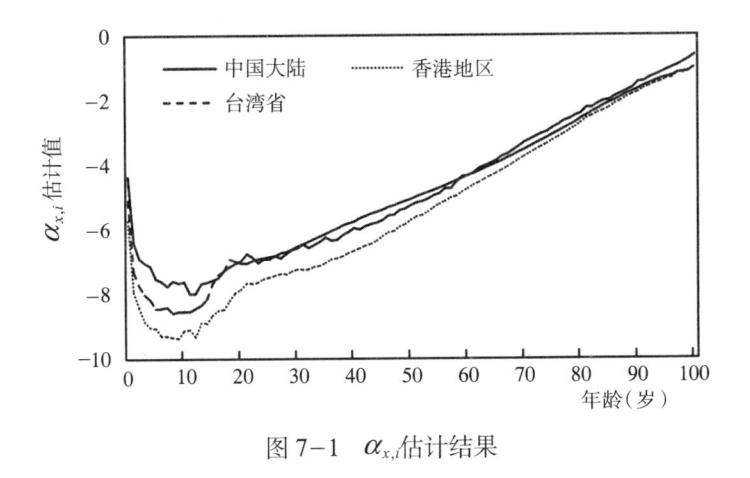

2. 年龄效应因子估计结果

对于 ACF（0）模型、ACF（1）模型和 ACF（2）模型，都包含共同的年龄效应因子 B_x，同时 ACF（1）模型又包含第二共同年龄效应因子 β_x；对于全部的四个模型，都包含附加的年龄效应因子 $\beta_{x,i}$，但 Joint-k 模型的附加年龄效应因子的参数估计结果与 ACF 模型族不同。根据给出的参数估计方法，可以得到这些模型共同年龄效应因子和附加年龄效应因子的估计值，结果如图 7-2 和图 7-3 所示。

由图 7-2 可见，对于 ACF（0）模型、ACF（1）模型和 ACF（2）模型包含的共同年龄效应因子 B_x 估计值，代表着中国大陆、香港地区和台湾省三个人口群体死亡率下降在年龄上的共同趋势。随着年龄增长，B_x 估计值是为一条略带下降趋势的曲线，且均为正值。B_x 的变动趋势表明，随着年龄增长人口死亡率的下降速度缓慢降低，但整体上较为平稳。由于当前三个人口群体死亡率降低的程度有所区别，不同水平的死亡率未来的下降模式也会不同。中国大陆人口死亡率较高，因此历史数据中展现出来的死亡率下降速度最快，而香港地区人口死亡率前期已经历过了快速下降阶段，当前死亡率下降速度相对缓慢，若按照各自人群历史数据趋势来预测死亡率，中国大陆人口死亡率将会很快低于香港地区，这样的结果是不合理的。此外，对于 ACF（1）模型包含的第二共同年龄效应因子 β_x，其整体趋势与 B_x 相似，但波动较大，且有个别年龄数值为负。β_x 设置的目的是为了减少 ACF（0）模型参数，并通过与 $k_{t,i}$ 相乘影响单个人口群体的死亡率，其中负值的出现说明 β_x 在个别年龄上在消减 B_x 带来的死亡率下降趋势，但对不同人口群体的消减程度主要受 $k_{t,i}$ 影响。

图7-2 共同年龄效应因子估计结果

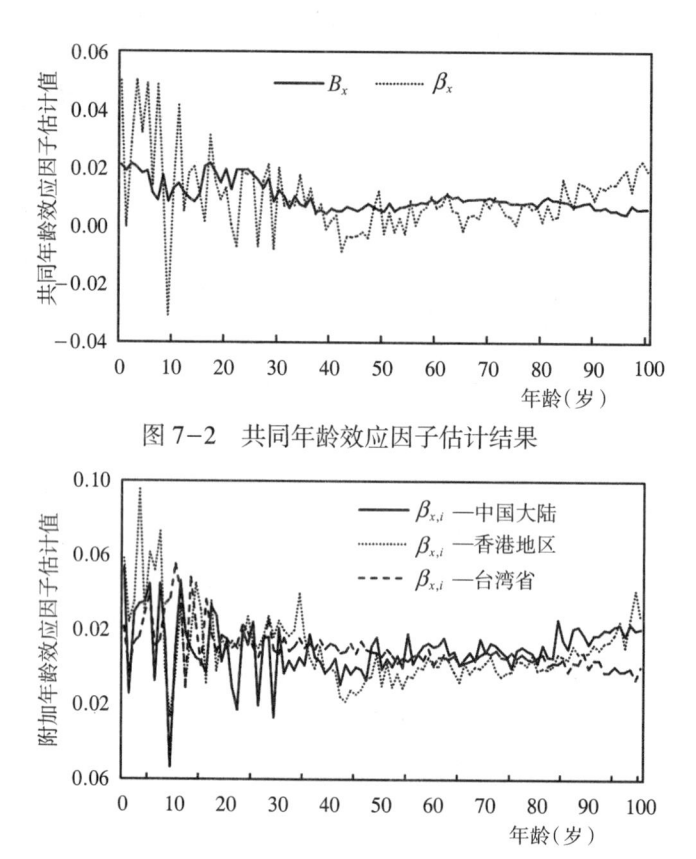

图7-3 附加年龄效应因子估计结果

图7-3为ACF（0）模型的附加年龄效应因子$\beta_{x,i}$估计值，图中的附加年龄效应因子估计值曲线相对B_x和β_x因子波动较大，且在更多年龄上出现了负值。对比三个人口群体，台湾省估计值曲线较为平缓，与共同因子曲线趋势较为接近，其原因是台湾省人口死亡率数值大小居于中国大陆和香港地区之间，与平均趋势更为接近。中国大陆和香港地区的附加年龄效应因子估计值则围绕共同趋势上下波动，其中16岁以下年龄组波动较大，随年龄增长波动程度逐渐降低，但80岁以上年龄组趋势再次出现分化。附加年龄效应因子是对共同年龄效应因子趋势的补充，波动较大并出现负值体现出年龄间的更多差异，也是多人口随机死亡率模型中展现单个人群差异的重要指标。此外，Joint-K模型也具有附加年龄效应因子估计值，由于其变动趋势特征与ACF（0）模型相似，不再展示其结果。

3. 时间效应因子估计结果

对于时间效应因子，四种模型均包含共同时间效应因子K_t，且除Joint-K模型外，其余模型均包含附加时间效应因子$k_{t,i}$，基于ACF（0）模型的参数估计结果展示于图7-4中。

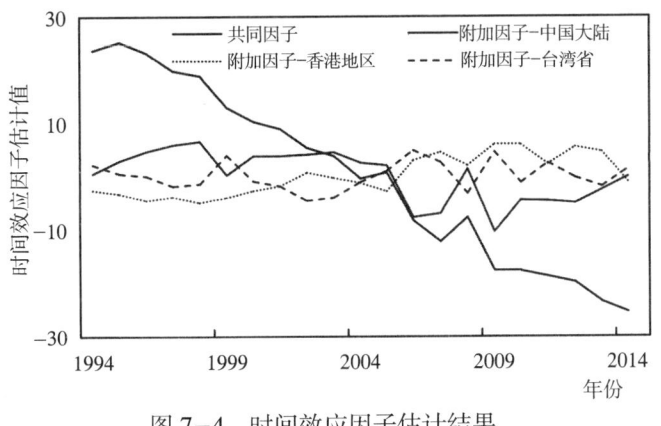

图7-4 时间效应因子估计结果

由图7-4可见,时间效应因子反映出人口死亡率随时间变动的趋势。随时间的推移,共同时间效应因子是一条从左上方向右下方倾斜的曲线,且整体上斜率保持不变,因此可以对共同时间效应因子建立带有漂移项的随机游走模型;附加时间效应因子整体上呈现出平稳时间序列的波动趋势,因此可以建立具有均值回复特征的AR(1)模型。此外,共同时间效应因子曲线和三个附加时间效应因子曲线在2003—2005年之间相交,交点左侧中国大陆附加时间效应因子值最大,其次是台湾省最低的是香港地区;而交点右侧数值关系与左侧相反,台湾省仍然居中。综上可见,中国大陆附加时间效应因子曲线略带下降趋势,加强了共同时间效应因子的下降程度;香港地区附加时间效应因子曲线略带上升趋势,消减了共同时间效应因子的下降程度;台湾省附加时间效应因子曲线为水平趋势,不影响共同时间效应因子的下降程度。共同时间效应因子与附加时间效应因子的关系显示,中国大陆人口死亡率的总体下降速度高于三个人群的共同趋势,而香港地区低于共同趋势,台湾省与共同趋势较为接近,即高死亡率人群死亡率具有更快的下降速度,而低死亡率人群死亡率下降速度则趋缓。

(二)基于粗死亡率的样本内拟合情况分析

根据上述参数估计结果及文中的建模方法,可以得到三个人群对数死亡率的样本内拟合值,以ACF(0)模型为代表进行展示[①],具体见图7-5、图7-6和图7-7。

[①]由于人口死亡率绝对数值低,Joint-k、ACF(0)、ACF(1)和ACF(2)等四种模型拟合值之间数值差距较小,无法显著地在图示中区分,因此仅以ACF(0)模型为代表,展示对数死亡率拟合值与真实值之间的差异。

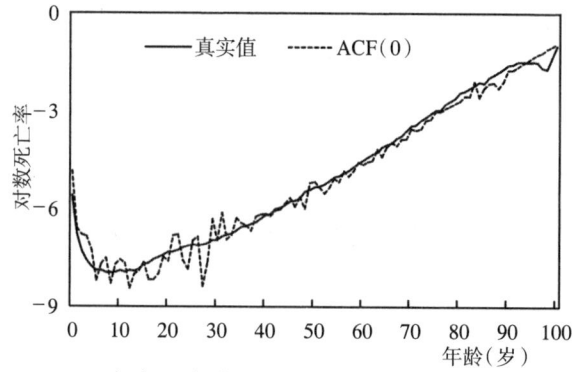

图 7-5 2010 年中国大陆人口对数死亡率拟合值与真实值比较

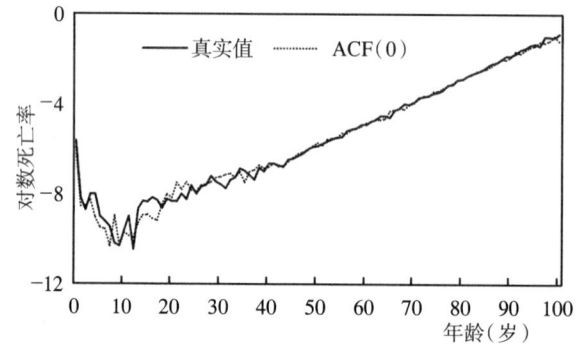

图 7-6 2010 年香港地区人口对数死亡率拟合值与真实值比较

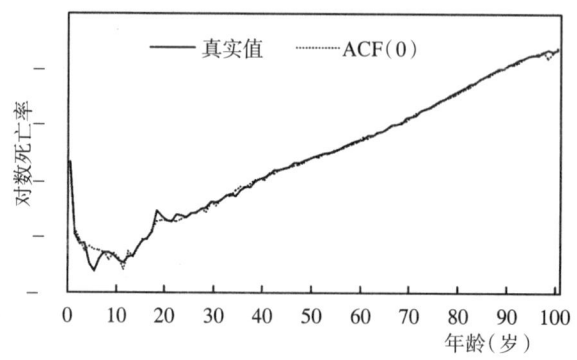

图 7-7 2010 年台湾省人口对数死亡率拟合值与真实值比较

由图 7-5 可见,中国大陆人口死亡率拟合值均能够围绕着真实值上下波动,30 岁以下人口年龄组拟合值波动较大(其中 16 岁以上人口波动幅度最高),30—80 岁人口年龄组拟合值波动最小,80 岁以上人口年龄组拟合值波动幅度较前一阶段略有增大。由图 7-6 可见,香港地区人口死亡率拟合值能较好反映真实死亡率情况,除了 40 岁以下人口年龄组拟合值与真实值有小幅偏差外,其余年龄拟合度均较高,拟合效果优于中国大陆。由图 7-7 可见，台湾省人口死亡率效果在三个人群中最优，仅有 5 岁、10 岁、20 岁等几个年龄点的拟合度稍差。

以上分析仅为直观感受，进一步计算全样本死亡率拟合的 MAPE 值，更精确地评价模型的拟合优度，结果列示于表 7-3 中。由表 7-3 可见，四种模型在三个不同人群中的拟合优度具有显著的差异，与图 7-5 至图 7-7 中的结果一致。对于人口死亡率较高的中国大陆来说，Joint-K 模型拟合人口死亡率效果最佳；对于人口死亡率较低的香港地区来说，ACF（0）模型拟合人口死亡率效果最佳；对于台湾省来说，ACF（0）模型和 ACF（2）拟合人口死亡率效果均较佳。从模型的进展来看，Joint-K 模型是 1992 年提出的用于预测一组发达国家人口死亡率所采用的方法，当时的发达国家人口死亡率水平相对今天较高，因此该方法在死亡率相对较高的中国大陆中拟合效果较好；ACF（0）模型通过增加参数，可以更好地对低死亡率人群进行拟合，因此香港地区和台湾省在该模型下拟合效果较好；ACF（1）模型和 ACF（2）模型是在 ACF（0）模型的基础上，适当减少参数降低模型复杂程度的方法，研究表明 ACF（2）模型的设置更为理想，拟合效果优于 ACF（1）模型。为检验上述结果的稳健性，进一步采用修匀后的中国大陆人口死亡率数据建模分析。

表 7-3　基于粗人口死亡率的四种模型拟合结果 MAPE 值　　单位：%

	中国大陆	香港地区	台湾省
Joint-K 模型	34.19	21.24	7.97
ACF（0）模型	34.85	21.06	7.93
ACF（1）模型	34.98	21.12	8.25
ACF（2）模型	34.54	21.08	7.93

由表 7-3 可见，四种模型在三个不同人群中的拟合优度具有显著的差异，与图 7-5 至图 7-7 中的结果一致。对于人口死亡率较高的中国大陆来说，Joint-K 模型拟合人口死亡率效果最佳；对于人口死亡率较低的香港地区来说，ACF（0）模型拟合人口死亡率效果最佳；对于台湾省来说，ACF（0）模型和 ACF（2）拟合人口死亡率效果均较佳。从模型的进展来看，Joint-K 模型是 1992 年提出的用于预测一组发达国家人口死亡率所采用的方法，当时的发达国家人口死亡率水平相对今天较高，因此该方法在死亡率相对较高的中国大陆中拟合效果较好；ACF（0）模型通过增加参数，可以更好地对低死亡率人群进行拟合，因此香港地区和台湾省

在该模型下拟合效果较好；ACF（1）模型和 ACF（2）模型是在 ACF（0）模型的基础上，适当减少参数降低模型复杂程度的方法，研究表明 ACF（2）模型的设置更为理想，拟合效果优于 ACF（1）模型。为检验上述结果的稳健性，进一步采用修匀后的中国大陆人口死亡率数据建模分析。

（三）基于修匀数据的模型稳健性检验

采用二维泊松 P 样条修匀法对三个地区人口粗死亡率数据进行修匀，计算得到四个模型拟合的 MAPE 值，结果列示于表 7-4 中。

表 7-4　基于修匀人口死亡率的四种模型拟合结果 MAPE 值　　　　单位：%

	中国大陆	香港地区	台湾省
Joint-K 模型	4.33	21.22	7.95
ACF（0）模型	4.34	21.53	7.90
ACF（1）模型	4.51	21.69	7.99
ACF（2）模型	4.60	21.35	7.90

由表 7-4 可见，基于修匀数据构建的多人口死亡率模型，能够有效提升中国大陆人口拟合优度，使 MAPE 值的区间由原来的 34%—35%，降低到当前的 4%—5%，拟合优度提高幅度超过 25%，但对香港地区和台湾省的拟合优度无显著影响。同时，模型拟合的稳健性较好，中国大陆的 Joint-K 模型拟合度最高、台湾省 ACF（0）模型和 ACF（2）模型拟合度最高，与粗死亡率数据下模型选择的结果一致。仅有香港地区的拟合优度发生改变，其主要的原因是香港地区人口死亡率相对较低，与死亡率相对较高的中国大陆和台湾省组建多人口群体，对香港地区的借鉴意义并不大，即构建多人口死亡率模型主要是帮助高死亡率人群获取可借鉴的死亡率变动模式。此外，尽管 Joint-K 模型对中国大陆人口死亡率的拟合度最高，但该模型中未设置附加时间效应因子，长期预测时有可能会导致不同人群间死亡率出现交叉或偏离的结果，进一步通过样本外预测来说明该问题。

（四）时间效应因子的区间预测

根据上文死亡率拟合度检验和稳健性检验，Joint-K 模型和 ACF（0）模型对中国大陆人口死亡率的拟合度较高，因此采用这两个模型分别对中国大陆粗死亡率和修匀后死亡率数据进行预测。在预测人口死亡率之前，需先对时间效应因子进行预测，针对 K_t 和 k_t 分别采用 ARIMA（0，1，0）模型和 AR（1）模型进行预测，区间预测结果见图 7-8 和图 7-9。

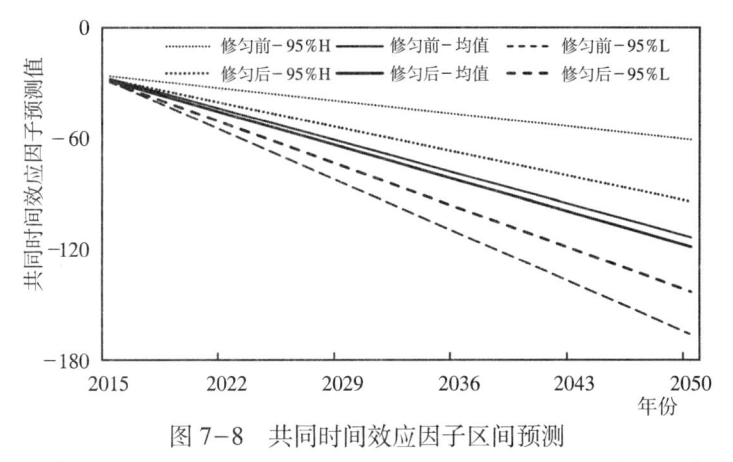

第七章 基于加权最小二乘法的多人口随机死亡率建模

图 7-8 共同时间效应因子区间预测

注：图中"95%H"表示预测值的 95% 置信区间上界，"95%L"表示预测值的 95% 置信区间下界，"均值"表示死亡率均值预测结果。

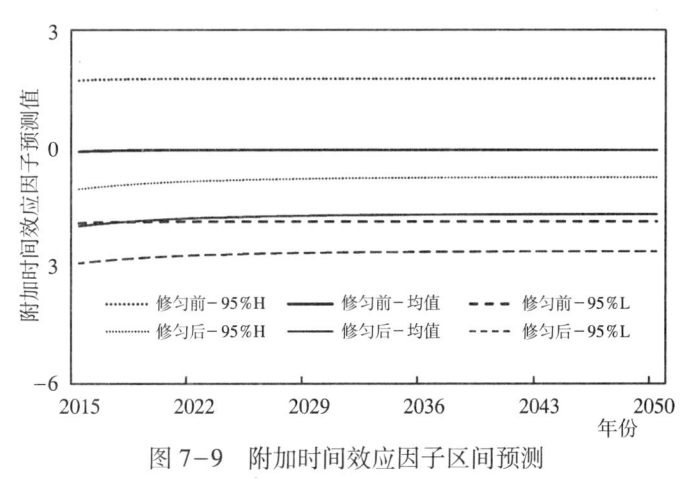

图 7-9 附加时间效应因子区间预测

注：同图 7-8。

图 7-8 展示了修匀前后人口死亡率共同时间效应因子的区间估计值，该结果在 Joint-K 模型和 ACF（0）模型中均存在。从均值预测结果来看，修匀数据的预测值要小于非修匀数据的预测值，意味着修匀后人口死亡率随时间推移下降的速度加快，即修匀后死亡率的时间趋势更为明显，使得共同时间效应因子的数值减小。此外，从区间估计来看，由于修匀后的死亡率数据本身的光滑性较粗死亡率大幅提高，波动性减小，因此模型拟合时的标准误差也相对较小，预测区间的覆盖面积小于粗死亡率结果。从社会统计学的视角来看，预测区间面积的缩小，能够为决策的制定进一步缩小范围，提高决策效率。图 7-9 展示了修匀前后人口死亡率附加时间效应因子的区间估计值，该结果仅在 ACF（0）模型中存在。从均值预测结果来看，修匀数据的预测值小于非修匀数据的预测值，即修匀数据能够获

得更小的附加因子值,表明中国大陆人口死亡率的下降在共同因子的基础上要增加更大幅度。此外,从区间估计来看,未修匀死亡率得到的附加因子预测值收敛较快、区间上下界呈现为两条水平线,而修匀后死亡率数据得到的附加因子预测值呈现出一个向上的走势后逐渐收敛,区间上下界也伴随着该趋势,该趋势能够更好地刻画未来死亡率下降将会呈现出一定的减缓预期。

(五) 中国大陆人口死亡率预测

根据式 (7.11),采用修匀后的中国大陆人口死亡率数据,可以得到 2015—2050 年死亡率均值预测结果,结果列示于表 7-5 中。

表 7-5 中国大陆人口死亡率预测值　　　　　　　　　　单位:‰

	2015 年		2020 年		2030 年		2040 年		2050 年	
	Joint-K	ACF(0)	Joint-K	ACF(0)	Joint-K	ACF(0)	Joint-K	ACF(0)	Joint-K	ACF(0)
0 岁	23.17	23.06	21.16	20.59	17.65	16.44	14.72	13.13	12.28	10.49
1 岁	0.88	0.90	0.60	0.69	0.27	0.39	0.13	0.22	0.06	0.13
10 岁	0.30	0.30	0.27	0.26	0.22	0.19	0.18	0.14	0.15	0.10
20 岁	0.48	0.48	0.37	0.38	0.23	0.24	0.14	0.15	0.09	0.10
30 岁	0.99	1.00	0.87	0.88	0.67	0.68	0.51	0.53	0.39	0.41
40 岁	1.86	1.86	1.72	1.73	1.48	1.50	1.28	1.29	1.10	1.12
50 岁	4.83	4.81	4.51	4.43	3.94	3.77	3.44	3.20	3.00	2.72
60 岁	10.58	10.68	8.96	9.46	6.43	7.39	4.61	5.77	3.31	4.50
70 岁	26.15	26.39	22.09	23.30	15.77	18.11	11.26	14.06	8.04	10.91
80 岁	85.41	85.74	74.14	75.80	55.87	59.07	42.20	45.99	31.72	35.80
90 岁	250.66	251.24	229.78	232.68	193.10	198.94	162.28	169.88	136.37	145.02
100 岁	536.99	540.83	482.72	502.29	390.08	430.24	315.22	367.53	254.73	313.79

由表 7-5 可见,Joint-K 模型和 ACF(0) 模型得到的人口死亡率预测值,均能够很好地反映人口死亡率随时间、年龄变动的趋势。未来人口死亡率的下降幅度,随着年龄增长不断提高,低年龄人口死亡率改善不断充分、下降幅度随之减小,而中高龄人口死亡率下降幅度则不断增加,体现了死亡率变动的年龄模式特征。此外,两种模型的死亡率预测值较为接近,其差异主要体现在随时间推移死亡率的下降速度上。其中,ACF(0)

模型预测的新生婴儿死亡率表现出相对较快的下降速度，而对于死亡率较低的年龄组（如 10—20 岁等）的预测值又表现出相对较慢的降低速度，即 ACF(0) 模型能够根据死亡率数值的高低，通过其年龄效应因子参数，有效调节不同年龄人口死亡率下降速度，长期中将会对未来人口年龄结构产生影响。

进一步以 15 岁人口为代表，通过图 7-10 和图 7-11 分别展示 ACF(0) 模型和 Joint-K 模型的人口死亡率区间预测结果。根据表 7-5 可知，两种模型均值预测结果差异较小，因此区间预测结果也比较接近，但 ACF(0) 模型预测区间的覆盖面积相对较大。通过计算人口死亡率 95% 上下预测区间的极差发现，2015 年 ACF(0) 模型区间极差比 Joint-K 模型大 15.15%；随着时间的推移，人口死亡率数值不断降低，两个模型区间预测的极差也在不断减小，但 ACF(0) 模型始终能够获得相对较大的极差。由于 ACF(0) 模型中设置了附加时间效应因子，可以在共同时间效应因子预测的基础上，再增加一定幅度的波动区间，增大了人口死亡率区间预测的覆盖面积，提高了模型的稳健性。

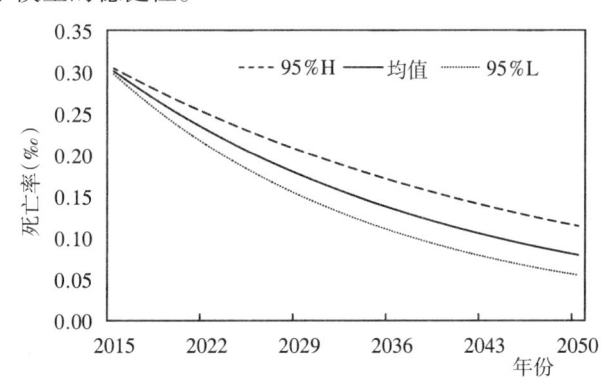

图 7-10 ACF(0) 模型的人口死亡率区间预测结果

注：同图 7-8。

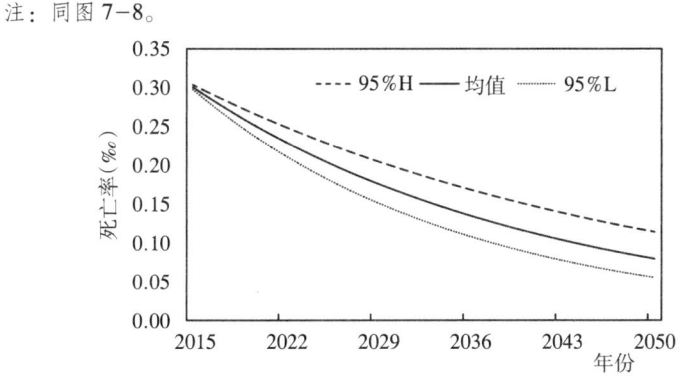

图 7-11 Joint-K 模型的人口死亡率区间预测结果

注：同图 7-8。

(六）不同人口群体死亡率比值的预测

通过不同人口群体间的死亡率比值，进一步比较 ACF（0）模型和 Joint-K 模型的样本外预测效果。在模型的构造中，ACF 模型族均包含了服从均值回复过程的附加时间效应因子，能够使不同人口群体死亡率的比值在长期预测中收敛为一个固定常数。图 7-12 展示了 ACF（0）模型和 Joint-K 模型预测得到的 2015—2050 年 15 岁人口死亡率比值，其中 H/C 表示香港地区与中国大陆人口死亡率比值，T/C 表示台湾省与中国大陆人口死亡率比值。

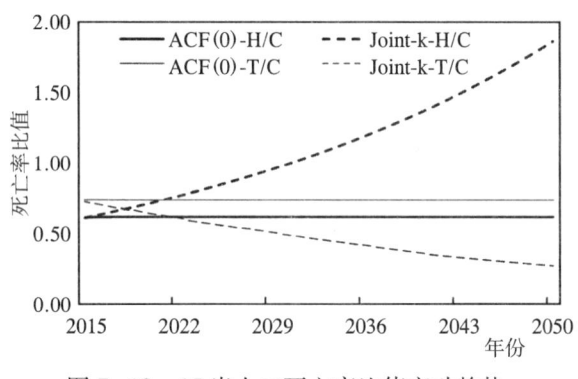

图 7-12　15 岁人口死亡率比值变动趋势

从图 7-12 中可见，ACF（0）模型预测得到的香港地区与中国大陆 15 岁人口死亡率比值由 2015 年的 0.610，最终收敛为 2050 年的 0.615；Joint-K 模型预测得到的香港地区与中国大陆 15 岁人口死亡率比值从 2015 年的 0.609，变动到 2031 年的 1.014，最终变动到 2050 年的 1.859，如果将时间继续推移，则中国大陆人口死亡率将会成倍低于香港地区，该预测结果不符合人类死亡率变动的经验特征。此外，ACF（0）模型预测得到的台湾省与中国大陆 15 岁人口死亡率比值由 2015 年的 0.740，最终收敛为 2050 年的 0.736；Joint-K 模型预测得到的台湾省与中国大陆 15 岁人口死亡率比值从 2015 年的 0.725，最终变动到 2050 年的 0.297，如果将时间继续推移，则中国大陆人口死亡率将会成倍大于台湾省，该预测结果也不符合人类死亡率变动的经验特征。因此，ACF（0）模型基于一致性假设，通过设置附加时间效应因子，使不同人群间的死亡率预测结果比值呈现出合理的变动趋势。

上述分析是以 15 岁人口为例进行的说明，如果从全年龄段上来看，ACF（0）模型和 Joint-K 模型预测得到的 2015 年人口死亡率比值非常接近，但到 2050 年二者之间出现较大差异，如图 7-13 和图 7-14 所示。

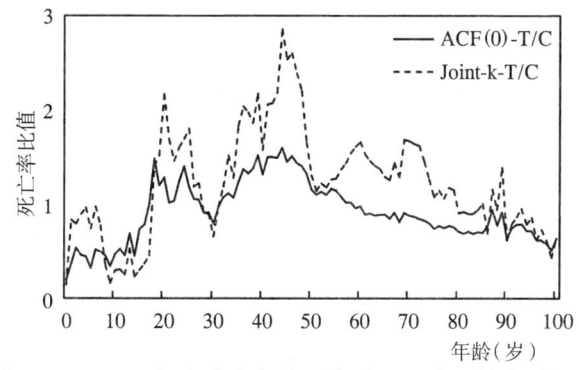

图 7-13 2050 年台湾省与中国大陆死亡率比值变动趋势

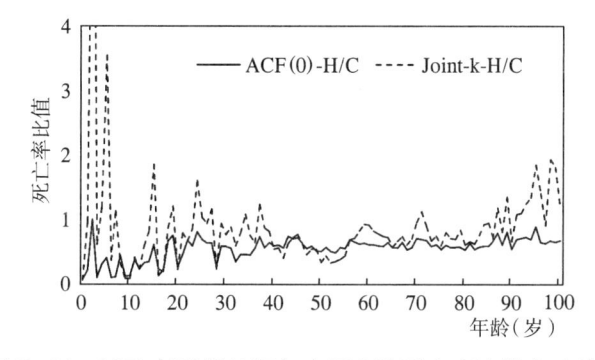

图 7-14 2050 年香港地区与中国大陆死亡率比值变动趋势

由图 7-13 和图 7-14 可见，Joint-K 模型得到 2050 年全年龄段上两个地区人口死亡率与中国大陆人口死亡率的比值均会出现较大的波动，其中大部分年龄比值结果会与 ACF（0）结果产生较大偏差，且部分年龄出现明显不合理现象，例如香港地区年龄为 2 岁的人口死亡率在 2050 年将会是中国大陆人口死亡率的接近 9 倍。尽管根据中国大陆历史数据得到了 Joint-K 模型的拟合优度最高，但在长期预测中需要考虑相关人群间死亡率的变动关系。因此，针对中国大陆人口死亡率的预测，在短期中建议使用 Joint-K 模型，但长期预测选择 ACF（0）模型更加合理。

（七）与其他学者和机构死亡率预测结果比较

进一步将 ACF（0）模型与单人口死亡率模型和联合国《世界人口展望》的预测结果进行比较。首先，单人口 Lee-Carter 死亡率模型是我国学者研究中国大陆人口死亡率预测问题时常采用的方法，其中被引用较多、代表性较强的为李志生和刘恒甲（2010）的研究。他们选用 1992—1994 年、1996—2007 年中国大陆人口死亡率数据，比较了不同参数估计方法的优劣，并运用 Bootstrap 方法构造了中国大陆人口死亡率预测值的置信区间。由于反映人口死亡率随时间变动的指标为时间效应因子，以李志生和刘恒甲（2010）的研究为例，通过时间效应因子的建模方法和参数估计结果，对单人口死亡率模型和多人口死亡率模型进行比较，具体内容见表7-6。

表7-6 两种模型时间效应因子参数估计方法与建模方法

	参数估计方法	时间效应因子模型
单人口Lee-Carter模型	加权最小二乘	$k_t = 0.85 + k_{t-1} + \varepsilon_t$
多人口ACF（0）模型	两阶段加权最小二乘	共同因子：$K_t = 2.57 + K_t + \varepsilon_t$ 附加因子：$k_t = 0.25 + 0.85 k_{t-1} + \varepsilon_t$

两种模型的参数估计结果均是以加权最小二乘法为基础。其中，单人口Lee-Carter模型的时间效应因子仅有一个，采用ARIMA（0，1，0）建模，漂移项为-0.85；多人口ACF（0）模型包含两个时间效应因子，共同时间效应因子采用ARIMA（0，1，0）建模、漂移项为-2.57，附加时间效应因子采用AR（1）建模、参数值为-0.25和0.85。尽管李志生和刘恒甲（2010）研究所用数据的时间阶段、年龄范围和性别等标准均与本研究不同，不能直接对比参数估计结果，但单人口模型仅有一项时间效应因子，死亡率将会以固定的漂移项持续下降。由于中国大陆人口死亡率相对较高，样本期内死亡率展现出快速下降的趋势，未来能否保持这一速度，是值得商榷的问题。根据人类死亡率变动的一般经验，当死亡率下降到一定程度后，减速将成为趋势。正如我们所研究的香港地区，当前人口死亡率的下降速度则低于中国大陆，若采用单人口模型进行预测，中国大陆人口死亡率将会在一段时间内低于香港地区。因此，采用多人口随机死亡率模型，通过附加时间效应因子，可以使中国大陆和香港地区死亡率具有一致的变动趋势。

下面对比联合国人口司《世界人口展望2019》的死亡预测结果，如图7-15所示。

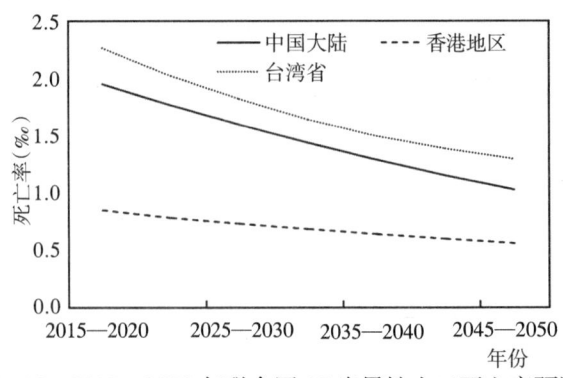

图7-15 2015—2050年联合国15岁男性人口死亡率预测值

联合国人口司采用分层贝叶斯模型，首先对人口平均预期寿命建模预测，然后通过既定的模型生命表方法计算分年龄死亡率。为了与前文保持一致，仍然以 15 岁男性人口为例进行说明。图 7-15 中分别展示了 2015—2050 年中国大陆、香港地区和台湾省 15 岁人口在 5 年内死亡的概率。预测结果显示中国大陆人口死亡率已稳固低于台湾省，但历史数据显示 2001 年以来台湾省 15 岁人口死亡率均低于中国大陆，且死亡率比值保持在 0.73 左右，因此该预测结果改变了两人群死亡率的数值关系，与历史数据中死亡率变动趋势无法合理衔接。此外，香港地区人口死亡率下降曲线已接近水平，中国大陆人口死亡率则在快速下降，该结果未考虑两个人口群体间死亡率变动的相互关系，仅从图中推断未来两条曲线可能会出现不合理的交叉。尽管联合国人口司的预测方法具有较高的权威性，但其从人口平均预期寿命出发，再转化成分年龄死亡率，所用模型较为复杂、假设较多，对预测效果产生了不利影响。若要在长期内对分年龄死亡率进行合理的预测，多人口随机死亡率模型是一种较好的选择。

二、中国女性人口死亡率预测

通过对男性人口死亡率数据的分析可见，基于修匀数据的 ACF（0）模型具有最优的拟合与预测效果。因此，进一步采用修匀后死亡率数据和 ACF（0）模型，对女性人口死亡率进行预测，并与男性预测结果进行比较分析。

（一）参数估计结果

1. $\alpha_{x,i}$ 估计结果

在 ACF（0）模型中，$\alpha_{x,i}$ 表示单个人群对数死亡率的均值，与模型设置的形式没有关系。根据公式（7.1），可以计算得到人群 i 的 $\alpha_{x,i}$ 的估计值，结果展示在图 7-16 中。

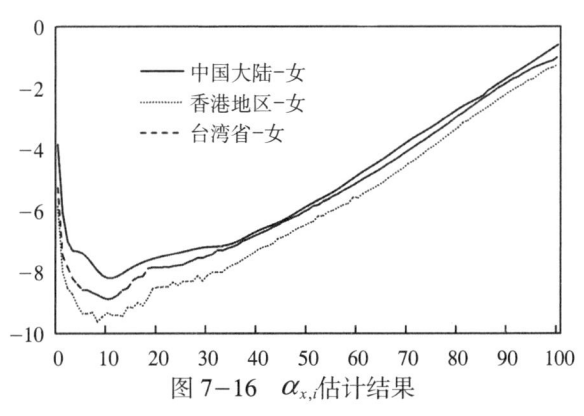

图 7-16 $\alpha_{x,i}$ 估计结果

由图 7-16 可见，与男性人口死亡率预测中 $\alpha_{x,i}$ 估计结果一样，随着年龄增长，中国大陆、香港地区和台湾省女性人口对数死亡率也呈现出先降低、后升高的变动趋势。从全部年龄段上的整体水平来看，同样是中国大陆女性人口死亡率高于台湾省和香港地区。从不同的年龄阶段来看，三个人口群体对数死亡率间的差距，虽然也是随年龄增长整体呈现先扩大后缩小的变动趋势，但具体到任意年龄上与男性人口死亡率存在不同之处。其中，中国大陆女性人口对数死亡率在任何年龄都保持最高水平，其次是台湾省，最低的是香港地区，反映在图中即三条参数估计结果曲线几乎没有过任何交叉。以上结果也再次证实 $\alpha_{x,i}$ 参数估计结果反映出三个人口群体在样本期内对数死亡率平均水平的数值关系和年龄分布特征，该特征符合人类生命表的基本规律，且与三个地区人口死亡率改善程度相一致。

2. 年龄效应因子估计结果

ACF(0)模型中包含了共同年龄效应因子 B_x 和附加年龄效应因子 $\beta_{x,i}$，根据上文给出的参数估计方法，可以得到该模型共同年龄效应因子和附加年龄效应因子对于女性人口的估计值，结果如图 7-17 和图 7-18 所示。

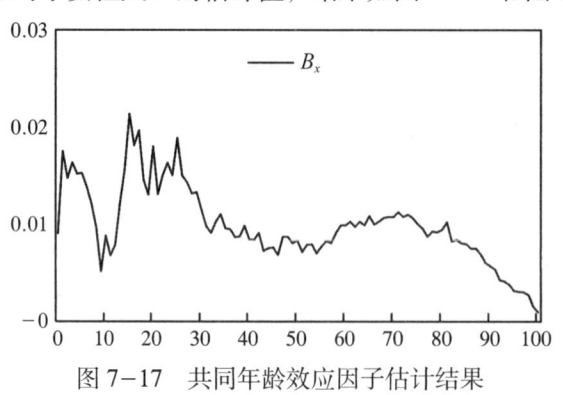

图 7-17 共同年龄效应因子估计结果

由图 7-17 可见，共同年龄效应因子 B_x 估计值代表着中国大陆、香港地区和台湾省三个人口群体死亡率下降在年龄上的共同趋势。与男性人口相比，随着年龄增长，女性人口的 B_x 估计值也是为一条波动下降的曲线，且均为正值。但对比而言，女性人口 B_x 估计结果的波动较男性人口的波动大。其中，女性人口的 B_x 估计值曲线在 0—30 岁年龄段波动较大，30—80 岁年龄段波动较小，80—100 岁年龄段不断下降。另外，男性人口 B_x 估计值在 17 岁时出现最大值 0.0216，在 96 岁时出现最小值 0.0042，而女性人口 B_x 估计值在 15 岁时出现最大值 0.0213，在 100 岁时出现最小值 0.0009。上述结果表明，女性人口死亡率绝对值低于男性，但随着年龄的增长，女性人口死亡率下降速度大于男性人口。也就意味着，女性人口在高龄段的改善程度大于男性,即中低年龄女性人口死亡率改善相对充分,随着年龄轮转逐步转向老年人口;而男性人口死亡率相对较高,中低年龄人口死亡率还有较大的改善空间。

图 7-18 附加年龄效应因子估计结果

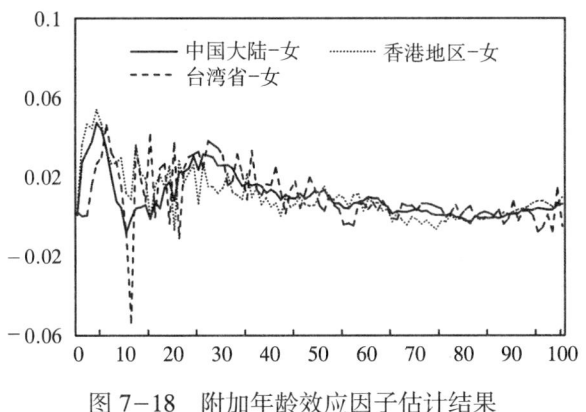

图 7-18 为三个地区女性人口 ACF(0) 模型的附加年龄效应因子 $\beta_{x,i}$ 估计值,图中附加年龄效应因子估计值曲线比共同年龄效应因子 B_x 的波动大,且在部分年龄出现负值。从整体年龄段来看,三个地区女性人口附加年龄因子估计值均在 0—30 岁年龄段波动较大,而在 30 岁之后波动相对较小。从三个不同地区来看,与男性 $\beta_{x,i}$ 估计值特征不同的是,台湾省的女性人口曲线波动较大,而中国大陆与香港地区的曲线相对平缓。附加年龄效应因子是对共同年龄效应因子趋势的补充,波动较大并出现负值体现出年龄间的更多差异,也是多人口随机死亡率模型中展现单个人群差异的重要指标。

3. 时间效应因子估计结果

ACF(0) 模型中包含了共同时间效应因子 K_t 和附加时间效应因子 $k_{t,i}$,基于上文的参数估计方法得出的参数估计结果展示于图 7-19 中。

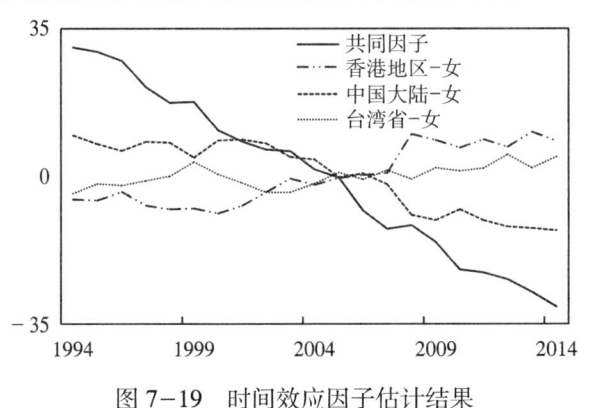

图 7-19 时间效应因子估计结果

由图7-19可见,时间效应因子反映出人口死亡率随时间变动的趋势。将图7-4与图7-19进行比较可以发现,男女两性人口的时间效应因子估计结果整体具有一致的变动趋势。随时间的推移,共同时间效应因子都是一条从左上方向右下方倾斜的曲线,且整体上斜率保持不变;三个人口群体附加时间效应因子整体上都呈现出相对平稳的趋势。此外,女性人口的共同时间效应因子曲线和三个附加时间效应因子曲线同男性人口相同,即在2003—2005年相交,交点左侧中国大陆附加时间效应因子值大于台湾省和香港地区估计值,交点右侧中国大陆附加时间效应因子值小于台湾省和香港地区估计值。然而,与男性人口不同的是,三个群体女性人口的$k_{t,i}$估计值随时间变动的曲线较为平缓。

上述结果表明,随着时间的推移,女性人口死亡率下降速度小于男性人口。如果仅从中国大陆单一人口死亡率历史经验分析,将会得到女性人口死亡率下降速度高于男性的结论。但采用多人口随机死亡率模型的分析,结合了人口死亡率相对较低的中国香港地区和中国台湾省数据,可以得到更符合未来人口死亡率变动趋势的研究结论。也就是说,相对较低的女性人口死亡率,在改善程度相对充分的条件下,未来会出现减速降低的趋势;而男性人口死亡率相对较高,改善不够充分,未来将会出现加速降低的趋势。因此,未来两性别人口死亡率差距出现一定程度的减小是必然趋势,符合发达国家和地区人口死亡率改善的基本事实与经验。

(二) 样本内拟合情况分析

根据上述参数估计结果及文中的建模方法,可以得到三个人群对数死亡率的样本内拟合值,具体见图7-20、图7-21和图7-22。

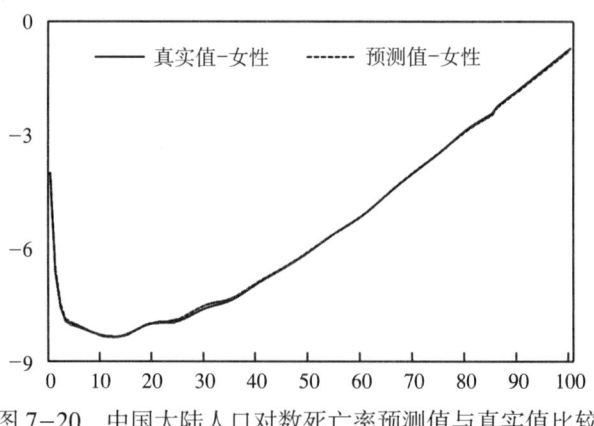

图7-20 中国大陆人口对数死亡率预测值与真实值比较

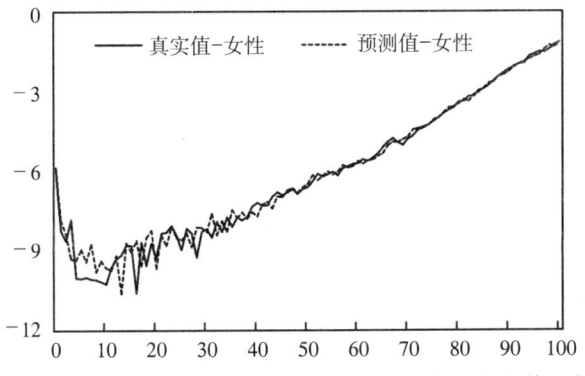

图 7-21 香港地区人口对数死亡率预测值与真实值比较

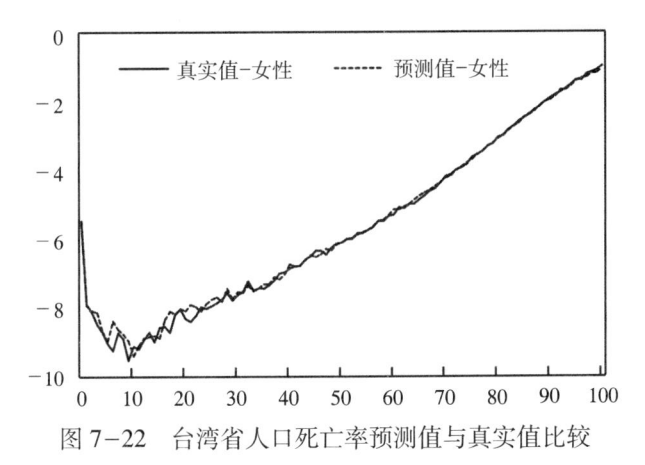

图 7-22 台湾省人口死亡率预测值与真实值比较

由图 7-20 可见，中国大陆人口死亡率拟合值与真实值之间十分接近，表明拟合值可以较好反映真实死亡率情况；由图 7-21 可见，香港地区人口死亡率拟合值能够围绕真实值上下波动，45 岁以下人口年龄组拟合值波动较大，尤其是 20 岁以下人口波动幅度最明显，45 岁以上年龄组拟合值波动较小；由图 7-22 可见，台湾省人口死亡率拟合效果也较好，仅在 5—30 岁年龄组拟合值与真实值间存在一定波动，其余年龄拟合度均较高。

以上分析仅为直观感受，同男性人口死亡率预测一样，进一步计算样本死亡率拟合的 MAE 和 MAPE 值，以此精确展示 ACF（0）模型的拟合优度，结果列示于表 7-7 中。

表 7-7 基于粗人口死亡率的模型拟合结果 MAE 和 MAPE 值　　单位：%

	中国大陆	香港地区	台湾省	平均值
MAE	0.16	0.26	0.29	0.24
MAPE	2.54	26.00	10.00	12.85

由表 7-7 可见，ACF（0）模型在三个不同人群中的拟合效果存在明显差异。该表与图 7-20 至图 7-22 所反映的结果一样，中国大陆人口死亡率拟合结果的 MAE 和 MAPE 值在三个地区间都是最低的，再次证明修匀后数据的中国大陆人口死亡率拟合效果最好；其次是台湾省，虽然台湾省人口死亡率拟合结果的 MAE 值略大于香港地区，但其 MAPE 值要远远低于香港地区。最后，则是香港地区，其人口死亡率拟合效果在三个地区间是较差的。

（三）时间效应因子的区间预测

分别采用随机游走模型 ARIMA（0，1，0）和具有均值回复特征的 AR（1）模型，对共同时间效应因子和附加时间效应因子进行区间预测，结果展示于图 7-23 和图 7-24 中。进一步，将图 7-8 和图 7-9 分别与图 7-23 和图 7-24 进行比较，即将男性人口共同时间效应因子和附加时间效应因子与女性人口比较发现：对于共同时间效应因子的区间预测，男性人口 2015 年修匀后的均值为 -28.99，2050 年修匀后的均值为 -116.35，而女性人口 2015 年均值结果为 -34.05，2050 年均值结果为 -138.63，并且女性人口共同时间效应因子的预测区间要宽于男性人口的预测区间；对于附加时间效应因子的区间预测，男性人口 2015 年修匀后的均值为 -1.99，2050 年修匀后的均值为 -1.69，而女性人口 2015 年均值结果为 -12.73，2050 年均值结果为 -11.75，并且女性人口的附加时间效应因子的预测区间也宽于男性人口的预测区间。根据这些数据分析可以得出，附加时间效应因子随时间推移，由上升转为平缓，可知未来男女人口死亡率的下降趋势均会得到一定程度的减缓。

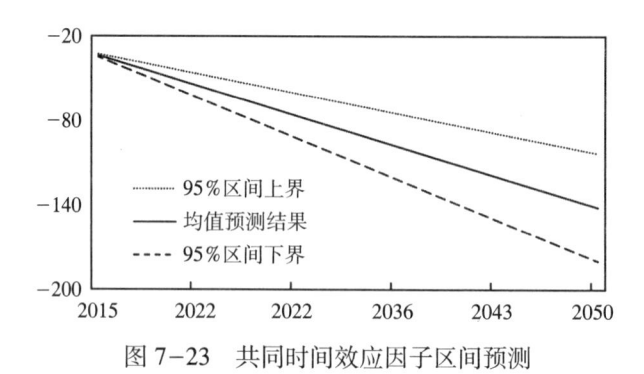

图 7-23 共同时间效应因子区间预测

注：同图 7-8。

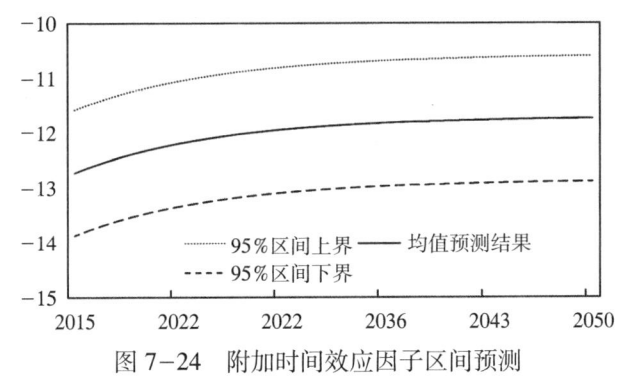

图 7-24 附加时间效应因子区间预测

注：同图 7-8。

（四）中国大陆女性人口死亡率预测

根据式（7.11），采用修匀后的中国大陆人口死亡率数据及 ACF（0）模型，可以得到 2015—2050 年死亡率均值预测结果，结果列示于表 7-8 中。由表 7-8 可见，随时间的推移，ACF（0）模型预测的中国女性人口死亡率呈现下降趋势。进一步，将表 7-5 中 ACF（0）模型所预测的中国大陆男性人口死亡率预测数据与表 7-8 女性人口死亡率预测数据对比可见：从相同年份来看，各个年龄段男性死亡率均大于女性死亡率，且男女

表 7-8 中国大陆人口死亡率预测值　　　　　　单位：‰

	2015 年	2020 年	2030 年	2040 年	2050 年
0 岁	14.97	13.03	9.88	7.48	5.67
1 岁	0.82	0.63	0.37	0.22	0.13
10 岁	0.25	0.21	0.16	0.12	0.09
20 岁	0.30	0.23	0.13	0.08	0.04
30 岁	0.30	0.25	0.18	0.13	0.09
40 岁	0.79	0.70	0.54	0.42	0.32
50 岁	1.87	1.65	1.28	1.00	0.77
60 岁	5.10	4.39	3.25	2.40	1.78
70 岁	15.03	12.76	9.18	6.60	4.75
80 岁	51.75	44.73	33.44	25.01	18.70
90 岁	158.18	144.96	121.68	102.11	85.67
100 岁	510.82	504.75	491.49	477.84	464.32

两性死亡率的差距随年龄增长不断加大；从整体年份来看，男性人口的死亡率仍然低于女性人口死亡率，但两者之间的差距随时间的推移有逐渐缩小的趋势。综上所述，ACF(0)模型得到的人口死亡率预测值能够很好地反映人口死亡率随时间、年龄变动的趋势，而且通过男女两性死亡率预测结果的对比也说明了ACF(0)模型预测结果符合人类死亡率基本规律。

(五) 不同人口群体死亡率比值的预测

图7-25展示了ACF(0)模型预测得到的2015—2050年不同群体15岁女性人口死亡率比值，其中H/C表示香港地区与中国大陆女性人口死亡率比值，T/C表示台湾省与中国大陆女性人口死亡率比值。

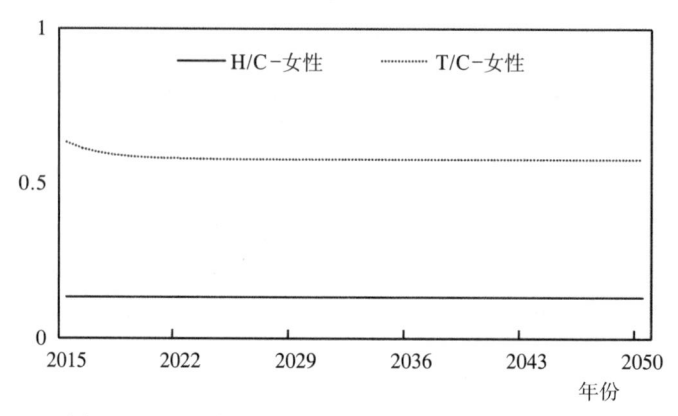

图7-25　15岁不同地区人口死亡率比值变动趋势

从图7-25中可见，ACF(0)模型预测得到的香港地区与中国大陆15岁人口死亡率比值由2015年的0.131 70，最终收敛为2050年的0.131 69。此外，该模型预测得到的台湾省与中国大陆15岁人口死亡率比值由2015年的0.6312，最终收敛为2050年的0.5765。将该数据与图7-12的男性人口死亡率比值数据做对比可以发现，女性人口死亡率比值要普遍低于男性人口死亡率比值，意味着中国大陆女性人口死亡率与香港地区和台湾省之间的差距相对小于男性。综上所述，ACF(0)模型增加服从均值回复过程的附加时间效应因子，可使不同群体人口死亡率比值在长期预测中收敛为一个常数，这也进一步证实了该模型在长期预测中的合理性。

上述分析是以15岁女性人口为例进行的说明，图7-26和图7-27则是反映全年龄段2015年及2050年人口死亡率比值。

图 7-26　全年龄段香港地区与中国大陆人口死亡率比值

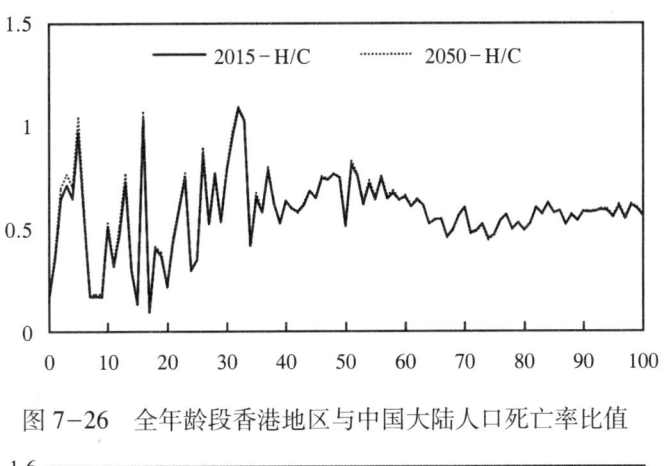

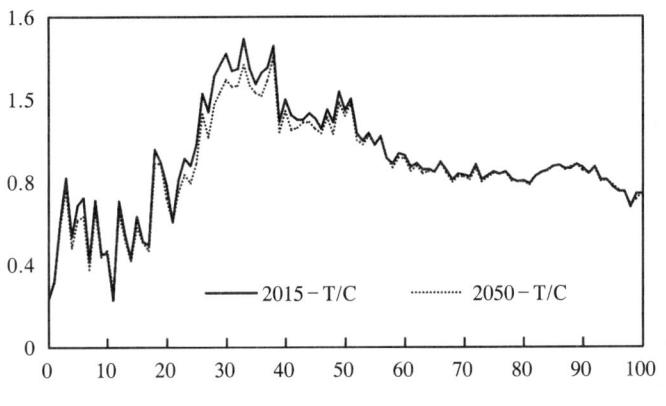

图 7-27　全年龄段台湾省与中国大陆人口死亡率比值

由图 7-26 和图 7-27 可见，ACF（0）模型预测得到的 2015 年与 2050 年的不同女性人口群体死亡率比值是十分接近的。从图 7-26 中可以看到，2015 年与 2050 年全年龄段香港地区与中国大陆女性人口死亡率比值仅在 3—5 年龄段有微小差异，其余年龄段均十分接近。从图 7-27 中可以看到，2015 年与 2050 年全年龄段台湾省与中国大陆女性人口死亡率比值在 25—40 岁年龄段有较小差异，其他年龄段较为接近。这也进一步说明 ACF（0）模型对中国大陆人口死亡率长期预测上具有合理性。

第四节　本章小结

本章总结了多人口随机死亡率模型进展中存在的相关问题，推导了基于限制条件的两阶段加权最小二乘参数估计方法，用以检验多人口随机死亡率模型在中国的适用情况。

本章得到如下结论：①从模型的参数估计方法来看，基于限制条件的两阶段加权最小二乘估计法，能够有效避免多人口随机死亡率模型参数过多导致的极大似然估计不收敛或收敛结果为局部最优的问题，并且方法简洁，便于应用。②从模型的拟合优度来看，Joint-K 模型更适于拟合高死亡率人口群体，而 ACF（0）模型则更适于拟合低死亡率人口群体。不同的缩减模型参数方法，均会不同程度降低模型的拟合优度，但若方法适当，可以减小拟合优度的损失。③从模型拟合结果的稳健性来看，多人口死亡率模型方法稳健性较好，分别采用修匀前和修匀后的中国大陆人口死亡率数据进行检验，最优模型的选择结果未发生变化。基于修匀后数据的人口死亡率拟合，能够显著提升模型的拟合优度。④从模型的预测结果的合理性来看，带有附加时间效应因子的多人口随机死亡率模型能够得到一致性的死亡率预测结果，不同人口群体之间的死亡率数值比，在一定时期后会收敛为某一固定常数，该结果更加符合人的生物特征，使未来高死亡率人群和低死亡率人群死亡率预测值不会出现不合理的交叉或背离，能够弥补单人口死亡率模型的弊端。

基于加权最小二乘法的多人口随机死亡率模型，不仅具有较佳的样本内拟合优度，还能在长期中具备预测的合理性。然而，本章给出的参数估计与建模方法也存在一定的局限性。首先，一维多人口随机死亡率模型，将不同地区相同性别人口进行了关联，仅提升了同一性别不同地区人口间死亡率变动趋势的系统关联，但性别间死亡率的变动趋势仍可能违背人类生物规律；其次，加权最小二乘法的可拓展性不强，若对模型进一步优化或创新，则无法求解出具体的表达式；最后，若采用极大似然估计法，将一维多人口随机死亡率模型扩展到高维多人口群体建模时，由于参数的成倍增加，会出现估计结果不易收敛或收敛值为局最优的问题。为弥补以上不足，下一章将采用层次贝叶斯法对高维多人口随机死亡率建模，进一步提升模型的合理性与方法的科学性。

第八章 基于层次贝叶斯法的高维多人口随机死亡率建模

构建高维多人口随机死亡率模型，是将不同地区和不同性别人口同时联立建模，将人口群体的划分标准由单一维度的性别人口和地区人口，扩展为性别人口与地区人口两个维度同时纳入模型构建中，能够进一步提升相关人口群体之间死亡率变动趋势的系统关联。高维多人口随机死亡率模型更适宜采用极大似然估计方法，但由于高维模型的参数较多，在求解过程中迭代算法存在收敛问题，且易出现过度拟合问题。因此，有必要将高维多人口模型纳入层次贝叶斯框架，并引入数据克隆方法，在模型层次中实现近似最大似然估计，提供较为理想的先验分布，提高参数估计质量。

本章内容包括：首先，联立性别和地区两个人口群体划分标准，构建高维多人口随机死亡率模型，提升人口死亡率模型的系统性与科学性；其次，将多人口随机死亡率模型纳入层次贝叶斯框架，弥补当前参数估计方法的不足，改善当前模型中存在的过拟合问题；再次，引入数据克隆方法，在模型层次中实现近似最大似然估计，提供较为理想的先验分布，提高参数估计质量。最后，将高维多人口随机死亡率模型预测结果与相关模型预测结果进行比较，选出第二篇中的最优模型。通过本章的研究，以期探寻出最优的多人口随机死亡率建模与参数估计的方法，为中国人口死亡率中长期预测和长寿风险度量找寻最为理想的研究工具。

第一节　分层多人口随机死亡率模型构建

一、构建高维多人口随机死亡率模型的必要性

在建立多人口随机死亡率模型时，由于模型较为复杂，涉及的参数往往较多，会容易导致过拟合问题；此外，采用一般的迭代算法进行极大似然估计，参数不易收敛或收敛结果为局部最优。层次贝叶斯模型是避免由于参数过多导致过拟合问题的较好方法，通过设置恰当的先验假设并采用

MCMC 算法，可以提高参数估计的效率与质量。因此，本章内容以问题为导向，构建在应用中更具科学性的高维度多人口随机死亡率模型，并将其纳入层次贝叶斯框架，引入数据克隆方法，改善贝叶斯方法确定先验分布时的主观判断问题，获取合理的先验分布，突破当前研究的瓶颈，为复杂数据统计问题提供有效的解决方案。构建高维多人口随机死亡率模型的必要性包括：

第一，当前多人口随机死亡率模型中人口群体划分标准单一，难以全面地观察和预测死亡率变化趋势，合理扩展模型维度可增强其系统性。已有的多人口死亡率模型的研究，仅以单一的标准（性别或地区）划分人口群体，但在长期视角下，不同标准下的人群间仍存在一定相互关系。若将性别与地区两个不可分割的人群划分标准进行联立，并构建出高维多人口随机死亡率模型，可进一步提升随机死亡率模型的科学性。

第二，多人口随机死亡率模型涉及较多的参数，由此导致的参数估计收敛问题和过拟合问题，层次贝叶斯方法可以提供有效解决方案。将多人口随机死亡率模型纳入层次贝叶斯框架，既可以避免参数估计迭代中的收敛问题，又可以解决参数过多导致的过拟合问题。

第三，层次贝叶斯模型的先验信息选取存在主观性，先验分布假设不合理，会影响参数估计的质量和效率。为了合理选取先验信息，本章会采用生态学领域中较为常见的数据克隆方法。该方法能够在模型层次中实现近似最大似然估计，可提供较为理想的先验分布，提升分层贝叶斯模型参数估计的效率与质量。

二、高维分层多人口随机死亡率模型构建

分层模型是指包含随机成分的统计模型，模型的参数通常不是或不全是固定参数值，而是某一随机变量。分层模型具有很多优势，不仅可以利用先验信息，还可以提供模型拟合与预测的效果评价方法，并且能够将严格统计方法应用其中，使得统计诊断、假设检验等方法能够发挥作用。当前随着计算机技术的发展，分层模型的求解也不再存在困难，因此在多学科领域有着广泛的应用。本章将基于分层模型应用于人口随机死亡率的建模，构造在贝叶斯分层模型框架下的高维多人口随机死亡率模型。

根据第七章的研究可见，ACF（0）模型在中国人口死亡率拟合与预测中具有一定优势。本章在多人口 ACF（0）模型基础上，将原方法中的一维模型扩展到高维，建立性别与国别（地区）共同联合的高维多人口随机死亡率模型（以下简称"HACF 模型"），模型表达式为：

$$\ln m_{x,t}^{(i,j)} = a_x^{(i,j)} + B_x K_t + \beta_x^{(i,j)} k_t^{(i,j)} + \varepsilon_{x,t}^{(i,j)} \tag{8.1}$$

其中，x 表示年龄，t 表示日历年；i 表示国别（地区），$i=1, 2, \cdots, n$；j 表示性别，$j=0, 1$；B_x、$b_x^{(p,j)}$、$b_x^{(i,q)}$ 和 $\beta_x^{(i,j)}$ 均为年龄效应因子；K_t、$\kappa_t^{(i,j)}$ 均为时间效应因子。$B_x K_t$ 为公共因子，刻画全部人群死亡率变动的共同趋势；$\beta_x^{(i,j)} \kappa_t^{(i,j)}$ 为附加因子，刻画不同人口群体死亡率变动的差异性。为了得到唯一解，HACF 模型需要做如下限制性假定：$\sum B_x = 1$，$\sum \beta_x^{(i,j)} = 1$，$\sum K_t = 0$，$\sum \kappa_t^{(i,j)} = 0$。

三、将分层模型纳入贝叶斯框架

相对于一维多人口随机死亡率模型，高维度模型具有更多的参数，容易出现参数的收敛问题和过拟合问题，将死亡率模型纳入层次贝叶斯方法框架，可以有效利用先验信息解决上述问题。在死亡人数服从 Poisson 分布的假设下，得到 HACF 模型含有超参数的似然函数为：

$$L(m_{x,t}^{(i,j)}(t);\Theta) = \prod_{i=1}^{n}\prod_{j=1}^{2}\prod_{t=1}^{T}\prod_{x=1}^{\omega} \frac{1}{\sqrt{2\pi}\sigma_\varepsilon^{(i,j)}} \exp\left[-\frac{1}{2}(\frac{\ln m_{x,t}^{(i,j)} - \alpha_x^{(i,j)} - B_x K_t - \beta_x^{(i,j)} k_t^{(i,j)}}{\sigma_\varepsilon^{(i,j)}})^2\right] \tag{8.2}$$

其中，$a_x^{(i,j)}$、K_t 和 $\kappa_t^{(i,j)}$ 的条件概率函数服从正态分布，B_x 和 $\beta_x^{(i,j)}$ 的条件概率函数服从 Dirichlet 分布，σ_ε^2 等方差项的条件概率函数服从 InvGamma 分布，因为逆伽马分布是正态分布的共轭分布，可以处理关于模型参数的先验信息的大多数真实情况。对上述条件概率分布的超参数设定的先验分布假设，具体为：

$a_x^{(i,j)} \sim N(\mu_x^{(i,j)}, \sigma_x^{2(i,j)})$，$K_t \sim N(\mu_t, \sigma_t^2)$，$\kappa_t^{(i,j)} \sim N(\mu_t^{(i,j)}, \sigma_t^{(i,j)})$，$B_x \sim \text{Dirichlet}(1,1\cdots,1)$，$\beta_x^{(i,j)} \sim \text{Dirichlet}(1,1\cdots,1)$，$\sigma_\varepsilon^{(i,j)2} \sim \text{InvGamma}(\gamma_1, \gamma_2)$。

根据 Cairns 等（2011）的研究，假定超参数的先验分布（$i=1, \cdots, I$；$j=1, \cdots, J$；$x=1, \cdots, X$；$t=1, \cdots, T$）：

$\mu_x^{(i,j)} \sim N(0,10)$，$\sigma_x^{(i,j)} \sim \text{InvGamma}(1,1)$，$\mu_t \sim N(0,10)$，$\sigma_t^2 \sim \text{Ivgamma}(1,1)$，$\gamma_1 \sim \text{Gamma}(1,1)$，$\gamma_2 \sim \text{Gamma}(1,1)$

其中，

$\Theta = (a_x^{(i,j)}, K_t, \kappa_t^{(i,j)}, B_x, \beta_x^{(i,j)}, \sigma_\varepsilon^{(i,j)2}, \mu_x^{(i,j)}, \sigma_x^{(i,j)}, \mu_t^{(i,j)}, \sigma_t^{(i,j)}, \mu_t, \sigma_t^2, \gamma_1, \gamma_2)$。

拟合分层模型常用的方法是基于贝叶斯框架。相较于计算似然函数进行统计推断，贝叶斯方法以及马尔可夫链蒙特卡罗模拟（MCMC）算法的应用避开对未观测变量的高维积分问题，更适用于贝叶斯后验分布更加复杂的分层模型。MCMC 算法可以对复杂的高维贝叶斯后验分布的均值和方差进行推断，进而对参数向量的均值、方差进行推断。

由似然函数乘以相应的先验分布，得到各参数的联合后验分布。利用 MCMC 算法模拟服从后验分布的随机数，对分布的均值和方差进行估计，进而可以得到各参数的均值估计和方差估计。

四、基于数据克隆方法的拟合过程改进

贝叶斯方法也有其难以解释的问题。贝叶斯推断取决于先验分布的选择，而如何定义客观的先验分布也存在着争议。考虑到贝叶斯方法先验主观性的问题，数据克隆方法能够有效对模型的拟合过程进行改进。

（一）数据克隆方法研究进展

Lele 等（2007）提出一种名为数据克隆（data cloning）的统计计算方法来为复杂的生态学分层模型的参数进行频率估计，并通过 Gompertz 状态空间模型以及具有泊松误差的随机 Ricker 模型的例子说明该方法的有效性。该方法虽然基于贝叶斯框架和马尔可夫链蒙特卡罗模拟（MCMC）的计算简单性，但提供了有效的古典频率推断，如极大似然估计及其标准误差。根据 Walker（1969）提出的理论，随着样本容量的增加，贝叶斯解接近极大似然解。数据克隆的关键是将贝叶斯方法应用于一个将原始数据集复制足够多的次数来构建的数据集，所以数据克隆做出的推论对于先验分布的不同选择是完全不变的，因此避免贝叶斯方法固有的主观性。数据克隆方法特别适用于分析生态学领域下的分层统计模型，例如状态空间模型和混合效应模型。Ponciano 等（2009）提出，数据克隆方法是一种利用马尔可夫链蒙特卡罗（MCMC）算法计算分层模型的极大似然估计（Maximum Likelihood Estimate，MLE）及其渐近方差估计的新通用技术。尽管该方法具有普遍性，但也有两个推断的局限性：一是数据克隆方法只提供 wald 型置信区间，这在小样本中是不够准确的；二是数据克隆方法只能产生参数的极大似然估计，不能得到似然函数的极大值，因此无法利用极大似然值来计算信息准则进行模型选择、区间估计和假设检验。为解决上述问题，Ponciano 等（2009）提出了数据克隆似然比（data cloned likelihood ratio，DCLR）算法，直接计算分层模型的似然比，并描述了使用 DCLR 算法进行似然比假设检验和模型选择所需的信息准则的差异。最后，使用 Gause 关于草履虫种群生长的实验数据拟合状态空间模型、进行统计推断来证明这些算法的有效性。接下来，Lele 等（2010）将数据克隆算法扩展到了广义线性混合模型（Generalized Linear Mixed Models，GLMM），提供了一种获得随机效应预测区间的算法，并提供了一个简单的图形化过程来确定分层模型中参数的可估计性。广义线性混合模型是一

类重要的统计模型，在流行病学、医学统计和许多其他领域有着广泛的应用，但其极大似然估计给计算带来了很大的困难。基于数据克隆方法可以得到模型参数的极大似然估计以及估计量的渐进方差估计。针对环境科学、生物学和流行病学等许多学科中都很常见的非高斯空间数据，Baghishani 等（2011）基于数据克隆方法，对适用于非高斯空间数据的空间广义线性混合模型（Spatial generalized linear mixed models，SGLMM）提出了一种计算效率高的拟合方法，对其渐近性质进行了探讨，并通过一组模拟的泊松计数数据以及伊朗马什哈德市的交通事故数据，说明了该方法的有效性。Torabi（2012）利用数据克隆方法、基于极大似然估计对具有两个分散成分的 GLMM 进行频率分析并得到有效的模型参数估计。进一步利用已知的蝶蟓交配数据，并通过模拟研究，评价 MLE 估计。CampbeLi-Lee 等（2014）提出了利用数据克隆和基于方差分析检验共同决定模型参数是否可估计，如果可估计，则确定其极大似然估计并计算渐近标准误差。当不是所有的模型参数都是可估计时，可以利用数据克隆结果和方差分析检验来确定可估计的参数组合或推断模型结构中的可识别性问题。最后，通过三组已知难以分析的实际数据来证明方法的有效性。Picchini 等（2017）提出将数据克隆与 ABC-MCMC（近似贝叶斯 approximate Bayesian computation，ABC）相结合，进行极大似然估计。该方法展示了如何使用较大的阈值，同时增加数据克隆的次数，以便更方便地收敛到一个近似的极大似然估计。该方法可以减少标准 ABC-MCMC 算法的迭代次数，从而减少计算量，同时获得合理的点估计。模拟研究表明，该方法对随机微分方程、状态空间模型等较难计算似然函数的模型具有良好的效果。

（二）基于数据克隆方法的拟合过程改进

数据克隆最初由 Lele 等（2007）在生态领域中提出，目的是计算分层模型参数的极大似然估计和标准差，曾运用到状态空间模型、混合效应模型并取得不错的效果，本章将其运用到死亡率模型中。数据克隆方法是一种模拟技术，使用贝叶斯框架，利用 MCMC 方法的计算简单性，提供了参数的极大似然估计及其渐近方差的有效频数推断。这种推断不会因为先验分布的不同选择而发生改变，因此避免了贝叶斯方法的固有主观性，适用于分层模型。该方法的基本思想是基于多次（假定为 K 次）重复实验以获得始终相同的数据，构造该问题的贝叶斯模型，对未知参数指定恰当的先验分布，不使用原始的似然函数，而是使用数据 K 次克隆后的似然函数得到后验分布，之后利用 MCMC 算法进行模拟估计。

1. 基本思想

把 $\ln(m_{x,t})$ 记为 y_t，$t=1,\cdots,T$，$\vec{y}=(y_1,\cdots,y_T)$。在 MCMC 过程中，一旦观察到数据 $\vec{y}$，就可以产生后验分布 $\pi(\Theta|\vec{y})$ 的样本。这个后验分布与似然函数 $L(\Theta|\vec{y})$ 和给定先验分布 $\pi(\Theta)$ 的乘积成比例。在数据克隆中，样本从后验分布 $\pi^{(K)}(\Theta|\vec{y})$ 中产生。这个后验分布与似然函数的 K 次幂 $[L(\Theta|\vec{y})]^K$ 与先验分布 $\pi(\Theta)$ 的乘积成比例。

$[L(\Theta|\vec{y})]^K$ 代表着原始数据克隆 K 次的似然函数，如果 K 足够大，$\pi^{(K)}(\Theta|\vec{y})$ 收敛于多元正态分布，均值为参数的极大似然估计，协方差矩阵为 $1/K$ 乘极大似然估计的 Fisher 信息矩阵的逆。

采用 MCMC 过程获得样本，样本均值基于参数的后验分布来计算。它们提供了参数的极大似然估计的近似值。数据克隆算法步骤如下：

步骤1：创建 K-克隆数据集 $\vec{y}^{(K)}=(\vec{y},\vec{y},\cdots,\vec{y})$，其中观察到的数据向量重复 K 次。

步骤2：使用 MCMC 算法，从基于先验分布 $\pi(\Theta)$ 和克隆数据向量 $\vec{y}^{(K)}$ 似然函数得到的后验分布中生成随机数。在实证数据的研究中，可以使用任何合适的先验分布。

步骤3：计算由边际后验分布生成的参数向量 Θ 中每个参数的样本均值和方差。参数 Θ 的极大似然估计、近似方差分别为后验均值、后验方差的 K 倍。

2. 避免主观先验性的证明

假定 $Y=(Y_1,\cdots,Y_n)$ 是从分层模型中生成的数据向量，$Y \sim f(y|X,\varphi)$，$X \sim g(x|\theta)$，$\varphi|\theta$ 是未知参数，记 $\pi(\theta,\varphi)$ 是参数空间 Θ 的先验分布，后验分布为：

$$\pi^{(1)}(\theta,\varphi|y) = \frac{\{\int f(y|X,\varphi)g(x|\theta)\mathrm{d}X\}\cdot\pi(\theta,\varphi)}{\int f(y|X,\varphi)g(x|\theta)\pi(\theta,\varphi)\mathrm{d}X\mathrm{d}\theta\mathrm{d}\varphi} = \frac{L(\theta,\varphi;y)\cdot\pi(\theta,\varphi)}{h(y)}$$

(8.3)

将得到的后验分布作为先验分布，可以得到

$$\pi^{(2)}(\theta,\varphi|y) = \frac{\{\int f(y|X,\varphi)g(x|\theta)\mathrm{d}X\}\cdot\pi^{(1)}(\theta,\varphi|y)}{h^{(2)}(y)}$$

(8.4)

$$= \frac{\{\int f(y|X,\varphi)g(x|\theta)\mathrm{d}X\}^2\cdot\pi(\theta,\varphi)}{h^{(2)}(y)} = \frac{\{L(\theta,\varphi;y)\}^2\cdot\pi(\theta,\varphi)}{h^{(2)}(y)}$$

(8.5)

$$\pi^{(K)}(\theta,\varphi\mid y)=\frac{\{L(\theta,\varphi;y)\}^{K}\cdot\pi(\theta,\varphi)}{h^{(K)}(y)} \quad (8.6)$$

存在$(\hat{\theta},\hat{\varphi})$，使得$L(\hat{\theta},\hat{\varphi};y)>L(\theta,\varphi;y)$对所有的$(\theta,\varphi)$均成立，$(\hat{\theta},\hat{\varphi})$就是$(\theta,\varphi)$的极大似然估计（MLE）。

$$\frac{\pi^{(K)}(\theta,\varphi\mid y)}{\pi^{(K)}(\hat{\theta},\hat{\varphi}\mid y)}=\frac{\{L(\theta,\varphi;y)\}^{K}}{\{L(\hat{\theta},\hat{\varphi};y)\}^{K}}\to 0,\quad(\theta,\varphi)\neq(\hat{\theta},\hat{\varphi}) \quad (8.7)$$

$$\frac{\pi^{(K)}(\theta,\varphi\mid y)}{\pi^{(K)}(\hat{\theta},\hat{\varphi}\mid y)}=\frac{\{L(\theta,\varphi;y)\}^{K}}{\{L(\hat{\theta},\hat{\varphi};y)\}^{K}}\to 1,\quad(\theta,\varphi)=(\hat{\theta},\hat{\varphi}) \quad (8.8)$$

当 K 足够大时，上述的比值就会形成一个退化分布，该退化分布的固定点就是$(\hat{\theta},\hat{\varphi})$，且该极大似然估计的值与先验分布无关。同时，后验分布的均值也为极大似然估计的值$(\hat{\theta},\hat{\varphi})$。

3. 确定 K 的大小

确定 K 的大小等同于确定后验分布何时退化，一种简单、形象的方法是画图，绘制出后验方差的最大特征值与 K 的函数关系。通过图形可以得出结论：后验分布的最大特征值收敛到 0 的速率和 $1/K$ 相同。λ_K 为 K 次克隆的后验方差的最大特征值，λ_1 为原始数据（1 次克隆）的后验方差的最大特征值。$\lambda_K^S=\dfrac{\lambda_K}{\lambda_1}$代表标准化最大特征值。绘制$\lambda_K^S$与 K 的点图并与 $1/K$ 比较。选择使λ_K^S低于特定阈值的 K 作为克隆次数。此外，随着克隆次数的增加，$(\Theta-\overline{\Theta})^T\Delta^{-1}(\Theta-\overline{\Theta})$渐近服从$\chi_p^2$分布，其中$\Theta$代表参数空间，$\Delta$代表后验分布的方差。因此可以通过计算两个统计量的值来选择克隆次数，包括$\omega=\dfrac{1}{n}\sum_i^n(O_i-E_i)^2$，其中$E_i$是$\chi_p^2$分布的分位数，$O_i=(\Theta-\overline{\Theta})^T\Delta^{-1}(\Theta-\overline{\Theta})$；以及$r^2=1-corr^2(O_i,E_i)$。当统计量趋近于 0 时，表明$O_i=(\Theta-\overline{\Theta})^T\Delta^{-1}(\Theta-\overline{\Theta})$渐近服从$\chi_p^2$分布，可以选择对应的 K 值最为最优克隆数。目前，R 包 dclone 可以实现最优克隆数 K 的选择。我们可以得到最大特征值或者上述两个统计量在不同克隆次数下的值及其变化趋势，当最大特征值或者统计量无明显改变趋势后，则可以决定最优克隆数。

第二节 数据来源与参数估计

本章内容所采用的数据和精算假设与第七章相同，采用贝叶斯分层模型与数据克隆方法，可以得到高维多人口随机死亡率模型的参数估计结果。

一、$a_x^{(i,j)}$ 估计结果

基于分层贝叶斯框架下的数据克隆求解方法,可以得到高维多人口随机死亡率模型,即 HACF 模型的参数估计结果。其中,$a_x^{(i,j)}$ 代表着单一群体对数死亡率均值。根据公式(8.1),可以计算得到人群 i,j 的 $a_x^{(i,j)}$ 的估计值,结果展示在图 8-1 中。

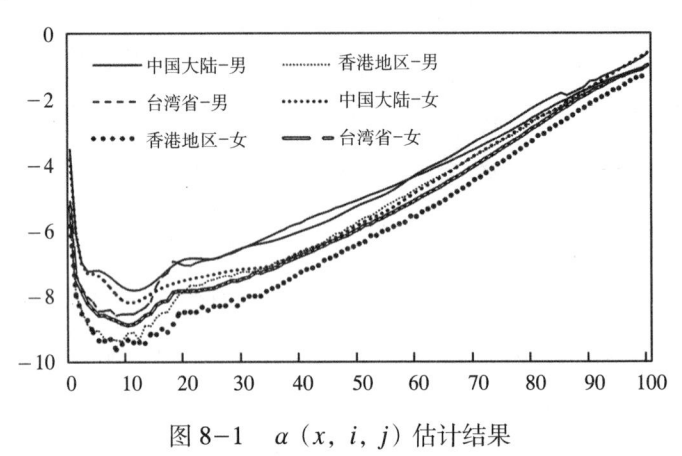

图 8-1 $a(x, i, j)$ 估计结果

由图 8-1 可见,随着年龄增长,中国大陆男女人口、香港地区男女人口和台湾省男女人口,六个群体的对数死亡率均呈现出先降低、后升高的变动趋势。与第七章中,运用加权最小二乘法估计的 $a_x^{(i,j)}$ 值的总体趋势相似。从全年龄段上的整体水平来看,在地区维度上,中国大陆人口死亡率最高,其次是台湾省,香港地区人口死亡率最低;在性别维度上,女性死亡率明显低于男性。从不同的年龄阶段来看,六个人口群体对数死亡率间的差距,随年龄增长整体呈现先扩大后缩小的变动趋势。其中,在任意年龄上,香港地区女性人口死亡率均低于所有其他的人群。0—15 岁年龄段,地区因素对死亡率影响较为明显,中国大陆男性和女性的对数死亡率最高,台湾省次之,香港地区最低。15—60 岁,台湾省男性的对数死亡率超过中国大陆女性,与中国大陆男性的对数死亡率逐渐接近;香港地区男性人口的对数死亡率逐渐上升,并于 22 岁时超过台湾省女性人口对数死亡率,之后与中国大陆女性和台湾省女性的对数死亡率保持同一趋势,且数值较为接近。60 岁以上各群体对数死亡率继续维持上升趋势,尤其是 90 岁以上时,中国大陆女性对数死亡率快速上升,超过香港地区男性人口对数死亡率,并与中国大陆男性人口对数死亡率接近。

综上可见,$a_x^{(i,j)}$ 参数估计结果反映出六个人口群体在样本期内对数死亡率平均水平的数值关系和年龄分布特征,符合人类生命表的基本规律;

六个人口群体间对数死亡率平均值的差异关系，与同期人口平均预期寿命差异关系相互吻合，尽管中国大陆人口总体平均预期寿命低于台湾省，但在大部分年龄段中国女性人口的死亡率已明显低于台湾省男性人口，且在15—60岁中国大陆和台湾省女性人口的死亡率并无太大差异。

由于性别是影响死亡率的重要因素，第七章中基于加权最小二乘法估计的$a_x^{(i)}$值和本章基于分层贝叶斯法估计的$a_x^{(i,j)}$两者存在明显差异。就结果来看，死亡率变动趋势同时受性别和地区两个因素影响；在部分年龄段，性别对死亡率的影响效果要明显大于地区因素。因此，在分析死亡率变动趋势时，将性别与地区两个不可分割的人群划分标准进行联立的估计效果要优于单一因素模型，可进一步提升随机死亡率模型的系统性。

二、年龄效应因子估计结果

共同年龄效应因子B_x，是指伴随着年龄的增长，不同群体的死亡率变动都遵从的共同趋势，这一趋势并不受样本群体改变的影响。而附加年龄效应因子$\beta_x^{(i,j)}$则是指不同群体伴随时间变化，死亡率的变化趋势，是用以体现多人口随机死亡率模型中单个人群差异的重要指标。根据公式8.1可以对共同年龄效应因子B_x进行估计，具体结果见图8-2；对附加年龄效应因子$\beta_x^{(i,j)}$进行估计，具体结果见图8-3。

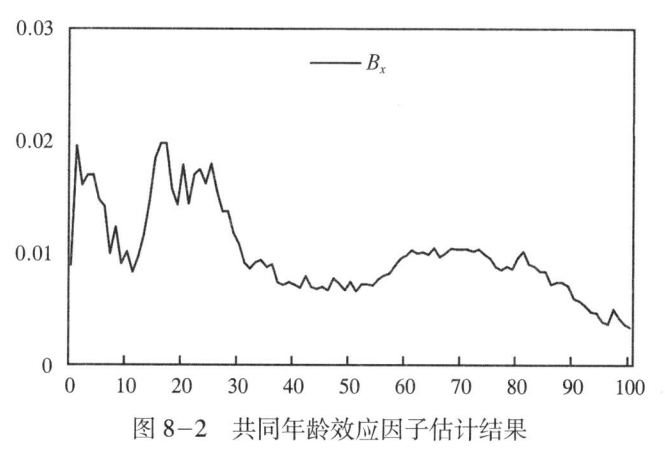

图8-2 共同年龄效应因子估计结果

由图8-2可见，对于分层多人口随机死亡率模型包含的共同年龄效应因子B_x估计值，代表着中国大陆男性、中国大陆女性、香港地区男性、香港地区女性、台湾省男性和台湾省女性的六个人口群体死亡率变化在年龄上的共同趋势。随着年龄增长，B_x估计值是为一条呈现波动递减趋势的曲线，且均为正值，该结果与第七章中运用加权最小二乘法估计的B_x值的总体趋势相同。然而，0—14岁年龄段两者估计结果存在显著差异，基于贝叶斯法的估计结果较为平稳，而加权最小二乘法的估计值则波动较大，较为平稳的变化趋势能够更系统地描述人类死亡率随着时间变化的规律。

此外，由于当前六个人口群体死亡率降低的程度有所区别，不同水平的死亡率未来的下降模式也会不同。中国大陆男性人口死亡率较高，因此历史数据中展现出来的死亡率下降速度最快，而香港地区女性人口死亡率前期已经历过了快速下降阶段，当前死亡率下降速度相对缓慢，若按照各自人群历史数据趋势来预测死亡率，中国大陆人口男性死亡率将会很快低于香港地区女性，这样的结果是不合理的。$\beta_x^{(i,j)}$设置的目的是为了体现不同群体死亡率变动的差异，并通过与$\kappa_t^{(i,j)}$相乘影响单个人口群体的死亡率，其中负值的出现说明$\beta_x^{(i,j)}$在个别年龄上在抵消B_x带来的死亡率下降趋势，但对不同人口群体的消减程度主要受$\kappa_t^{(i,j)}$影响。

图 8-3 附加年龄效应因子估计结果

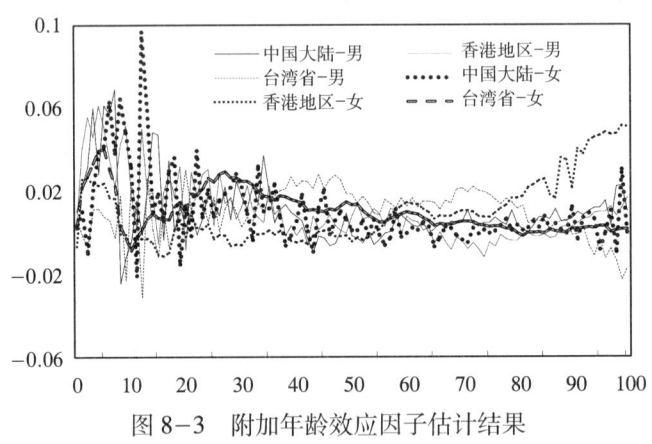

图 8-3 为 HACF 模型的附加年龄效应因子$\beta_x^{(i,j)}$估计值，图中的附加年龄效应因子估计值曲线相对B_x因子波动较大，且在很多年龄上出现了负值。与第七章中运用加权最小二乘法估计的$\beta_x^{(i)}$值的总体趋势大体相似。对比六个人口群体，中国大陆男性和香港地区男性的附加年龄效应因子变动趋势相似，且二者均与共同因子曲线趋势相似，估计值曲线在0—16岁波动较为剧烈，16岁后随着年龄的增长波动程度逐渐降低，但80岁以上年龄组波动性逐渐增加。就具体估计值而言，中国大陆男性群体，在8—12岁和42—56岁大量出现负值；香港地区男性群体，在67—82岁均为负值。台湾省男性附加年龄效应因子与共同因子曲线趋势存在着明显不同，估计值曲线在0—16岁较为平稳，16—25岁估计值的波动较为剧烈，25岁后围绕一固定值上下波动。就具体估计值而言，仅在3—19岁的部分年龄段及90岁后估计值为负数。

中国大陆女性附加年龄效应因子的估计值与共同因子曲线趋势较为相

似，在 0—16 岁与共同效应因子相比波动较为剧烈，16 岁后随着年龄增长波动程度逐渐降低，但在 80 岁后波动趋势逐渐加剧。就具体估计值而言，中国大陆女性群体，在大量年龄段均为正值，仅在 55—75 岁和 89 岁以上出现部分负值。台湾省女性和香港地区女性的附加年龄效应因子变动趋势相似，与共同年龄效应因子B_x估计值变动趋势相似，估计值曲线 1—6 岁波动较为剧烈，但二者的估计值在 10 岁之后存在明显不同，香港地区女性的附加年龄效应因子$\beta_x^{(i,j)}$估计值在 10—55 岁存在大量负值，而台湾省女性的附加年龄效应因子$\beta_x^{(i,j)}$估计值正值，且二者估计值在 80 岁后存在明显的差异。香港地区女性群体附加年龄效应因子值逐渐增大，台湾省女性群体的值则依旧在 0 值上下波动。由于附加年龄效应因子是对共同年龄效应因子趋势的补充，波动较大并大量出现负值体现出年龄间的更多差异，也是多人口随机死亡率模型中展现单个人群差异的重要指标。

三、时间效应因子估计结果

共同时间效应因子K_t，反映出人口死亡率随时间推移的共同趋势；附加时间效应因子$\kappa_t^{(i,j)}$，表示不同群体的人口死亡率伴随着时间推移的变动趋势；根据公式 8.1 可以对两者进行估计，具体结果如下图 8-4。

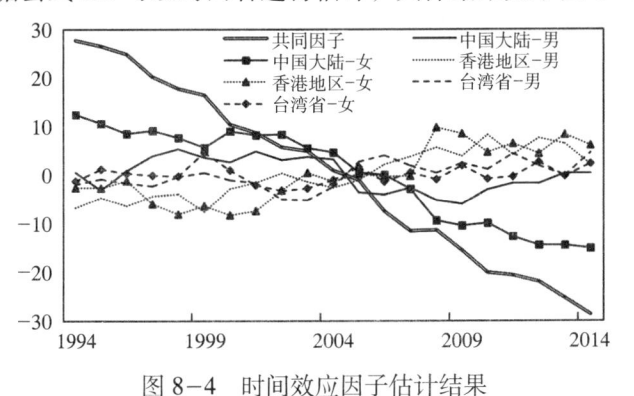

图 8-4 时间效应因子估计结果

由图 8-4 可见，时间效应因子反映出人口死亡率随时间变动的趋势。随时间的推移，共同时间效应因子是一条从左上方向右下方倾斜的曲线，且整体上斜率保持不变，因此可以对共同时间效应因子建立带有漂移项的随机游走模型。附加时间效应因子整体上呈现出平稳时间序列的波动趋势，因此可以建立具有均值回复特征的 AR（1）模型。与第七章中运用加权最小二乘法估计的值趋势大体相似，但总体曲线更为平滑、趋势更为明显。共同时间效应因子代表着所有群体死亡率伴随时间变动的总体趋势，在加权最小二乘法估计值构成的曲线中，2007—2009 年的凸起点显然不够符合模型的前提假设，而贝叶斯模型很好弥补了这一问题。

此外，共同时间效应因子曲线和六个附加时间效应因子曲线在2004—2006年之间相交，交点左侧中国大陆女性人口的附加时间效应因子值最大，其他五个群体估计值较为接近。其中，中国大陆男性人口的附加时间效应因子$\kappa_t^{(i,j)}$的估计值在1998年前略有上升趋势，而后总体趋势与中国大陆女性群体相同，呈现持续下降趋势；台湾省男性和女性的附加时间效应因子值大部分时间保持在中国大陆与香港地区二者之间，但2001—2004年明显低于香港地区的估计值；香港地区的男性和女性的估计值始终保持在较低水平且大多为负数。然而，交点右侧数值关系与左侧相反，中国大陆女性人口的附加时间效应因子值最小，其他五个群体估计值仍较为接近。其中，中国大陆男性人口的附加时间效应因子$\kappa_t^{(i,j)}$的估计值在2009年前维持下降趋势，而2009年后则略有上升；台湾省男性和女性的附加时间效应因子值大部分时间保持在中国大陆与香港地区二者之间，且始终保持在0值上下；香港地区男性和女性的附加时间效应因子则保持上升趋势，但在2005—2007年之间，香港地区女性群体的估计值基本没有变化。

综上可见，中国大陆男性和女性人口的附加时间效应因子曲线略带下降趋势，加强了共同时间效应因子的下降程度；香港地区男性和女性人口的附加时间效应因子曲线略带上升趋势，消减了共同时间效应因子的下降程度；台湾省男性和女性人口附加时间效应因子曲线为水平趋势，不影响共同时间效应因子的下降程度。共同时间效应因子与附加时间效应因子的关系显示，中国大陆人口死亡率的总体下降速度高于六个人群的共同趋势，而香港地区男性和女性均低于共同趋势，台湾省男性与女性则与共同趋势较为接近，即高死亡率人群死亡率具有更快的下降速度，而低死亡率人群死亡率下降速度则趋缓。这一趋势与第七章中加权最小二乘法估计的结果相同，时间效应因子受地区因素影响要明显大于性别因素；在同一地区内，女性的附加时间效应因子的影响在大部分年龄段也要大于男性。然而与第七章不同的是，本章中六个人口群体的附加时间效应因子均呈现出平稳时间序列的趋势特征，采用均值回复模型得到的预测值，能保证地区间和性别间的死亡率比值在长期中收敛为固定数值。

第三节 中国人口死亡率动态预测

一、样本内拟合情况分析

根据上述参数估计结果及建模方法,可以得到六个人群对数死亡率的样本内拟合值,并将 HACF 模型的估计值与实际值进行对比,具体见图 8-5、图 8-6 和图 8-7。

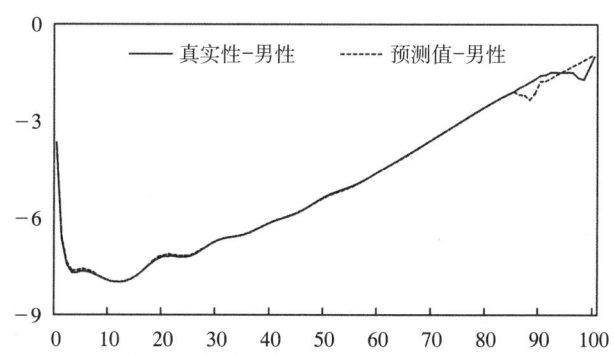

图 8-5-1　2010 年中国大陆男性人口对数死亡率拟合值与真实值比较

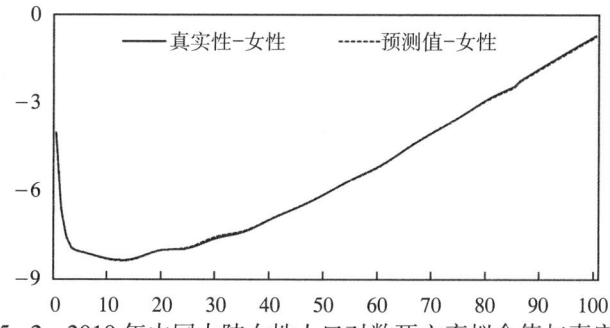

图 8-5-2　2010 年中国大陆女性人口对数死亡率拟合值与真实值比较

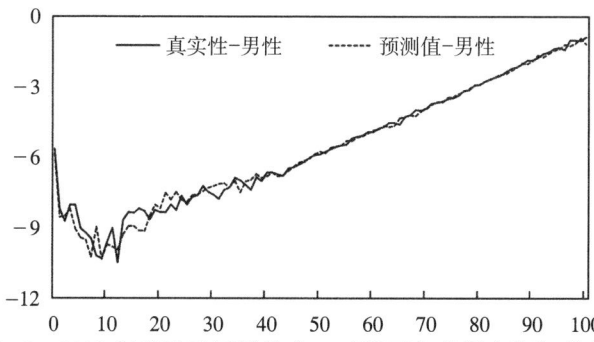

图 8-6-1　2010 年香港地区男性人口对数死亡率拟合值与真实值比较

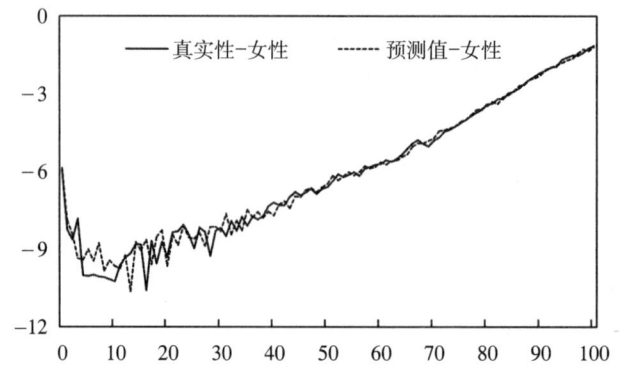

图 8-6-2　2010 年香港地区女性人口对数死亡率拟合值与真实值比较

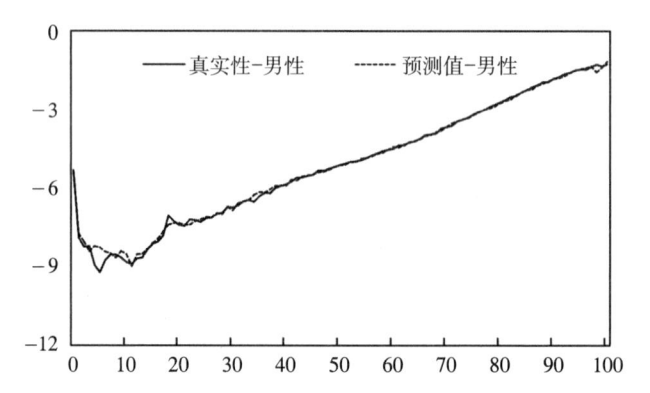

图 8-7-1　2010 年台湾省男性人口对数死亡率拟合值与真实值比较

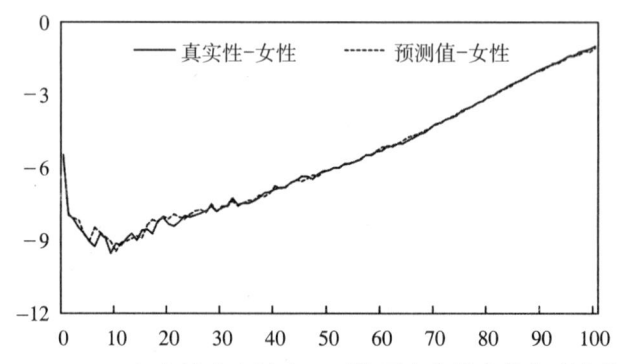

图 8-7-2　2010 年台湾省女性人口对数死亡率拟合值与真实值比较

由图 8-5-1 和 8-5-2 可见，中国大陆男性群体和女性群体的人口死亡率拟合值均与真实值接近，其中女性群体对数死亡率拟合值与真实值在全部年龄段上的差距均较小；男性群体在 0—3 岁和 30—80 岁之间，估计值与真实值较为接近，80 岁以上人口年龄组拟合值波动幅度大幅增大，而真实值依照原先趋势继续缓慢增长。与第七章对比来看，就中国大陆而言，层次贝叶斯法的高维多人口随机死亡率模型拟合效果要明显优于加权最小二乘法的多人口随机死亡率模型。也就是说，在绝大多数年龄段，加权最小二乘法 ACF（0）模型的拟合值与实际值之间存在相对较大差距，而基于分层贝叶斯法 HACF 模型的拟合值与实际值差距较小。

由图 8-6-1 和 8-6-2 可见，香港地区男性群体和女性群体的人口死亡率拟合值能较好反映真实死亡率情况。其中，男性群体除了 40 岁以下人口年龄组拟合值与真实值有小幅偏差外，其余年龄拟合度均较高，但拟合效果低于中国大陆男性群体；女性群体在 0—20 岁人口年龄组拟合值与真实值有较大偏差，5-9 岁拟合值波动较大，总体拟合效果不如中国大陆的男性群体和女性群体。与第七章对比来看，就香港地区而言，层次贝叶斯法的高维多人口随机死亡率拟合效果与加权最小二乘法的多人口随机死亡率拟合效果相似，但在部分年龄段上的死亡率存在明显差异，如香港地区女性群体在 4—10 岁的真实死亡率基本不变，加权最小二乘法拟合值会受异常值影响，而贝叶斯法则可以更为系统全面地进行估计，得到更加稳定的估计结果。

由图 8-7-1 和图 8-7-2 可见，台湾省男性群体和女性群体的人口死亡率估计效果较好。具体而言，台湾省男性群体死亡率的拟合值和真实值仅在 4—17 岁存在较为明显的差异，其他年龄段拟合值均与真实值差距较小；台湾省女性群体的死亡率拟合值在全年龄段均围绕真实值上下小幅波动并无明显差距，总体拟合效果要优于香港地区男性和女性群体。与第七章对比来看，就台湾省而言，层次贝叶斯法的高维多人口随机死亡率拟合效果与加权最小二乘法的多人口随机死亡率拟合效果相似。

以上分析仅为直观感受，进一步计算全样本死亡率拟合的 MAE 和 MAPE 值，更精确地评价模型的拟合优度，结果列示于表 8-3、表 8-4 中。

表 8-3　全样本死亡率拟合结果的 MAE 值　　单位：‰

	中国大陆	香港地区	台湾省	平均
男性	7.92	5.92	3.16	5.67
女性	1.65	2.58	2.81	2.35
平均	4.79	4.25	2.99	—

表 8-4　全样本死亡率拟合结果的 MAPE 值　　　　单位：%

	中国大陆	香港地区	台湾省	平均
男性	4.26	21.09	8.01	11.12
女性	2.52	25.97	9.81	12.77
平均	3.39	23.53	8.91	—

由表 8-3 和表 8-4 可见，基于层次贝叶斯法和数据克隆技术的高维多人口随机死亡率模型，在六个不同人群中的拟合优度具有显著的差异。

对于人口死亡率较高的中国大陆来说，男性群体对数死亡率的真实值与预测值偏离程度（无论是 MAE，还是 MAPE），远高于女性群体。总体而言，两群体全样本死亡率拟合的 MAE 和 MAPE 值均低于 5%，模型较为可靠，且拟合效果优于第七章的结果。对于人口死亡率较低的香港地区来说，男性群体拟合值与真实值的绝对误差（MAE）较大，而女性群体拟合值与真实值的相对误差（MAPE）较大，两群体全样本死亡率拟合的 MAE 值和 MAPE 值均低于 5%，模型较为可靠。相较于中国大陆，仅有男性群体和平均全样本死亡率拟合的 MAE 值较小，其他指标均不如中国大陆。对于台湾省来说，男性群体拟合值与真实值的绝对误差（MAE）较大，而女性群体拟合值与真实值的相对误差（MAPE）较大，两群体全样本死亡率拟合的 MAE 值和 MAPE 值均低于 5%，模型较为可靠。三者对比来看，台湾省女性的全样本死亡率拟合 MAE 高于香港地区，处于三者中最高；而全样本死亡率拟合的 MAPE 值则低于香港地区，处于三者中间位置。台湾省男性的全样本死亡率拟合的 MAE 值小于香港地区，并处于三者最小，而全样本死亡率拟合的 MAPE 值则低于香港地区，处于三者中间位置。

综上所述，从地区角度，就平均值来看，中国大陆的绝对误差（MAE）最大，香港地区次之，台湾省最小；香港地区的相对误差（MAPE）最大，台湾省次之，大陆最小，这一结果与第七章相同。从性别角度，男性全样本死亡率拟合的 MAE 值较大，女性全样本死亡率拟合的 MAPE 值较大，即男性群体的平均绝对误差较大，而女性群体的相对平均误差较大。

二、时间效应因子的区间预测

在预测人口死亡率之前，需先对时间效应因子进行预测，针对 $K(t)$ 和 $\kappa_t^{(i,j)}$ 分别采用 ARIMA（0，1，0）模型和 AR（1）模型进行预测，并以中国大陆男性人口群体和女性人口群体作为代表来探讨，区间预测结果见图 8-8、图 8-9 和图 8-10。

图 8-8 展示了基于层次贝叶斯法和数据克隆技术的高维多人口随机死亡率模型共同时间效应因子的区间估计值。从均值预测结果来看，HACF 模型的预测值要低于加权最小二乘法 ACF（0）的预测值，意味着 HACF 模型的时间趋势更为明显。此外，从区间估计来看，由于数据克隆方法能够为贝叶斯模型提供较为理想的先验分布，模型参数估计结果得到了明显的优化。无论是中国大陆男性群体还是女性群体的预测区间的覆盖面积都要小于加权最小二乘法下的估计区间。从社会统计学的视角来看，预测区间面积的缩小，能够为决策的制定进一步缩小范围，提高决策效率。

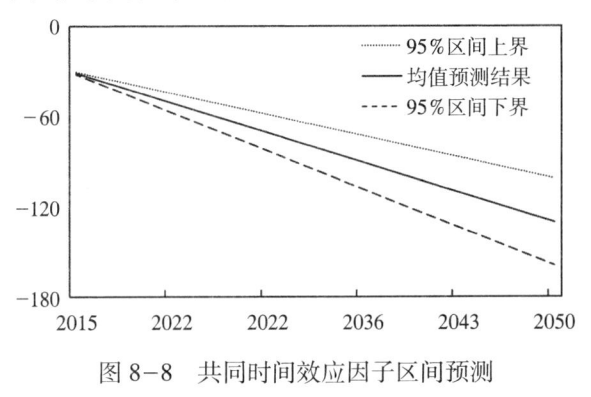

图 8-8　共同时间效应因子区间预测

注：图中"95%H"表示预测值的 95% 置信区间上界，"95%L"表示预测值的 95% 置信区间下界，"均值"表示死亡率均值预测结果。

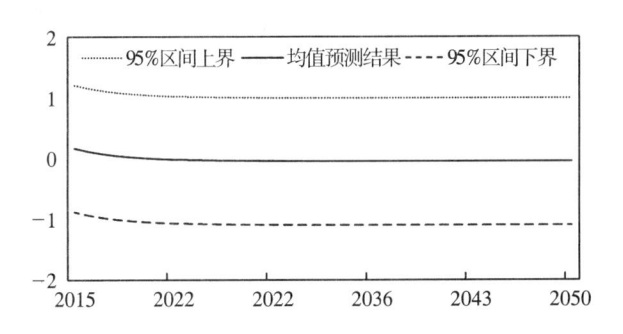

图 8-9　男性人口附加时间效应因子区间预测

注：同图 8-8。

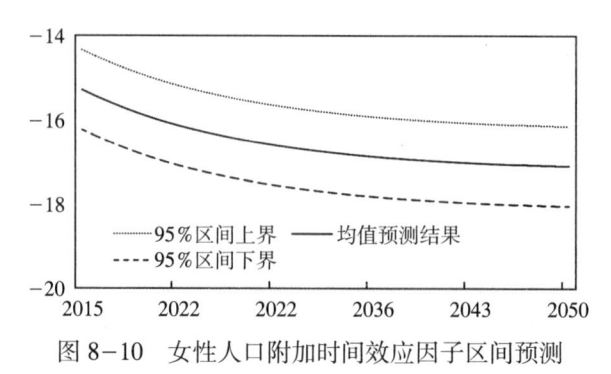

图 8-10 女性人口附加时间效应因子区间预测

注：同图 8-8。

进一步对比图 8-9 和图 8-10 可以发现，从均值预测结果来看，中国大陆女性群体附加时间效应因子的预测值小于中国大陆男性群体的预测值，即中国大陆女性群体能够获得更小的附加因子值，表明中国大陆女性相较于男性而言，人口死亡率的下降程度在共同因子的基础上得到了进一步增强。此外，从区间估计来看，中国大陆男性群体和女性群体的预测区间较为接近，均为收敛较快、区间上下界呈现为两条水平线，但中国大陆男性的预测区间横跨 0 值两侧，这一结果表明中国大陆男性附加时间效应因子在共同因子的基础上的作用效果需要进一步讨论，而中国大陆女性的预测区间均处于负值，表明人口死亡率的下降程度在共同因子的基础上得到了进一步增强。

三、中国大陆人口死亡率预测

在上述模型参数估计的基础上，可以得到 2015—2050 年死亡率均值预测结果，结果列示于表 8-5 中。

由表 8-5 可见，利用层次贝叶斯模型得到的中国大陆男性群体和女性群体人口死亡率预测值，均能够很好地反映人口死亡率随时间、年龄变动的趋势。未来人口死亡率的下降幅度，随着年龄增长不断提高，低年龄人口死亡率改善不断充分、下降幅度随之减小，而中高龄人口死亡率下降幅度则不断增加，体现出了死亡率变动的年龄模式特征。此外，两个群体的死亡率预测值较为接近，其差异主要体现在随时间推移死亡率的下降速度上。其中，男性群体的人口死亡率预测值无论在时间维度还是年龄维度上，均高于女性群体的死亡率，这与之前得出的结论，即男性群体死亡率始终高于女性一致。

表 8-5 中国大陆人口死亡率预测值　　　　　单位：%

	2015 年		2020 年		2030 年		2040 年		2050 年	
	男	女	男	女	男	女	男	女	男	女
0 岁	23.02	15.01	20.33	13.22	15.82	10.27	12.31	7.99	9.58	6.22
1 岁	0.90	0.81	0.68	0.61	0.39	0.35	0.23	0.20	0.13	0.11
10 岁	0.30	0.25	0.26	0.22	0.20	0.16	0.15	0.12	0.11	0.09
20 岁	0.47	0.31	0.37	0.24	0.22	0.14	0.14	0.09	0.08	0.05
30 岁	0.99	0.30	0.85	0.25	0.63	0.18	0.46	0.13	0.34	0.10
40 岁	1.85	0.79	1.67	0.71	1.36	0.57	1.11	0.47	0.91	0.38
50 岁	4.79	1.87	4.32	1.67	3.50	1.34	2.84	1.08	2.30	0.88
60 岁	10.63	5.10	9.24	4.41	7.00	3.32	5.31	2.51	4.03	1.91
70 岁	26.25	15.07	22.65	12.98	16.91	9.66	12.63	7.20	9.43	5.37
80 岁	85.42	51.87	74.42	45.32	56.74	34.59	43.29	26.40	33.03	20.15
90 岁	250.45	158.25	229.62	145.44	194.15	122.95	164.32	104.02	139.08	88.02
100 岁	541.43	507.01	512.21	483.16	464.90	439.14	422.91	399.35	384.76	363.26

此外，男性群体新生婴儿死亡率预测值表现出了相对较快的下降速度，但在 40—90 岁年龄段死亡率预测值的增长速度远超女性群体。两群体间虽然总体死亡率变化趋势相同，但同时也存在明显差异。这证明了层次贝叶斯模型有效的通过性别因素将样本进行分组，得出了具有性别差异的对数死亡率均值$a_x^{(i,j)}$、附加年龄效应因子$\beta_x^{(i,j)}$和附加时间效应因子$\kappa_t^{(i,j)}$，有效调节不同性别不同年龄人口死亡率下降速度，得出了相较于第七章更为合理的预测结果。

四、不同人口群体死亡率比值的预测

通过不同人口群体间的死亡率比值，进一步研究和探讨分层多人口贝叶斯模型的样本外预测效果。在模型的构造中，分层多人口贝叶斯模型包含了服从均值回复过程的附加时间效应因子，能够使不同人口群体死亡率的比值在长期预测中收敛为一个固定常数。

图 8-12 展示了分层多人口贝叶斯模型预测得到的 2015—2050 年不同地区 15 岁人口死亡率比值，其中男-H/C 表示香港地区与中国大陆男性人口死亡率比值，女-H/C 表示香港地区与中国大陆女性人口死亡率比值，

男-T/C 表示台湾省与中国大陆男性人口死亡率比值，女-T/C 表示台湾省与中国大陆女性人口死亡率比值。从图 8-12 中可见，分层贝叶斯模型预测得到的香港地区与中国大陆男性群体 15 岁人口死亡率比值由 2015 年的 0.5899，最终收敛为 2050 年的 0.5900；如果将时间继续推移，中国大陆男性人口死亡率与香港地区人口死亡率比值将趋近于 0.5990 这一固定常数，该预测结果符合人类死亡率变动的经验特征。同时，香港地区与中国大陆女性群体 15 岁人口死亡率比值由 2015 年的 0.1327，最终收敛为 2050 年的 0.1360；如果将时间继续推移，中国大陆女性人口死亡率与香港地区人口死亡率也将趋近于 0.1369 这一固定常值，该预测结果也符合人类死亡率变动的经验特征。

此外，分层贝叶斯模型预测得到的台湾省与中国大陆男性群体 15 岁人口死亡率比值由 2015 年的 0.7554，到 2017 年略有增长到 0.7678，最终收敛为 2050 年的 0.7766；而台湾省与中国大陆女性群体 15 岁人口死亡率比从 2015 年的 0.6436，到 2017 年略有降低到 0.6393，最终变动到 2050 年的 0.6458，如果将时间继续推移，则中国大陆人口男性和女性死亡率将会与台湾省男性和女性趋近于一固定值，该预测结果也符合人类死亡率变动的经验特征。

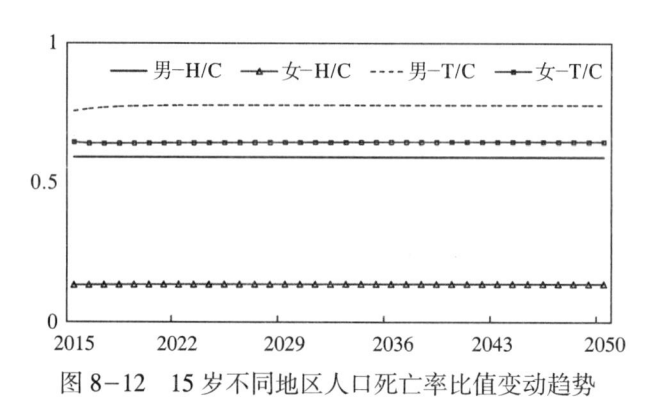

图 8-12　15 岁不同地区人口死亡率比值变动趋势

图 8-13 展示了分层多人口贝叶斯模型预测得到的 2015—2050 年不同性别 15 岁人口死亡率比值，其中中国大陆-男/女表示中国大陆男性和女性人口死亡率比值，香港地区-男/女表示香港地区男性和女性人口死亡率比值，台湾省-男/女表示台湾省男性和女性人口死亡率比值。从图 8-13 中可见，分层贝叶斯模型预测得到的中国大陆男性和女性人口 15 岁人口死亡率比值由 2015 年的 1.2801，最终收敛为 2050 年的 1.5697；香港地区男性和女性人口 15 岁人口死亡率比值从 2015 年的 5.7274，最终变

动到 2050 年的 5.6645；台湾省男性和女性人口 15 岁人口死亡率比值从 2015 年的 1.5094，最终变动到 2050 年的 1.5697。如果将时间继续推移，则男性群体死亡率与女性群体将趋近于一固定值，香港地区男女死亡率之比最为明显，台湾省次之，再次是中国大陆。该预测结果符合人类死亡率变动的经验特征。因此，HACF 模型基于一致性假设，通过设置带有随机游走项的附加时间效应因子，使不同人群间的死亡率预测结果比值呈现出合理的变动趋势。此外，这一结果体现出两性死亡率存在明显差异以及存在固定且较为稳定的比例关系。同时，两性死亡率比值也受地区因素影响，死亡率较低的香港地区比值较大，台湾省次之，再次是中国大陆。

图 8-13　15 岁不同性别人口死亡率比值变动趋势

上述分析是以 15 岁人口为例进行的说明，如果从全年龄段上来看，分层多人口贝叶斯模型预测得到的 2015 年人口死亡率比值和 2050 年人口死亡率比值二者之间出现较大差异，如图 8-14 和图 8-15 所示。H/C-男性-2015 表示香港地区与中国大陆男性人口 2015 年死亡率比值，H/C-男性-2050 表示香港地区与中国大陆男性人口 2050 年死亡率比值；H/C-女性-2015 表示香港地区与中国大陆女性人口 2015 年死亡率比值，H/C-女性-2050 表示香港地区与中国大陆女性人口 2050 年死亡率比值；T/C-男性-2015 表示台湾省与中国大陆男性人口 2015 年死亡率比值，T/C-男性-2050 表示台湾省与中国大陆男性人口 2050 年死亡率比值；T/C-女性-2015 表示台湾省与中国大陆女性人口 2015 年死亡率比值，T/C-女性-2050 表示台湾省与中国大陆女性人口 2050 年死亡率比值。

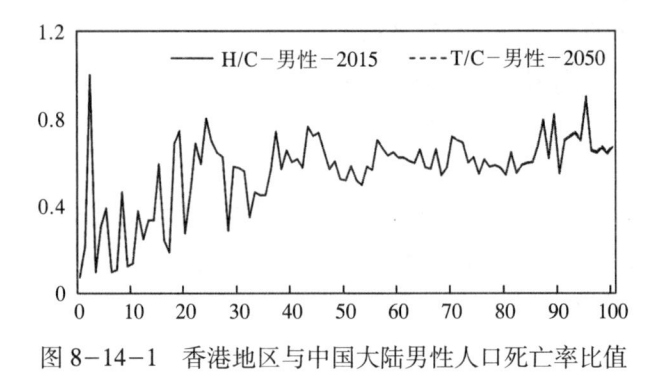

图 8-14-1　香港地区与中国大陆男性人口死亡率比值

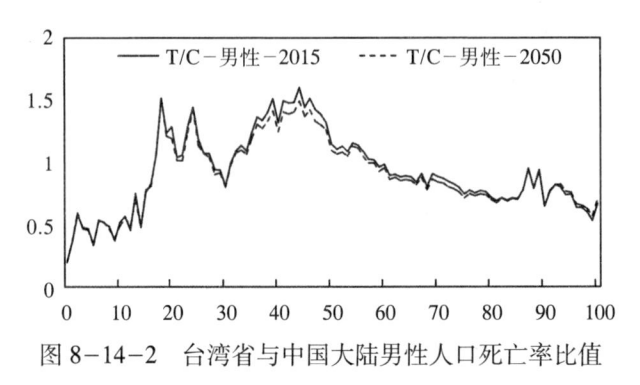

图 8-14-2　台湾省与中国大陆男性人口死亡率比值

由图 8-14-1 可见，H/C-男性-2015 和 H/C-男性-2050 两个估计值全年龄段上人口死亡率的比值均会出现较大的波动且二者基本重合，但在部分年龄出现明显不合理现象，例如无论 2015 年还是 2050 年，香港地区年龄为 2 岁的人口死亡率，均与中国大陆 2 岁的人口死亡率较为接近且两地区死亡率比值并未因时间的推移而发生较大变化，这一结论需要进一步探讨和研究。总体来看，无论是 H/C-男性-2015 值还是 H/C-男性-2050 值，均小于 1，这一结果表明中国大陆男性的死亡率始终高于香港地区。

此外，由图 8-14-2 可见，T/C-男性-2015 和 T/C-男性-2050 两个估计值全年龄段上人口死亡率的比值均会出现较大的波动且二者存在一定的差距。二者在 0—20 岁基本重合，而在 30—50 岁，T/C-男性-2050 值要优于 T/C-男性-2015 值，这一结果表明，伴随着时间的变化，中国大陆的人口死亡率下降速度要快于台湾省。总体来看，在 17—60 岁，T/C-男性-2015 值和 T/C-男性-2050 值均大于 1，说明中国大陆男性的死亡率低于台湾省；而在其他年龄段中国大陆男性群体死亡率高于台湾省。

对比图 8-14-1 和图 8-14-2 来看，从 2015 年到 2050 年，中国大

陆男性群体死亡率变化相较于香港地区并无明显差异,而相较于台湾省而言 33—55 岁的死亡率有着明显改善。对比第七章来看,HACF 模型更好地保证了动态情况下模型的稳定性,在全年龄段上预测结果均明显优于基于加权最小二乘法下的 ACF(0)模型。因此,针对中国大陆人口死亡率的预测,无论短期还是长期预测选择基于层次贝叶斯法和数据克隆技术的 HACF 模型都较为合理。

图 8-15-1 2015 年女性人口不同地区死亡率比值

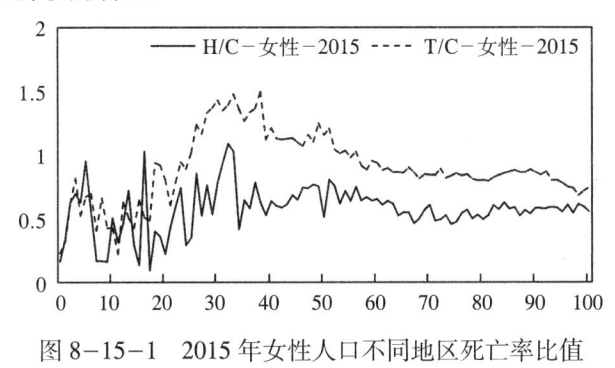

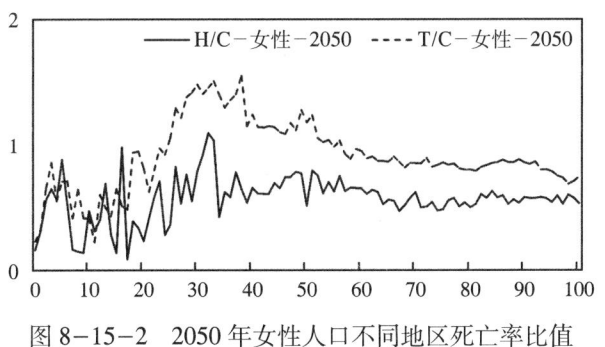

图 8-15-2 2050 年女性人口不同地区死亡率比值

由图 8-15-1 可见,H/C-女性-2015 和 T/C-女性-2015 两个估计值全年龄段上人口死亡率的比值均会出现较大的波动但二者总体趋势相同。但 T/C-女性-2015 值在大多数时候要高于 H/C-女性-2015 值,但在 0—5 岁和 17 岁左右,香港地区女性的死亡率要高于台湾省。总体来看,H/C-女性-2015 值在绝大部分年龄段均小于 1,而 T/C-女性-2015 值在 16—56 岁均大于 1,这一结果表明在 2015 年中国大陆女性全年龄段的死亡率始终高于香港地区,而在 16—56 岁年龄段则低于台湾省女性死亡率。

此外,由图 8-15-2 可见,H/C-女性-2050 和 T/C-女性-2050 两个估计值全年龄段上人口死亡率的比值均会出现较大的波动但二者总体趋势相同。T/C-女性-2050 值在大多数时候要高于 H/C-女性-2050 值,但在 0—6 岁和 16 岁左右,香港地区女性的死亡率要高于台湾省。总体来看,

H/C-女性-2050 值在大部分年龄段均小于 1，而 T/C-女性-2050 值在 16—56 岁均大于 1，这一结果表明在 2050 年中国大陆女性全年龄段的死亡率始终高于香港地区，而在 23—56 岁年龄段则低于台湾省女性死亡率。

第四节 方法比较与模型评价

本节内容从样本内拟合优度、历史期内回溯预测效果和长期预期效果三个角度，对第二篇中的模型和方法进行比较与评价，选出最优多人口随机死亡率模型，为长寿风险的量化管理提供最佳工具。

一、样本内拟合优度比较

选用平均绝对百分误差值（MAPE）对样本内拟合优度进行比较。从两个维度进行比较：一是比较死亡率数据修匀前后同一模型的拟合效果；二是比较死亡率数据修匀后不同模型的拟合效果。MAPE 的具体计算结果由表 8-6 所示。

表 8-6 不同方法下样本内拟合精度（MAPE） 单位：%

	修匀数据			未修匀数据	
	高维多人口	多人口-WLS	两人口-SVD	多人口-WLS	两人口-MLE
男性	4.34	4.81	4.87	34.85	34.71
女性	2.54	2.55	5.74	30.25	40.85
平均	3.39	3.68	5.31	32.55	37.78

由表 8-6 可见，修匀前数据模型拟合的 MAPE 值均大于 30%，尤其是基于极大似然估计方法的两人口随机死亡率模型拟合的女性人口 MAPE 值为 40.85%，即较高的 MAPE 值显示模型拟合优度不高，将会导致预测结果与真实结果之间存在较大偏差。而修匀后数据的模型拟合 MAPE 值得到了显著的改善，MAPE 值均小于 10%，其中高维多人口模型拟合的女性人口 MAPE 值仅为 2.54%，显示出了较好的拟合优度。上述结果表明，采用二维泊松 P 样条修匀中国大陆人口死亡率数据，能够有效提升动态生命表的光滑程度，改善死亡率模型的拟合效果。基于多人口随机死亡率模型的构造原理与参数估计方法的适用特性，建议未来在开展人口死亡率预测研究时，应先对中国人口粗死亡率进行修匀，弥补死亡率变动较大导致模型预测误差较大的问题。

针对修匀后数据建模的死亡率模型，进一步比较基于层次贝叶斯和数据克隆技术的高维多人口模型（简称"HACF 模型"）、基于加权最小二乘法的多人口随机死亡率模型（简称"多人口-WLS"）和基于奇异值分解法的两人口随机死亡率模型（简称"两人口-SVD"）的拟合优度。首先，对比多人口-WLS 和两人口-SVD 的拟合优度可见，无论是男性人口还是女性人口，多人口-WLS 的 MAPE 值均显著小于两人口-SVD，也就意味着引入不同地区的人口群体对中国大陆人口死亡率拟合的效果，要优于仅联立两性别人口的模型。其次，对比 HACF 模型和多人口-WLS 的拟合优度可见，无论是男性人口还是女性人口，HACF 模型的 MAPE 值均显著小于多人口-WLS 拟合值，也就意味着同时联立地区和性别两个人口群体划分标准建立的高维多人口随机死亡率模型，其拟合效果优于单一维度的多人口随机死亡率模型。

综上可见，从样本内拟合优度的角度来看，基于修匀数据的高维多人口随机死亡率模型为最优模型，也就意味着采用层次贝叶斯模型和数据克隆技术得出的模型参数估计结果更加合理。

二、历史期内回溯预测效果比较

以 1994—2014 年的人口死亡率数据作为样本值进行预测，并选取 2015—2019 年人口预期寿命的实际值作为对照组，通过 MAPE 指标检验不同方法的预测效果，结果列示于表 8-7 中。

表 8-7 不同方法下历史期内回溯预测效果（MAPE） 单位：%

	修匀数据			未修匀数据	
	高维多人口	多人口-WLS	两人口-SVD	多人口-WLS	两人口-MLE
男性	4.25	4.31	5.23	33.26	33.34
女性	2.75	2.79	5.51	30.93	39.59
平均	3.50	3.55	5.37	32.10	36.47

从表 8-7 中可见，就历史期内回溯预测来看，修匀数据的 MAPE 值显著小于未修匀数据的值，该结果与样本内拟合结果一致。同时，无论男性群体还是女性群体的历史期内回溯预测精度均为高维多人口模型最佳，多人口-WLS 模型次之，两人口-SVD 模型最差。此外，由于历史期内回溯预测是基于过去视角预测未来值，并与真实值相比较，相较于样本内拟合优度比较能够更好地体现模型是否稳健，也能从一定程度上考察模型是否存在过拟合问题。从表 8-7 结果中不难看出，虽然历史期内回溯预

测的平均绝对百分误差值要高于样本内拟合，但总体来看二者相差不大，HACF 模型存在过拟合问题的可能性不大。

三、长期预期效果比较

上述分析是以样本内数据进行的拟合与短期预测，并通过 MAPE 指标检验不同方法的拟合与短期预测效果，但对多人口随机死亡率模型长期预测效果的评价更加重要。如果以男女两性别人口死亡率比值为指标，在全年龄段上对比模型预测得到的 2015 年人口死亡率比值和 2050 年人口死亡率比值二者之间关系，可以展示出模型长期预测的表现效果，结果如图 8-16、图 8-17 和图 8-18 所示。

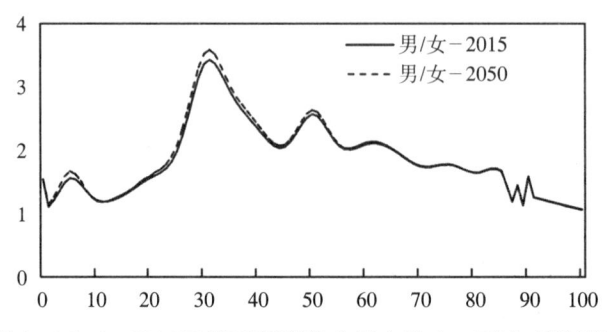

图 8-16-1　HACF 模型预测的中国大陆人口死亡率性别比

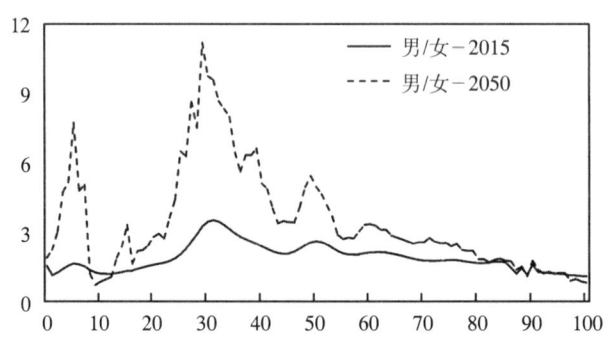

图 8-16-2　ACF 模型预测的中国大陆人口死亡率性别比

如图 8-16-1 和图 8-16-2 所示，HACF 模型和 ACF（0）模型所预测的中国大陆人口死亡率性别比，在全年龄段上存在明显差异。HACF 模型 2015 年人口死亡率性别比与 2050 年人口死亡率性别比在全年龄段上均较为接近，这一结果意味着伴随着时间的推移，男女两性在各年龄段上的死亡率比值均趋近于某一常数，符合人类死亡率变动的经验特征。而 ACF（0）模型则仅在 80 岁后二者较为接近，在大部分年龄段，2050 年死亡率性别比均高于 2015 年，意味着伴随时间变化，女性死亡率下降趋势要明显大于男性，即随时间推移，男性死亡率将高于女性死亡率数倍，该结果与发达国家人口死亡率变动趋势的经验事实不相符。此外，HACF 模型和 ACF（0）模型预测的 2015 年中国大陆人口死亡率性别比无论是数值还是趋势都较为接近，而 2050 年预测结果则存在极大差异，这表明 HACF 模型长期预测的效果优于 ACF（0）模型，不仅在地区维度死亡率比值收敛，在性别维度的死亡率比值也能够收敛为固定数值。

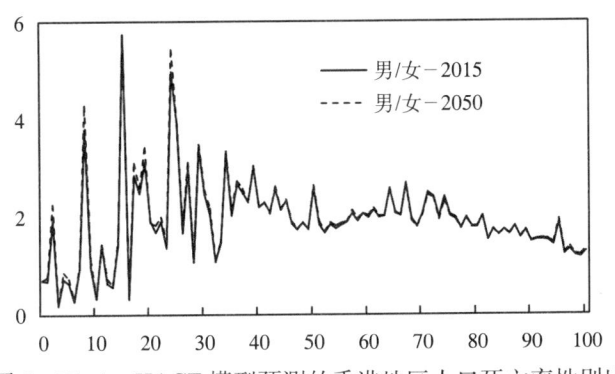

图 8-17-1　HACF 模型预测的香港地区人口死亡率性别比

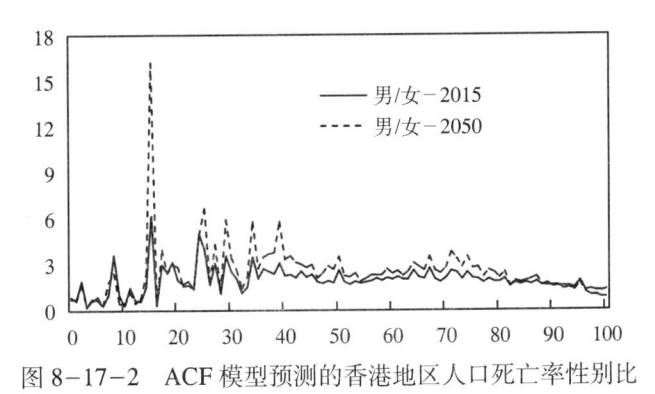

图 8-17-2　ACF 模型预测的香港地区人口死亡率性别比

如图 8-17-1 和图 8-17-2 所示，HACF 模型和 ACF（0）模型所预测的香港地区人口死亡率性别比在全年龄段上存在明显差异。HACF 模型 2015 年人口死亡率性别比与 2050 年人口死亡率性别比在全年龄段上均较为接近。意味着，随着时间的推移，男女两性别在各年龄段上的死亡率比值均收敛于某一固定常数，与中国大陆人口性别比的预测效果一致。然而，ACF（0）模型预测的 2015 年人口死亡率性别比与 2050 年人口死亡率性别比总体趋势相似，但在 8 岁、15 岁、25 岁等年龄存在异常波动，其原因是部分年龄 ACF（0）模型预测的 2050 年女性人口死亡率较低，但男性人口死亡率改善却并不明显。该结果显示了 ACF（0）模型容易受样本数据异常值影响，而在 HACF 模型中不存在这一问题，也就是说 HACF 模型在香港地区人口死亡率长期预测中效果更优。

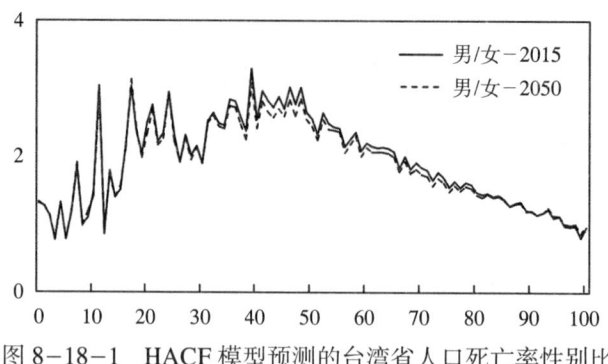

图 8-18-1　HACF 模型预测的台湾省人口死亡率性别比

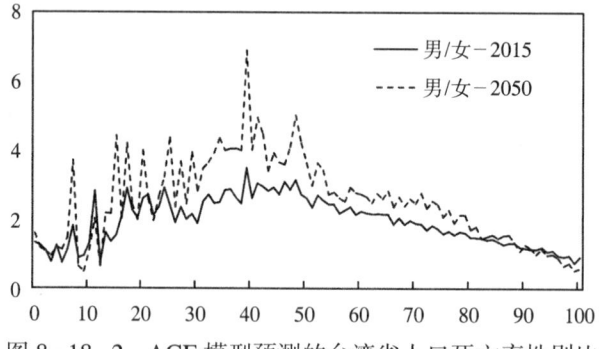

图 8-18-2　ACF 模型预测的台湾省人口死亡率性别比

如图 8-18-1 和图 8-18-2 所示，HACF 模型和 ACF（0）模型所预测的台湾省人口死亡率性别比在全年龄段上存在明显差异。与图 8-16 和图 8-17 得到的结论相同，HACF 模型预测的人口死亡率性别比能够收敛为固定常数，避免了 ACF（0）模型在长期预测中导致的个别年龄上死亡率性别差距出现的异常值。因此，HACF 模型更加适合人口死亡率的长期预测。

四、评价总结

通过从样本内拟合优度、历史期内回溯预测效果和长期预期效果三个角度，对第二篇中的模型和方法进行比较后，进一步对模型在各方面的优劣进行评价，最终选出最优的多人口随机死亡率模型，具体结果见表 8-8。

表8-8 模型与方法评价总结表

	模型	估计方法	样本内拟合	历史期回溯	长期收敛性别	长期收敛地区	最优模型
第五章	两人口	极大似然			√		
第六章	两人口	奇异值分解			√		
第七章	多人口	加权最小二乘				√	
第八章	高维多人口	分层贝叶斯+数据克隆	√	√	√	√	√

由表8-8可见，从样本内拟合优度来看，基于分层贝叶斯与数据克隆技术的高维多人口随机死亡率模型具有最小的MAPE值、最佳的拟合优度；从历史期回溯预测来看，同样是基于分层贝叶斯与数据克隆技术的高维多人口随机死亡率模型具有最小的MAPE值、最佳的拟合优度；从长期预测的死亡率性别比的合理性来看，基于极大似然估计方法的两人口模型、基于奇异值分解法的两人口模型和基于分层贝叶斯与数据克隆技术的高维多人口随机死亡率模型，均能实现死亡率性别比在长期中收敛为固定数值；从长期预测的死亡率地区比的合理性来看，基于加权最小二乘法的多人口随机死亡率模型和基于分层贝叶斯与数据克隆技术的高维多人口随机死亡率模型均能实现不同地区之间的死亡率比在长期中收敛为固定数值；在长期预测中既能满足性别比和地区比均合理的仅有基于分层贝叶斯与数据克隆技术的高维多人口随机死亡率模型。综合以上分析可见，基于分层贝叶斯与数据克隆技术的高维多人口随机死亡率模型是本研究最终得到的最优模型，将会在第三篇中以此为基础，对保险公司和养老保险制度所面临的长寿风险进行量化分析与管理。

第五节 本章小结

本章通过将性别和地区联立，构建多人口随机死亡率模型，有效地提升了模型的系统性和科学性。利用层次贝叶斯方法避免由于参数过多导致过拟合和参数不易收敛问题，并且通过利用数据克隆方法得到恰当的先验假设并采用MCMC算法，可以改善贝叶斯方法确定先验分布时的主观判断问题，提高模型参数估计的效率与质量，突破当前研究的瓶颈。

本章的研究得到以下结论：第一，从模型的参数估计方法来看，基于贝叶斯法和数据克隆技术，能够有效避免多人口随机死亡率模型参数过多导致的极大似然估计不收敛或收敛结果为局部最优的问题，将性别与地区联立，充分考虑人群差异，能够有效避免由于单一分类标准所导致的估计误差；第二，从模型的拟合优度来看，基于分层贝叶斯与数据克隆技术的高维多人口随机死亡率拟合效果要明显优于基于极大似然估计方法的两人口模型和基于奇异值分解法的两人口模型，略优于基于加权最小二乘法的多人口随机死亡率模型；第三，从模型长期预测结果的合理性来看，高维多人口随机死亡率模型不仅能够使死亡率性别比收敛于某一固定常数，也能使地区间的死亡率比值收敛于某一固定常数，模型结果的系统性更强，能够为中国人口死亡率建模引入更多有价值的先验信息。

通过一系列的比较与评价可见，基于分层贝叶斯与数据克隆技术的高维多人口随机死亡率模型是中国人口死亡率预测的最优模型，能够有效为我国保险公司长寿风险量化管理和养老金制度长寿风险量化管理提供可靠的预测结果，为中国人口死亡率预测与长寿风险度量提供科学、系统的框架体系。在接下来的第九章和第十章中，分别基于本章得到的最优模型，对保险公司和养老保险制度长寿风险进行量化分析与管理。

第三篇

应用篇

第九章 基于最优死亡率模型的保险公司长寿风险量化管理

随着社会经济的快速发展与医疗技术水平的进步，人口寿命延长已经成为必然趋势，对于人寿保险公司来说，寿命延长及其不确定性是一个潜在的不可忽视的风险。长寿风险可从个人视角和整体视角两个层面来理解。个人视角下的长寿风险是指单个人、单个家庭，受到人口寿命延长导致财务状况出现危机的风险。Richards 等（2006）认为，个人视角下的长寿风险可以通过购买商业保险计划来分散。整体视角下的长寿风险指对于一个人寿保险公司的全部加入者来说，所有人口的死亡率均降低、人口预期寿命均延长，由此可能导致的保险公司发生财务危机的风险。总体长寿风险一般不能采取分散的方式来应对，人寿保险公司所面临的正是总体长寿风险。此外，长寿风险有别于保险公司所面临的其他风险，来源于人口死亡率长期的下降趋势。人寿保险公司的产品费率，是根据目前的经验生命表，采用精算技术计算得到的。如果未来人口死亡率得到改善，那么对于养老年金业务而言，就意味着未来领取生存年金人数的增多和领取期限的延长，也即保险公司的给付额提高，进而增加了未来偿付能力不足的风险。长寿风险已经无法避免，那么人寿保险公司作为一个与风险紧密相连的经济实体，面对长寿风险的来袭，必然要做出相应的准备。

本章将以欧盟 Solvency II 的框架作为理论基础，把保险公司面临的长寿风险划分为两种类型：第一类是死亡率降低导致保险公司偿付能力不足的长寿风险；第二类是死亡率降低程度被低估导致保险公司偿付能力不足的长寿风险。通过长寿风险度量的两个指标：连续型终身生存年金精算现值和长寿风险资本要求（LCR），探讨了三种长寿风险的度量方法，分别为压力趋势法、标准公式法和基于 CTE 与 VaR 的随机模拟法。在实证分析上，则分别从个体视角和保单组视角，构建保险公司长寿风险度量模型，并应用最优多人口随机死亡率模型的预测结果，计算保险公司应对长寿风险的额外资本要求。进一步，通过讨论折现率变动的敏感性，为保险公司长寿风险管理提供科学的依据。最后，基于本章对保险公司长寿风度量的结果，结合保险公司风险管理的实践经验，提出几条可行性建议。

第一节 保险公司长寿风险量化模型

一、长寿风险度量指标

Richards（2011）给出了用于测度长寿风险的连续型终身生存年金精算现值，表达式为：

$$APV = \bar{a}_x = \bar{a}_{x:\overline{\omega-x}|} \approx \frac{1}{2} + \sum_{t=1}^{\omega-x-1} {}_tp_x v^t + \frac{1}{2} {}_{\omega-x}p_x v^{\omega-x} \qquad (9.1)$$

其中，ω 为极限年龄，${}_tp_x$ 为 x 岁的人活过 t 年的概率，i 为折现率，v 为折现因子，其表达式为：$v = (1+i)^{-1}$。

然而，长寿风险度量的相对指标则更为常用。相对指标表达的是当死亡率得到改善后，相较原来的生存年金精算现值，需要从中额外提取的长寿风险准备金。下面，定义长寿风险的资本要求 LCR 为长寿风险度量的相对指标，其表达式为：

$$LCR = \left(\frac{\bar{a}^L_{x:\overline{\omega-x}|}}{\bar{a}^H_{x:\overline{\omega-x}|}} - 1 \right) \cdot 100\% \qquad (9.2)$$

其中，$\bar{a}^L_{x:\overline{\omega-x}|}$ 和 $\bar{a}^H_{x:\overline{\omega-x}|}$ 分别为不同条件下计算得到的生存年金的精算现值。$\bar{a}^L_{x:\overline{\omega-x}|}$ 是由低死亡率计算得到的生存年金的精算现值，$\bar{a}^H_{x:\overline{\omega-x}|}$ 是由较高死亡率计算得到的生存年金的精算现值，且 $\bar{a}^L_{x:\overline{\omega-x}|}$ 大于 $\bar{a}^H_{x:\overline{\omega-x}|}$。例如，$\bar{a}^L_{x:\overline{\omega-x}|}$ 为采用 2012 年人口死亡率计算得到的生存年金的精算现值，$\bar{a}^H_{x:\overline{\omega-x}|}$ 为采用 2013 年人口死亡率计算得到的生存年金的精算现值，由于 2013 年的人口死亡率与 2012 年相比有所降低，这意味着未来领取生存年金人数的增加和领取期限的延长，并由此导致未来支付的不确定性。那么保险公司为了保证充足的偿付能力，需要增加的长寿风险资本要求即为式（9.2）所计算得到的 LCR 值。

二、两类长寿风险的度量方法

首先，第一类长寿风险是由死亡率降低导致保险公司偿付能力不足造成的。该类长寿风险可以通过式（9.3）来度量：

$$LCR^1 = \left(\frac{\bar{a}^M_{x:\overline{\omega-x}|}}{\bar{a}^B_{x:\overline{\omega-x}|}} - 1 \right) \cdot 100\% \qquad (9.3)$$

其中，$\bar{a}^B_{x:\overline{\omega-x}|}$为根据基期死亡率计算得到的生存年金精算现值，$\bar{a}^M_{x:\overline{\omega-x}|}$为根据预测期最优估计死亡率计算得到的生存年金的精算现值，基期死亡率与预测期最优估计死亡率的差值体现了死亡率降低的部分，因此，式（9.3）可以用来度量保险公司的第一类长寿风险。

此外，针对人口死亡率被低估导致的第二类长寿风险，度量方法主要包括三种：压力趋势（Stressed-Trend）法、标准公式法和基于 VaR 与 CTE 的随机模拟方法（赵明和王晓军，2015）。下面，给出三种度量方法的计算原理：

（一）压力趋势（Stressed-Trend）法

根据所选取的高维多人口随机死亡率模型，可以得到人口死亡率随时间变化的趋势路径，模型一般采取 ARIMA（p，d，q）来获取趋势路径。由于 ARIMA（p，d，q）模型的残差服从均值为 0，标准差为 σ 的正态分布，给定某一置信水平 α，可以得到未来各年在该置信水平下的死亡率的临界值，这些临界值便构成了死亡率的压力趋势线，也即在可接受的置信水平下的最低死亡率。压力趋势线与死亡率均值回归（Z=0）线之间的差距，即为死亡率被低估的可能。基于上述原理，可以构造压力趋势法下保险公司第二类长寿风险的度量指标，

$$LCR^{\mathrm{II}}(ST_\alpha) = \left(\frac{\bar{a}^{Z=\Phi^{-1}(1-\alpha)}_{x:\overline{\omega-x}|}}{\bar{a}^{Z=0}_{x:\overline{\omega-x}|}} - 1 \right) \cdot 100\% \quad (9.4)$$

其中，$\bar{a}^{Z=\Phi^{-1}(1-\alpha)}_{x:\overline{\omega-x}|}$为置信水平 α 下的死亡率临界值计算得到的生存年金精算现值，$\bar{a}^{Z=0}_{x:\overline{\omega-x}|}$为均值回归（Z=0）得到的死亡率计算的生存年金精算现值，$LCR^{\mathrm{II}}(ST_\alpha)$为在压力趋势法下得到的保险公司第二类长寿风险的度量指标。

（二）标准公式（Standard-Formula）法

标准公式法是在死亡率模型均值回归（Z=0）得到的死亡率的基础上降低一个固定的比例 f，来有效地应对死亡率被低估的风险，调整后的死亡率为：

$$q'_{x,t} = q_{x,t} \cdot (1-f) \quad (9.5)$$

其中，$q_{x,t}$为死亡率模型均值回归（Z=0）得到的死亡率，$q'_{x,t}$为降低了固定的比例 f 后的死亡率，因此，$q'_{x,t}$应小于$q_{x,t}$。基于上述两个死亡率，可以构造标准公式法下保险公司第二类长寿风险的度量指标：

$$LCR^{\mathrm{II}}(SF_f) = \left(\frac{\bar{a}^f_{x:\overline{\omega-x}|}}{\bar{a}_{x:\overline{\omega-x}|}} - 1 \right) \cdot 100\% \quad (9.6)$$

其中，$\bar{a}^f_{x:\overline{\omega-x}|}$ 为调整后的死亡率计算得到的生存年金精算现值，$\bar{a}_{x:\overline{\omega-x}|}$ 为调整前的死亡率计算得到的生存年金精算现值。

（三）基于 VaR 与 CTE 的随机模拟方法

在险价值（VaR）是欧盟第二代偿付能力（Solvency II）标准风险度量方法，条件尾部期望（CTE）是瑞士偿付能力测试（Swiss Solvency Test, SST）标准风险度量方法。应用在长寿风险的度量上，VaR 方法表示未来一定概率上长寿风险的预期最大值（死亡率的预期最小值），但 VaR 方法无法判断尾部极端风险发生时的损失情况，CTE 能够有效克服这一缺点。CTE 是尾部极端风险发生时损失的均值，可以有效度量尾部极端风险的损失情况，使得保险公司可以提取充足的长寿风险准备金，避免重大损失。Richards（2011）给出了一种获取死亡率尾部分布的随机模拟方法，该方法充分运用了死亡率数据的历史信息，对该方法进行适当的修正与改进，并以此为基础构造基于 VaR 与 CTE 的保险公司第二类长寿风险的度量指标。

具体过程如下：

（1）选择数据集，确定所选择的死亡率数据集范围：年龄界限从 x_L 到 x_H，日历年的界限从 y_L 到 y_H。

（2）计算日历年 y_{H+1} 的年初人口暴露数，在死亡均匀分布假设①下的计算公式为：

$$E_{x,y_{H+1}} = E^c_{x,y_H} - d_{x,y_H}/2 \qquad (9.7)$$

其中，$E_{x,y_{H+1}}$ 为日历年 y_{H+1} 的年初人口暴露数，E^c_{x,y_H} 为日历年 y_H 的年中人口暴露数，d_{x,y_H} 为日历年 y_H 的死亡人口数。

（3）运用 ARIMA（p, d, q）模型对 κ_y 建模，其中扰动项服从正态分布，即 $\varepsilon \sim N(0, \delta^2)$。根据扰动项的分布特征，采用 Monte Carlo 随机模拟的方法可以获取 κ_y 的随机路径，根据 Lee-Carter 模型可以分别得到 α 置信水平下日历年 y_{H+1} 的中心死亡率的 VaR_α 值和 CTE_α 值以及所有随机情景下的中心死亡率均值，分别为 $m^{VaR_\alpha}_{x,y_{H+1}}$，$m^{CTE_\alpha}_{x,y_{H+1}}$，$m^{Mean}_{x,y_{H+1}}$。

（4）在死亡均匀分布假设下，将步骤（3）得到的三种中心死亡率分别转化为死亡率，即 $q_{x,y} = m_{x,y}/1 + 0.5m_{x,y}$。

（5）进一步采用 Monte Carlo 随机模拟产生三种死亡率下对应的日历年 y_{H+1} 的死亡人数 $d_{x,y_{H+1}}$，其中，$d_{x,y_{H+1}}$ 服从二项分布，即

---

①死亡均匀分布假设是研究的基础假设，在实证研究部分假设（2）中具体解释。

$$d_{x,y_{H+1}} \sim B(E_{x,y_{H+1}}, q_{x,y_{H+1}}) \quad (9.8)$$

（6）重新计算随机模拟得到的日历年 y_{H+1} 的死亡率，$q^s_{x,y_{H+1}} = d_{x,y_{H+1}}/E_{x,y_{H+1}}$，并根据式（9.1）可分别计算得到三种死亡率对应的终身生存年金精算现值因子，分别为 $\bar{a}^{VaR_\alpha}_{x:\overline{\omega-x|}}$，$\bar{a}^{CTE_\alpha}_{x:\overline{\omega-x|}}$，$\bar{a}^{Mean}_{x:\overline{\omega-x|}}$。

（7）给定一个合理的模拟次数 n，可以得到基于 VaR 与 CTE 的保险公司第二类长寿风险度量公式分别为：

$$LCR^{II}(VaR_\alpha) = \left(\frac{\bar{a}^{VaR_\alpha}_{x:\overline{\omega-x|}}}{\bar{a}^{Mean}_{x:\overline{\omega-x|}}} - 1 \right) \cdot 100\% \quad (9.9)$$

$$LCR^{II}(CTE_\alpha) = \left(\frac{\bar{a}^{CTE_\alpha}_{x:\overline{\omega-x|}}}{\bar{a}^{Mean}_{x:\overline{\omega-x|}}} - 1 \right) \cdot 100\% \quad (9.10)$$

基于 VaR 与 CTE 的随机模拟方法用到了基数年的年中人口数和死亡人数，采用 Monte Carlo 随机模拟得到新的死亡率数据，充分利用了人口死亡状况的历史信息，使得计算结果更加合理、可信。但这种方法，受到基数年死亡数据的限制，在以当年作为基数年的情况下，只能对下一年的长寿风险进行度量。

三、个人视角下的长寿风险度量方法

在从个人视角度量保险公司生存年金长寿风险时，需计算不同年龄被保险人对应的终身生存年金现值（不考虑其他费用），即趸交净保费。不设置固定领取年限是为了避免生存年金长寿风险水平被低估。计算公式为：

$$\alpha_{x,t} = \sum_{k=1}^{w-x} {}_k\hat{p}_{x,t} v^k \quad (9.11)$$

其中，$\alpha_{x,t}$ 是 t 年初 x 岁被保险人对应的年末付终身生存年金精算现值；${}_k\hat{p}_{x,t}$ 为预测的 t 年 x 岁的人在未来 k 年的生存率，即 ${}_k\hat{p}_{x,t} = \prod_{u=0}^{k-1} \hat{p}_{x+u,t+u}$（$\hat{p}_{x,t} = 1 - \hat{q}_{x,t}$）；$v$ 代表贴现因子，$v = 1/(1+i)$。

基于风险价值（VaR）的思想，在一定置信水平下，测算被保险人死亡率出现不利变动时，保险公司为保证偿付能力充足所应计提的长寿风险额外资本要求（Additional Capital Requirement，ACR）。基于死亡率预测的均值和分位数可以得到生存年金精算现值的均值和置信水平的上界，前者能够覆盖保险公司预期内的被保险人死亡率变动情况，后者则包含了死亡率超出预期后的改善。在同样的领取水平下，不同生存年金被保险人对应的额外资本要求为年金现值的上限与均值之差。额外资本要求占年金现

值均值的比例反映的是不同被保险人对应的单位净保费中蕴含的长寿风险水平。

四、保单组视角下的长寿风险度量方法

从生存年金保单组合的视角，可以度量保险公司当前开展的生存年金业务所面临的整体长寿风险。构造两性别生存年金保单组购买者的封闭人口模型，步骤如下：

首先，假设年初生存年金业务新增男女被保险人各 N_g 人（g 为性别指示变量），且所有保单对应的领取水平均为 1 单位，即

$$N_g = \sum_x n_{x,g} \tag{9.12}$$

其中，$n_{x,g}$ 为 x 岁生存年金被保险人数量，根据被保险人年龄结构可以计算出不同年龄被保险人数量。

其次，结合年金现值均值可以得到由全部趸交净保费构成的净保费基金的价值（以下简称"基金价值"），表达式为

$$A_g = \sum_x n_{x,g} \alpha_{x,g}^{mean} \tag{9.13}$$

其中，A_g 代表基金价值，$\alpha_{x,g}^{mean}$ 为年金现值的均值。

再次，计算被保险人死亡率改善超出预期时保险公司的负债，表达式为

$$L_g = \sum_x n_{x,g} \alpha_{x,g}^{upper} \tag{9.14}$$

其中，L_g 代表死亡率出现超预期下降时保险公司的负债，$\alpha_{x,g}^{upper}$ 为年金现值的上限。

最后，通过计算被保险人死亡率改善超出预期时，保险公司的负债与基金价值之差，得到生存年金业务长寿风险额外资本要求，表达式为

$$ACR_g = L_g - A_g \tag{9.15}$$

其中，ACR_g 为保单组生存年金长寿风险额外资本要求，作为长寿风险的绝对度量值。在此基础上，可进一步计算长寿风险的相对度量值（$ACRP_g$），即长寿风险额外资本要求占基金价值的比例，表达式为

$$ACRP_g = ACR_g / A_g \tag{9.16}$$

第二节 数据来源与精算假设

本章计算生存年金精算现值以及两类长寿风险所采用的数据，均是基

于第八章分层贝叶斯与数据克隆技术的高维多人口随机死亡率模型预测的结果。此外，本章所用的其他数据与研究假设具体说明如下：

（1）假设以国民生命表代替生存年金终极生命表。保险公司经验生命表分为选择生命表和终极生命表，度量长寿风险需要对死亡率进行长期预测，选用终极生命表更为合理。因此，从审慎管理长寿风险的视角，假设以国民生命表中的死亡率数据代替生存年金终极生命表的死亡率数据。

（2）假设保险公司的长寿风险均来自养老金业务，采用生存年金的精算现值可以很好地度量保险公司的长寿风险。

（3）假设生存年金的最低领取年龄为60岁。根据我国男性人口的退休年龄以及发达国家延迟退休政策的实践，假设生存年金的最低领取年龄为60岁，且男女相同。

（4）假设折现率为2.5%，且保持恒定。将当前时间设定在2014年初，并假设当前新增的生存年金男女性被保险人的年龄段为60—99岁，且年龄结构与我国男女性人口的年龄结构相同。

第三节 保险公司长寿风险量化分析

一、个人视角下的保险公司长寿风险度量

（一）保险公司第一类长寿风险度量结果

保险公司第一类长寿风险度量的是死亡率降低超出预期导致保险公司偿付能力不足的风险。首先，根据式（9.11）计算2014年初60岁男性和女性被保险人对应的年末付终身生存年金精算现值，分别为14.93和17.39，其中计算所采取的折现率为2.5%。将2014年60岁男女性被保险人的生存年金精算现值作为基数，根据式（9.3）计算得到未来各年的长寿风险资本要求（LCR），其结果列示于表9-1中。

表9-1 保险公司第一类长寿风险度量值

	2014年	2015年	2020年	2030年	2040年	2050年
APV-男性	14.93	15.06	15.68	16.87	17.96	18.97
APV-女性	17.39	17.50	18.02	19.00	19.87	20.65
LCR（Ⅰ）-男性	—	0.87%	5.06%	12.98%	20.33%	27.05%
LCR（Ⅰ）-女性	—	0.62%	3.64%	9.24%	14.28%	18.78%

表 9-1 的第一、二行是基于高维多人口随机死亡率模型（HACF 模型）分别预测得到的男女性死亡率预测结果计算的生存年金精算现值。表 9-1 中的第三、四行为男女性长寿风险资本要求（LCR），该结果是在 HACF 模型计算得到的第一、二行的生存年金精算现值的基础上，以 2014 年 60 岁男女性的生存年金精算现值为基础计算得到。

由表可见，未来各年随着男女性死亡率的不断降低，生存年金精算现值也在不断增大。2014 年初时 60 岁男性和女性被保险人对应的年金现值仅为 14.93 和 17.39，到 2015 年分别增长至 15.06 和 17.50，2020 年增长至 15.68 和 18.02，2030 年为 16.87 和 19.00，2040 年为 17.96 和 19.87，至 2050 年时男女性被保险人对应的年金现值已经增长到 18.98 和 20.65。这是由于随着时间的推移，被保险人生存年金的平均领取期限延长，即死亡率下降导致的人口寿命延长。同时，女性被保险人对应的生存年金精算现值始终高于同龄的男性被保险人，这是由于女性人口的死亡率总体低于男性人口，在同一年龄下女性被保险人的寿命更长、生存年金平均领取期限则更长。

进一步观察，可以发现未来各年随着死亡率的不断降低，生存年金精算现值不断增大，导致保险公司的给付水平也在不断上升。与 2014 年比较，2015 年保险公司男女性被保险人的给付水平比 2014 年分别增加 0.87% 和 0.62%，2020 年增加 5.06% 和 3.64%，2030 年增加 12.98% 和 9.24%，2040 年增加 20.33% 和 14.28%，2050 年增加 27.05% 和 18.78%，也就是说给付水平随被保险人生存年限以及年金现值的增加而不断上涨。从另外一个角度来看，为了应对长寿风险导致的保险公司偿付能力不足，在 2015 年保险公司对男女性被保险人应该额外分别增加 0.87% 和 0.62% 的长寿风险准备金，即 2015 年保险公司男女性被保险人分别对应的长寿风险资本要求为 0.87% 和 0.62%。以此类推，到 2050 年，保险公司为了保持充足的偿付能力，男女性分别需要提取的长寿风险资本要求已高达 27.05% 和 18.78%。可见，从 2014 年到 2050 年，35 年左右的时间，长寿风险将会对保险公司产生重大的影响，如果不能保证充足的长寿风险资本要求，保险公司将导致不利的后果。

从两性别总体的角度对额外资本要求进行分析，额外资本要求是随被保险人的生存年限以及年金现值的增加而逐渐上涨，但是女性被保险人的额外资本要求始终低于同龄男性被保险人。自 2014 年至 2050 年期间，男性被保险人所需要提取的长寿风险资本要求增长了 26.18%，而女性在这期间仅增长了 18.16%，这是因为女性人口死亡率总体低于男性人口，死亡率的改善幅度小，所需要的长寿风险资本要求也就相应较少。因此，保险公司在管理长寿风险时，可以考虑将男女人口进行组合，通过保单组管理来分散所面临的长寿风险，后续内容将进一步探讨保单组视角下的长寿风险量化管理问题。

（二）保险公司第二类长寿风险度量结果

保险公司第二类长寿风险是度量死亡率降低程度被低估的风险，表9-2中的第一、二行是标准公式法计算得到的各年份男女性的生存年金精算现值。生存年金精算现值与表9-1中第一类长寿风险下生存年金精算现值表现出基本相同的趋势，且第二类长寿风险的精算现值整体数值高于第一类长寿风险的精算现值，这说明保险公司不仅要警惕第一类长寿风险，更应当重视死亡率被低估时保险公司所面临的第二类长寿风险。实践中，死亡率降低导致的第一类长寿风险往往是显性的，而对死亡率降低估计不足导致的第二类长寿风险经常被忽略。值得一提的是，女性被保险人对应的年金现值仍然高于同龄男性被保险人，男女性被保险人在面对两类长寿风险时的相似表现，则保险公司无法通过两性别人口组合来分散第二类长寿风险。

表9-2中的第三、四行分别以表9-1中第一、二行的年金系数为基数，通过（9.6）式计算得到的标准公式法下各年份男女性的长寿风险资本要求。标准公式法根据欧盟委员会（2010）在第二代偿付能力（Solvency II）第五次测试（QIS5）中所选用的标准，即 $f=20\%$，具体结果列示于表9-3中。在标准公式法下，2015年男女性被保险人所对应的保险公司第二类长寿风险资本要求分别为7.87%和5.92%，这意味着在充足提取了第一类长寿风险资本要求0.87%和0.62%的基础上，为了防止死亡率被低估导致的保险公司偿付能力不足，仍需要再提取7.87%和5.92%的长寿风险资本要求。

进一步观察表9-2可以发现，男女性被保险人所对应的第二类长寿风险资本要求总体上也呈现上升的趋势，2020年男女性被保险人对应的第二类长寿风险的资本要求上升至11.95%和8.78%，2030年为19.56%和14.03%，2040年为26.53%和18.69%，2050年时已增长至32.81%和22.82%。如果从两性别总体的角度将男女性被保险人的额外资本要求进行对比，可以发现男女性被保险人的额外资本要求在2020年前差距还能维持在5%以内，但2020年后男性被保险人明显高于女性，2050年时差距已达到9.99%，即男性被保险人需要更高的长寿风险准备金，因此保险公司应当更加重视男性被保险人的第二类长寿风险。

从时间的维度上可以发现，随着时间不断推移，保险公司第二类长寿风险资本要求不断升高，如果未来死亡率被低估程度尚未得到改善，第二类长寿风险将对保险公司产生严重的影响。此外，如果将第一类长寿风险与第二类长寿风险加总，即得到了总和长寿风险。根据表9-2计算得出，2015年男性被保险人的总和长寿风险资本要求为8.74%，女性被保险人则为6.54%，以此类推，到了2050年男性被保险人的总和长寿风险资本要求为59.86%，女性被保险人为41.6%。由此可见，被保险人年龄越大，对于长寿风险更加敏感。进一步，如果保险公司想要有效管理所有男女性被保险人的绝大部分长寿风险（两类长寿风险之和），2015年需对全部男性被保险人的保单按净保费的8.74%，对全部女性保单按净保费的6.54%提取额外准备金，同理，到了2050年需对全部男性被保险人的保单按净保费的59.86%，对全部女性保单按净保费的41.6%提取额外准备金。由此可见，随着时间的推移，长寿风险对保险公司的冲击不容小觑，尤其是长期的持续影响将会严重干扰保险公司的稳定经营。

表9-2 保险公司第二类长寿风险度量值

	2014年	2015年	2020年	2030年	2040年	2050年
APV－男性	14.93	16.10	16.71	17.85	18.89	19.83
APV－女性	17.39	18.42	18.91	19.83	20.64	21.36
LCR（Ⅱ）－男性	—	7.87%	11.95%	19.56%	26.53%	32.81%
LCR（Ⅱ）－女性	—	5.92%	8.78%	14.03%	18.69%	22.82%

（三）折现率变动的敏感性分析

下面来测试折现率变动对两类长寿风险的影响，并进一步分析折现率对保险公司长寿风险管理中的作用。设定需要测试的折现率分别为0.5%、1.5%、2.5%、3.5%和4.5%，测算结果分别列示于表9-3和表9-4中。

表9-3给出了第一类长寿风险的生存年金精算现值和长寿风险资本要求随折现率变动的结果。由表9-3可见，2020年折现率为0.5%时所对应的男女性被保险人生存年金精算现值分别为18.66和23.19，第一类长寿风险资本要求为1.04%和4.52%；折现率为1.5%时所对应的男女性被保险人生存年金精算现值分别为17.47和20.35，第一类长寿风险资本要求为5.57%和4.06%；折现率为2.5%时所对应的男女性被保险人生存年金精算现值为15.68和18.02，第一类长寿风险资本要求为5.06%和3.64%；折现率为3.5%时所对应的男女性被保险人生存年金精算现值为14.18和

16.09，第一类长寿风险资本要求为 4.6% 和 3.27%；折现率为 4.5% 时所对应的男女性被保险人生存年金精算现值为 12.9 和 14.47，第一类长寿风险资本要求为 4.19% 和 2.94%。总体来讲，当折现率提高时，生存年金精算现值则降低，折现率在 1.5% 以上时，所对应的保险公司第一类长寿风险偿付能力资本要求也随之降低。从时间维度上看，未来各年份在折现率变动下的生存年金精算现值和长寿风险资本要求也有相同的变化。只是随着时间的变化，长寿风险度量值越高，因此受到折现率变动影响的额度也相对较大。

此外，个别特殊的折现率也值得关注。折现率 0.5% 时男女性被保险人的长寿风险资本要求达到最低，但在折现率为 1.5% 时长寿风险资本要求迅速上升，之后便随着折现率的上升而逐渐下降。可见，在高折现率假设下，长寿风险的影响被掩盖和弱化。也就意味着，当经济形式较好时，投资收益率相对较高，则保险公司采用高折现率进行负债评估，此时会因投资收益率的提高，使保险公司忽略长寿风险的影响。然而，当前我国经济进入新常态，低利率的市场环境将会在一段时间内保持不变，保险公司使用较低的折现率进行负债评估时，此时的长寿风险将会暴露并引起保险公司的关注，因此长寿风险量化管理将成为我国人寿保险公司的重要工作。

表 9-3 折现率变动对第一类长寿风险影响情况表

折现率		2020 年 APV	2020 年 LCR（I）	2030 年 APV	2030 年 LCR（I）	2040 年 APV	2040 年 LCR（I）	2050 年 APV	2050 年 LCR（I）
0.5%	男	18.66	1.04%	19.60	6.14%	21.42	15.97%	23.15	25.34%
0.5%	女	23.19	4.52%	24.77	11.63%	26.22	18.18%	27.54	24.14%
1.5%	男	17.47	5.57%	18.93	14.38%	20.30	22.68%	21.57	30.36%
1.5%	女	20.35	4.06%	21.59	10.37%	22.71	16.11%	23.72	21.29%
2.5%	男	15.68	5.06%	16.87	12.98%	17.96	20.33%	18.97	27.05%
2.5%	女	18.02	3.64%	19.00	9.24%	19.87	14.28%	20.65	18.78%
3.5%	男	14.18	4.60%	15.14	11.73%	16.03	18.26%	16.83	24.16%
3.5%	女	16.09	3.27%	16.86	8.25%	17.55	12.68%	18.16	16.59%
4.5%	男	12.90	4.19%	13.69	10.62%	14.41	16.44%	15.06	21.63%
4.5%	女	14.47	2.94%	15.09	7.37%	15.64	11.27%	16.12	14.68%

表 9-4 描述了折现率变动对第二类长寿风险影响的情况。折现率为 0.5% 时各年份男女性被保险人的生存年金精算现值和长寿风险资本要求均为最高值。进一步提升折现率至 1.5%、2.5%、3.5% 和 4.5%，观察保险公司提高投资收益水平对生存年金长寿风险的影响。可见，折现率上升将带来生存年金精算现值的下降，同时保险公司第二类长寿风险资本要求也随之降低。当折现率从 0.5% 提高至 4.5% 时，2020 年男性被保险人生存年金现值从 21.21 降低至 13.58，长寿风险资本要求从 14.83% 降低至 9.71%。女性被保险人生存年金现值则由 24.67 降至 15.03，长寿风险资本要求由 11.19% 降至 6.91%，往后各年份也有相同的趋势。

通过上述分析可知，提高投资收益率可以作为保险公司应对未来长寿风险的有力措施，然而，折现率的提高需要保险公司提高资产配置与投资规划能力，达到资产与负债的动态匹配。较高的折现率就需要保险公司将资产的一大部分投资于股票或其他风险性资产中，尽管降低了保险公司的长寿风险，但同时也带来了更高的投资风险。因此，从保险公司整体经营的稳定性角度考虑，单纯的通过提高折现率来应对未来的长寿风险，这种方法并不理想。

表 9-4　折现率变动对第二类长寿风险影响情况表

折现率		2020 年 APV	LCR（I）	2030 年 APV	LCR（I）	2040 年 APV	LCR（I）	2050 年 APV	LCR（I）
0.5%	男	21.21	14.83%	23.00	24.53%	24.68	33.64%	26.23	42.05%
	女	24.67	11.19%	26.18	18.00%	27.55	24.19%	28.79	29.77%
1.5%	男	18.75	13.30%	20.17	21.89%	21.48	29.84%	22.69	37.10%
	女	21.50	9.90%	22.67	15.88%	23.72	21.26%	24.65	26.05%
2.5%	男	16.71	11.95%	17.85	19.56%	18.89	26.53%	19.83	32.81%
	女	18.91	8.78%	19.83	14.03%	20.64	18.69%	21.36	22.82%
3.5%	男	15.01	10.76%	15.93	17.53%	16.76	23.64%	17.50	29.10%
	女	16.79	7.78%	17.51	12.40%	18.14	16.46%	18.70	20.01%
4.5%	男	13.58	9.71%	14.33	15.74%	14.99	21.13%	15.58	25.89%
	女	15.03	6.91%	15.60	10.98%	16.10	14.52%	16.53	17.59%

二、保单组视角下的保险公司长寿风险度量

（一）保险公司第一类长寿风险度量结果

假设2014年初保险公司生存年金业务新增60岁开始领取年金的男女性被保险人各10万人。根据公式（9.12）—公式（9.16），计算出各年份第一类长寿风险的生存年金精算现值和长寿风险资本要求，并将计算结果展示于表9-5中，表格最左列用于区分度量标准和性别。其中，保单组视角下的保险公司长寿风险度量，所有计算生存年金精算现值的单位均为10万元。由于引入期初人口规模为10万人的假设，是为了根据最优死亡率模型的预测结果计算人口年龄结构变动，并以此更加符合业务实际的度量保险公司的长寿风险，因此精算现值的单位并无意义，本部分内容均将单位省略。

表9-5　保险公司第一类长寿风险度量值

	2014年	2015年	2020年	2030年	2040年	2050年
APV－男性	158.18	161.44	177.81	211.48	246.12	280.80
APV－女性	226.63	230.04	247.04	280.74	313.52	344.84
LCR（I）－男性	—	2.06%	12.41%	33.70%	55.59%	77.52%
LCR（I）－女性	—	1.50%	9.01%	23.88%	38.34%	52.16%

注：表格中生存年金精算现值的单位是10万元。

由表9-5可见，在设定两性别被保险人规模相同的假设下，女性生存年金业务的精算现值总体高于同龄男性被保险人。2014年男性被保险人年金业务所对应的精算现值为158.18，女性被保险人则为226.63，随着时间的推移，到2050年男性被保险人年金业务所对应的精算现值达到了280.8，女性被保险人则为344.84。从时间维度上来看，随着死亡率的逐年下降，两性别人口的生存年金精算现值逐步上升，这意味着保险公司未来的给付额提高，从而增加未来偿付能力不足的风险。如果从性别结构上进行对比，可以发现虽然女性生存年金业务的精算现值总体高于同龄男性，但是随着时间的变化男女性的总体差距始终保持稳定状态。

表9-5的第三、四行为60岁男女性被保险人年金业务的长寿风险资本要求（LCR）。与2014年相比，男性生存年金业务需要提取2.06%的第一类长寿风险资本要求，女性需要提取1.5%第一类长寿风险资本要求；2020年时男性生存年金业务对应的长寿风险资本要求为12.41%，女性为9.01%；到了2030年时，男性生存年金业务的长寿资本要求已明显高于

女性，分别为33.7%和23.88%，相差9.82%；2040年差距继续扩大，分别为55.59%和38.34%，相差17.25%。同时值得注意的是，到2040年时男性生存年金业务需要提取的长寿风险准备金已经超过了50%；2050年男女性生存年金业务的长寿资本要求均超过50%，分别为77.52%和52.16%，此时男女性年金业务的长寿风险资本要求的差额已达到25.36%。可见，当两性别被保险人数量相同时，两数据的差距反映出开展男性生存年金业务所收取的单位净保费中蕴含的第一类长寿风险高于女性业务，也即男性生存年金业务面临的第一类长寿风险水平高于女性业务。既然两性别长寿风险水平存在明显差异，则保险公司在业务经营中，可以通过调整生存年金被保险人的性别结构来降低业务长寿风险水平，即增加女性被保险人的占比，降低男性被保险人的占比。

（二）保险公司第二类长寿风险度量结果

表9-5得到了在保单组视角下观察两性别年金业务时，保险公司面对第一类长寿风险的生存年金精算现值以及长寿风险资本要求的变化趋势。下面，将进一步考虑两性别人口在死亡率改善程度被低估时的第二类长寿风险，进而度量保险公司当前开展两性别人口生存年金业务所面临的总体长寿风险。具体计算结果列示于表9-6中。

表9-6 保险公司第二类长寿风险度量值

	2014年	2015年	2020年	2030年	2040年	2050年
APV-男性	158.18	189.79	207.44	243.04	278.79	313.81
APV-女性	226.63	261.15	278.59	312.64	345.13	375.61
LCR（II）-男性	—	19.98%	31.14%	53.65%	76.25%	98.39%
LCR（II）-女性	—	15.23%	22.92%	37.95%	52.29%	65.74%

注：表格中生存年金精算现值的单位是10万元。

表9-6中的第一、二行是在HACF模型预测的死亡率基础上降低一个固定比例f（$f=20\%$）计算得到的男女性生存年金精算现值。表9-6中的第三、四行表示男女性被保险人死亡率降低超出预期时的生存年金业务长寿风险额外资本要求。

由表9-6可见，新增女性被保险人年金业务的精算现值整体要高于同龄男性被保险人。2014年新增男性被保险人年金业务的精算现值为158.18、女性为226.63，2015年时男性被保险人年金业务的精算现值为189.79、女性为261.15，到了2020年男性为207.44、女性为312.64，2030年时男性为243.04、女性为312.64，2040年时男性为278.79、女性为

345.13，至2050年时男性为313.81、女性为375.61。新增男女性年金业务的精算现值差距始终稳定在70上下，且各自的增长均较为稳定。

进一步观察表9-6中第三、四行男女性年金业务的长寿风险额外资本要求。与表9-2比较后可以发现，在保单组视角下男女性生存年金业务所面临的第二类长寿风险明显大于个人视角下的第二类长寿风险。2015年男女性生存年金业务所需要提取的长寿风险额外资本要求就已经达到了19.98%和15.23%，而到了2050年，保险公司在经营男女性生存年金业务时所需要为第二类长寿风险额外增加98.39%和65.74%的长寿风险准备金，远远大于个人视角下的32.81%和22.82%。值得注意的是，2050年保险公司如果经营男性生存年金业务的话，需要提取的第二类长寿风险已经基本覆盖保险公司所收取的净保费，该结果应引起保险公司对长寿风险的足够重视，尤其是在经营终身年金保险时不能忽略长寿风险的影响。此外，新增男性被保险人年金业务所需要的长寿风险资本要求整体上高于女性，且差距随着时间还在不断扩大。2015年男女性年金业务长寿风险额外资本要求的差值为4.75%，2020年时差值为8.22%，2030年时差值为15.7%，2040年时差值为23.96%，2050年时差值为32.65%。该结果反映出，当两性别被保险人规模相当时，男性生存年金业务面临的长寿风险水平高于女性生存年金业务。进一步，如果将第一类长寿风险与第二类长寿风险加总来计算总和长寿风险的话，2015年男性年金业务的总和长寿风险资本要求为22.04%、女性则为16.73%，2020年男性年为43.55%、女性为31.93%，2030年男性为87.35%、女性为61.83%，2040年男性为131.84%、女性为90.63%，到2050年时男性为175.91%、女性为118.35%。可见，两性别总和长寿风险水平存在明显差异，2040年后差距明显增大，且男性年金业务需要的长寿风险额外资本要求已超过100%，说明保险公司经营年金业务所收取的净保费已不足以提取长寿风险准备金，将不能保证充足的长寿风险资本要求。该结果可以很好地解释中国目前市场上大多数年金产品的领取期限为10—20年，但随着中国资本市场的不断健全与发展，与长寿风险相联结的金融衍生产品的创新，将会成为保险产品创新的动力。

（三）折现率变动的敏感性分析

在个人视角下对长寿风险的研究表明，折现率变动对长寿风险的影响较为显著。进一步，从保单组视角下考虑折现率变动对男女性年金业务整体长寿风险的影响，具体计算结果列示于表9-7和表9-8中。

表9-7 折现率变动对第一类长寿风险影响情况表

折现率		2020年 APV	LCR(I)	2030年 APV	LCR(I)	2040年 APV	LCR(I)	2050年 APV	LCR(I)
0.5%	男	206.32	13.21%	248.15	36.16%	291.84	60.13%	336.22	84.48%
	女	292.76	9.67%	335.86	25.82%	378.34	41.73%	419.41	57.12%
1.5%	男	191.18	12.79%	228.60	34.87%	267.36	57.74%	306.46	80.80%
	女	268.30	9.32%	306.27	24.80%	343.44	39.94%	379.15	54.49%
2.5%	男	177.81	12.41%	211.48	33.70%	246.12	55.59%	280.80	77.52%
	女	247.04	9.01%	280.74	23.88%	313.52	38.34%	344.84	52.16%
3.5%	男	165.96	12.06%	196.43	32.64%	227.56	53.66%	258.55	74.59%
	女	228.47	8.72%	258.58	23.05%	287.70	36.91%	315.38	50.08%
4.5%	男	155.40	11.74%	183.12	31.68%	211.27	51.92%	239.14	71.95%
	女	212.15	8.46%	239.22	22.30%	265.28	35.62%	289.93	48.22%

注：表格中生存年金精算现值的单位是10万元。

表9-8 折现率变动对第二类长寿风险影响情况表

折现率		2020年 APV	LCR(II)	2030年 APV	LCR(II)	2040年 APV	LCR(II)	2050年 APV	LCR(II)
0.5%	男	243.18	33.43%	288.04	58.05%	333.77	83.13%	379.15	108.04%
	女	333.22	24.83%	377.33	41.35%	419.95	57.32%	460.38	72.46%
1.5%	男	224.12	32.23%	263.96	55.73%	304.24	79.50%	343.95	102.92%
	女	303.89	23.82%	342.49	39.55%	379.55	54.65%	414.49	68.89%
2.5%	男	207.44	31.14%	243.04	53.65%	278.79	76.25%	313.81	98.39%
	女	278.59	22.92%	312.64	37.95%	345.13	52.29%	375.61	65.74%
3.5%	男	192.76	30.16%	224.77	51.78%	256.72	73.35%	287.83	94.36%
	女	256.62	22.12%	286.88	36.51%	315.60	50.18%	342.41	62.94%
4.5%	男	179.77	29.26%	208.73	50.09%	237.47	70.75%	265.30	90.77%
	女	237.44	21.39%	264.51	35.23%	290.09	48.31%	313.87	60.46%

注：表格中生存年金精算现值的单位是10万元。

表9-7展示的第一类长寿风险下男女性年金业务的生存年金精算现

值和长寿风险资本要求随折现率变动的结果,同时展现在时间轴上各年份年金现值和长寿风险的变动。首先,固定一个时间点,以2020年为例可见,折现率由0.5%提高到4.5%时,男女性生存年金业务现值分别由206.32和292.76下降至155.4和212.15,分别下降了50.92和80.61;男女性生存年金业务的长寿风险额外资本要求分别由13.21%和9.67%下降至11.74%和8.46%,分别下降了1.74%和1.21%。此时,折现率变动虽对男性生存年金业务的长寿风险影响较为明显,但并没有太大差距。结合时间来看,2030年时折现率由0.5%调整为4.5%时,男女性生存年金业务的长寿风险额外资本要求分别下降了4.48%和3.52%,2040年时分别下降8.21%和6.11%,2050年时分别下降12.53%和8.9%。由此可见,随着时间的推移,折现率的变动对第一类长寿风险的影响也逐渐增大。但必须注意的是,随时间推移,长寿风险在累积增加,因此建议保险公司应尽早采取措施,应对长寿风险对保险公司所产生的负面影响。

表9-8反映的是折现率变动对第二类长寿风险的影响。第二类长寿风险是度量死亡率被低估的风险,观察发现变动趋势与第一类长寿风险大致相同。不论是从个人视角还是从封闭的保单组视角来看,通过提高折现率可以较明显降低长寿风险额外资本要求,有效控制生存年金业务的长寿风险。进一步,将折现率由2.5%提高到4.5%时,分析第二类长寿风险随时间的增速情况。当折现率为2.5%时,2030年男女性生存年金业务的长寿风险额外资本要求分别上升了22.51%和15.03%,2040年男女性分别上升了22.6%和14.34%,2050年男女性分别上升了22.14%和13.45%;当折现率提高为4.5%时,2030年男女性生存年金业务的长寿风险额外资本要求分别提高了20.83%和13.84%,2040年男女性分别提高了20.66%和13.08%,2050年男女性分别提高了20.02%和12.15%。可见高折现率下,长寿风险的增速也有所减缓。也就是说,高折现率背后的高投资收益率,能够舒缓长寿风险对保险公司的冲击,但采用高折现率意味着保险公司需有与之匹配的高投资收益率。因此,从稳健经营的角度来说,建议保险公司采用较低的折现率进行负债评估,以保证公司在经营中不会忽视长寿风险的存在,避免采用乐观的利率定价假设掩盖了潜在的长寿风险。

三、保险公司管理长寿风险的对策建议

当前保险公司年金产品市场总体上表现为资产数量可观、潜力较大,未来具有很大发展空间。但长寿风险的出现给各国年金市场带来了较大挑战,若不能采取措施有效应对,将会对各国寿险公司的年金保险造成偿付

压力和盈利压力。我国是一个人口大国，人口寿命延长与年龄结构老化对社会的影响会更显著，更加需要重视长寿风险可能带来的损失。此外，长寿风险涉及社会养老范畴，养老问题已成为社会各界关注的焦点，保险公司积极应对长寿风险有着重要的社会意义。对此，进一步结合保险公司长寿风险量化分析的结果，提出保险公司管理长寿风险的建议。

（一）采用低折现率对保险公司进行负债评估

对于人寿保险公司而言，折现率是公司的定价假设，是基于对未来投资收益水平预期得到的。在精算实务中，一般都采用预期资产回报率作为折现率。根据本章中对保险公司长寿风险度量结果可知，保险公司的两类长寿风险在面对折现率变动时都表现得非常敏感，建议保险公司在设定折现率假设时，应从负债端与资产端综合考量。

从保险公司的负债端考虑，保险公司选择低折现率能够更好地应对长寿风险。从长寿风险度量结果中可以发现，折现率水平较低时，两类长寿风险都表现得非常显著。这是因为折现率水平较低时，未来给付现金流的精算现值也较大，保险公司为此需要提取大量责任准备金，使得长寿风险在负债端的影响扩大。低利率水平下，长寿风险无所遁形，保险公司不得不通过提取较高的责任准备金来应对长寿风险，建议保险公司在产品定价时采取较低的折现率水平，切莫盲目乐观，充分评估长寿风险的影响程度，为保险公司提取充足的长寿风险资本准备金。然而，采用较低的折现率定价，会得到较高价格的保险产品，无疑对保险公司的市场营销带来挑战，也容易受到市场部门的阻碍。因此，建议保险公司贯彻全面风险管理的理念，将风险管理作为任何工作的出发点，这样才能保证保险公司长期可持续发展。

从保险公司的资产端考虑，可以鼓励保险公司适当提高投资收益率。根据风险度量结果可知，折现率提高会导致未来给付现金流的精算现值变小，长寿风险额外资本要求也逐步降低，长寿风险呈现出不断下降的趋势。从资产端考虑，折现率是保险公司预期的资产回报率，实际上是鼓励保险公司提高投资收益水平，用投资收益来缓解长寿风险带来的冲击。但是需要注意的是，目前全球正在经历低利率甚至负利率时期，我国在经济"新常态"下保持较长时间的低利率环境。那么，如果保险公司想进一步提高投资收益率，就需要优化其资产配置策略。优化资产配置可以从以下几点进行：第一，尝试多元化投资策略，充分利用保险资金。在投资策略上，保险公司往往更加依赖股票证券等权益类投资市场，而忽视其他各类投资，那么可以在现有监管政策的基础上充分挖掘另类资产等方面的投资机会，提高资金运用效率。第二，加强保险公司资产负债管理，动态监控资产与负债的期限分布情况。探索保险科技在负债管理领域的应用，利用大数据、云计算在数据管理方面的优势，建设数字化、智能化的科学管理系统。通过对资产与负债端的实时预测，灵活调整业务结构，使得安全性与收益性相统一。

综合来看，采用较低折现率水平有利于充分评估长寿风险，引起保险公司的重视，加强风险管理。在此基础上，保险公司应当不断优化资产配置，致力于提高投资收益水平，在投资收益率稳定时适当调高折现率水平。

（二）利用资本市场，通过证券化手段转移和分散长寿风险

随着经济全球化、金融一体化发展的深入，保险市场与资本市场的融合已经逐渐成为趋势。考虑到长寿风险属于一种系统性风险，很难通过大数法则进行转移，保险公司便可以将目光转移到资本市场上，创新和发行与长寿指数相关的债券、金融衍生品等，通过证券化手段转移和分散长寿风险。根据寿险公司的产品结构，还能根据不同保单的特点设计与之相对应的证券化产品，实现一对一式的风险规避。当然，其投资收益率要和死亡率密切相关，才能应对死亡率下降不确定性给保险公司带来的长寿风险。长寿风险证券化产品的原理与运行机制实际上与巨灾债券很相似，不同的是前者是基于预期死亡率下降所带来的长寿风险，后者是基于死亡率上升而给保险公司造成的偿付能力不足的风险。在国外资本市场上，长寿风险证券化具有流动性高且容量大的优势，相对来说其成本也不高。另外还可以根据投资者数量与风险成反比的特点，通过增加资本市场的投资数量，将风险分散给多个投资者来达到降低风险的目的。目前在各国间普遍运用的长寿风险证券化产品主要有：长寿互换/债券、年金期货、年金期权、q 远期等。

随着资本市场的逐步完善以及金融行业的逐步深入，使得长寿风险证券化在当前的大环境下有了很大的发挥空间。一方面，我国应积极推进体系社会主义市场经济的深化改革，完善证券市场的政策制度和法律监督体系；另一方面，我国金融市场在"新常态"下逐步尝试放开，积极实施对外开放政策，不断提高与国际化接轨的程度。伴随着利率市场化的不断推进，能够容纳长寿风险证券化的空间也在拓宽。此外，监督管理制度的完善给长寿风险证券化提供了保障。由于预测到未来长寿风险对寿险公司的影响，保险监督管理机构必须要进一步加强对其偿付能力监管，一旦判定寿险公司偿付能力不足后，银保监会就应介入寿险公司的业务，这是为了保证寿险公司的经营稳定性，也是对广大投保人负责。如此，有专业的监管机构做保障，使得寿险公司更容易获取投资者的信任，为长寿风险证券化营造一个良好的外部环境。

（三）利用风险对冲策略分散长寿风险

风险对冲是保险公司常用的一种风险管理策略，基本思路可以分为两种：一种是在公司内部对年金产品和寿险产品进行组合设计，另一种是投资与标的资产的收益波动呈负相关的某种资产或衍生产品，这两类方法都可以达到冲销潜在风险损失的目的。通过风险对冲策略来管理长寿风险，相比较长寿风险证券化来讲，优势是成本低、无须支付额外的费用，且操作起来简单。具体如下：

第一，保险公司经营的寿险产品大致可以分为生存保险、死亡保险以及两全保险，都和死亡率有着密切的关系。从保险公司的利润来源来看，如果死亡率下降导致平均余命上升，以死亡为给付条件的死亡保险就会给保险公司带来死差益，而以生存为给付条件的生存保险则会减少死差益。从理论上讲，上述两种产品如果进行组合的话就能够冲消掉一部分长寿风险。保险组合对冲简单来讲就是把寿险公司所经营的与死亡率相关的产品进行某种组合，从而产生一种正负抵消，减少保险公司损益的目的，从而有效分散死亡率下降所带来长寿风险。在风险管理的实务中，主要选择寿险产品与年金产品进行组合对冲。需要注意的是，产品组合的要求比较苛刻，只有当年金产品和寿险产品的总保费、保险期限以及赔付金额都一致时，这两种产品才具有可比性。而事实上，想要通过产品组合方式实现完全的对冲基本不可能，但是我们可以通过调整寿险产品与年金产品在组合时的比例来实现部分对冲。此外，产品组合对冲还要解决市场上信息不对称的问题，信息不对称就可能会导致道德风险和逆向选择，这点在年金和寿险市场上也很常见。比如，身体状况良好的人更倾向于购买保险公司的年金产品，而相对应的是身体状况稍差的人倾向于购买寿险产品。长此以往，寿险产品的保单持有人大多身体健康，而年金保险的保单持有人大多身体状况欠佳，保险公司的偿付能力因此而遭到影响。另外，如果从投保人的角度看，当单个产品和寿险与年金相组合的产品同时售卖时，投保人一定会比较二者的收益率，尽可能地选择一种收益高的产品，或者会选在两家保险公司自己选择产品组合。那么面对投保人不买账的情况，保险公司就要完善自己的产品设计，谨慎选择产品组合，尽可能提高收益率，满足投保人的个性化需求。尽管产品组合的对冲方式存在一定的局限，但是对于保险公司而言，可以通过合理预测未来死亡率的变化，减少实际死亡率与预期死亡率的偏差来减少这种局限。

第二，投资组合策略自然对冲是指保险公司可以投资与长寿风险收益呈负相关的某种资产，用投资收益来对冲长寿风险损失的策略。根据风险对冲的效果，可以分成部分对冲与完全对冲。完全对冲的实现条件较为苛刻，必须是对冲投资资产的风险与长寿风险保持负相关关系，且一方资产的投资收益刚好能覆盖另一方资产的损失，如果不能则为部分对冲。在长寿风险管理的实务中，大多为部分对冲，风险管理者通常对风险都有一定的心理预期，也可以称为风险容忍度，风险管理者会对超过风险容忍度的那部分风险实施部分对冲。当然部分对冲已经能够满足风险管理主体的需要，如果投资收益状况好的话风险管理主体还有机会获得额外的收益。实际上在长寿风险对冲的实践中，最难把握的其实是投资组合策略中投资比例的设置。我们知道，长寿风险来源于死亡率下降，将来平均余命延长的风险，与此同时，平均余命的延长也会促进养老行业的大力发展，例如康复医疗、保健医疗、养老金融以及养老地产等，那么风险管理者可以选择这些发展前景较好的行业进行投资，以此来对冲一部分长寿风险。但是如何把握在这些行业中的投资比例，达到尽可能高的收益水平，是风险管理者必须要考虑的问题。另外，保险公司可以选择在期货市场套期保值来对冲长寿风险，具体的操作方法是在商品期货市场上，买进或卖出与现货商品或资产相同或相关、数量相等或相关、方向相反、月份相同或相近的期货合约，从而建立盈亏冲抵机制，来规避风险。可实施的操作工具有：保险期货、期权等。需要注意的是，保险期货跟一般的商品期货还是有很大区别，保险期货是以保险相关的某个指数作为标的设计的，通常会用死亡率、赔付率、气象指数等。其中，死亡率指数期货就可以使用在长寿风险对冲策略中，将预期死亡率降低的风险分散给资本市场的投资者，减少保险公司的损失。

（四）利用再保险进行长寿风险转移

再保险是指保险人在原合同的基础上，通过签订分保合同，将其所承保的部分风险和责任转移给其他保险人的行为。再保险因其分散风险、扩大承保能力、稳定经营成果的优点已经被普遍运用在保险行业中，成为承担风险的重要组成部分。再保险可以由两个直接保险公司完成，也可以由一方为直接保险公司，另一方为再保险公司的情况。

保险公司面临的长寿风险是系统性风险，无法通过大数法则和传统的风险管理工具进行分散和规避，但理论上可以利用再保险实现风险转移。然而，再保险公司对长寿风险的保障兴趣却并不是很高，这是因为在保险市场上普遍存在的道德风险和逆向选择，使得保险公司不得不为了保护投资者的利益在年金保单中附加相应的保证和通货膨胀保护。同时，再保险公司为了应对保险公司的长寿风险也需要提取大量责任准备金，年金产品期限普遍较长，使得这部分资金固定时间也比较长，再保险公司考虑到自身资金流动性以及运营压力下，可能会使决策变得更加谨慎。再加上人口死亡率预测值存在一定的偏差，人口平均余命延长使得保险公司支付期间延长，这让原有资金的占用时间变得更长，最终结果就是再保险公司不愿意对长寿风险进行再保险管理。目前为止，使用再保险的管理手段进行长寿风险管理在实际应用中遇到了很多问题，导致现在只能在理论层面上进行讨论。此外，如果选择再保险手段转移长寿风险，保险公司必然需要支付一笔再保险保费，这笔金额对于保险公司来说还是比较昂贵，费用增加也使得保险公司利润空间被压缩。总而言之，人寿保险公司对长寿风险进行再保险管理，成本还是比较高的。

考虑到再保险手段的有效性，建议鼓励应用再保险的方式分散长寿风险。世界范围内有多家实力雄厚的再保险公司，偿付能力较强，能承担其他保险公司无法承担的风险，并且它们愿意以此来树立企业形象，实现更长远的发展。对此政府可以发挥宏观调控的功能，鼓励大型保险公司对存在长寿风险的年金保险开展再保险业务，并通过给予财政补贴或者税收优惠的手段，来增强再保险公司的积极性。从长寿风险的复杂性和可能的损失幅度来看，在再保险市场一定存在巨大的需求。建议将目光放在再保险制度的建立和完善，培养再保险领域的精算型人才，不断完善再保险公司的经营管理经验，使得通过再保险转移长寿风险更加稳健，那么再保险有望成为保险公司解决长寿风险问题的重要手段。

（五）发展变额年金保险，以产品创新应对长寿风险

面对长寿风险，我国人身保险公司也在不断通过产品的改进和完善来应对，其中变额年金保险是较佳的工具。变额年金保险，是年金保险与变额保险相结合的创新型产品，它的保单收益以及年金给付额度都随投资绩效高低变动。可以简单地称变额年金保险是升级版的投资联结保险，不同的是，变额年金保险附加了某种形式的最低收益给付保证，也是通过年金方式支付。变额年金的特色是设立单独的投资账户方便与其他资产隔离，由保险公司代为管理运营，但是投资方式以及投资工具可由保户自由选择，其收益归年金受益人，保险公司只收取少量附加费用。如果被保险人在保险期间内死亡，保险公司将支付保单中约定的给付金额或者投资账户余额中的较高者，如果保单投资账户中的收益状况差，变额年金保险还保证最低身故利益。除此之外，变额年金保险还提供最低满期利益保证、最低年金给付保证、最低累积利益保证。

变额年金保险的产生完善了保险市场的产品结构，丰富了产品形态，满足了投保人的多样化需求。从产品自身设计上来看，变额年金保险的诸多优点使得它能够应对我国寿险公司所面临的长寿风险，主要体现在以下三个方面：第一，变额年金保险能够给保险公司提供额外收入。保险公司经营传统的寿险产品时，能够获得纯保费和附加保费收入，而经营变额年金保险的公司还能收取保单持有人的资产管理费、保证收益费、退保费等，这部分利润收入就可以用来补偿因为长寿风险而受到的损失。第二，变额年金保险可以将成本转移给保单持有人。变额年金保险将收取的保费计入特别账户，用于投资公开交易的证券，因此与传统的年金产品不同，影响其收益的最大因素并不是长寿风险，而是投资收益状况。资本市场表现好时，保单持有人除了能够收回大部分本金外，还能得到额外的投资收益，保险公司能从中获益。资本市场表现不佳时，因为变额年金保险的投资由保单持有人决定，损失也由投保人自己承担，这样就将市场波动带来的投资风险转移给了投保人，保险公司面临的长寿风险在一定程度上也被资本市场转移。第三，变额年金产品能够丰富产品形态，增加年金产品的市场竞争力。目前我国年金市场产品同质化状况严重，产品结构较为固定。而变额年金保险作为一种发展潜力巨大的创新性产品，能够增强市场活力，满足投保人的多样化需求，进而抢占寿险产品在市场上的份额。同时，变额年金保险的保费收取形式一般是趸交，保费比一般期交的产品高，多收取的这部分保费就可以帮助保险公司扩大投资或者是提高风险管理水平，从而更好地应对长寿风险。

随着国民收入提高和生活水平的改善，人们对寿险产品的需求形态也在改善，焦点逐步由承保死亡风险的定期或终身寿险转向承保生存风险的年金保险，年金保险还有很大的发展空间。尤其现代人们也开始注重投资、养老、理财等多方面的功能，变额年金保险在此时更加有竞争力。因此，在面对长寿风险时，我国保险公司应该转变思路，开拓创新，设计和开发一些变额年金产品，利用变额年金保险的优势特点来应对日趋严重的长寿风险。

（六）国家制度与政策层面的创新

面对长寿风险时，保险公司绝不是独立的个体，政府部门也在背后发挥了巨大的作用。因为随着老龄化的不断加剧，长寿风险不仅会对保险公司的偿付能力产生影响，还会对国家的基本养老体系造成巨大压力。在我国未来人口预期寿命延长的情况下，对个人来说，如果老年生活得不到保障，很可能会影响到社会环境的稳定。所以在处理长寿风险时，也是在解决我国经济社会长期安定的问题。政府需要发挥其宏观调控的作用，在保险公司面临困难时提供必要的政策扶持和帮助。

第一，相关部门除了对商业补充养老保险特别是年金保险进行政策性引导，还可以通过税收优惠和财政补贴进行扶持，例如免征或减少印花税、营业税。对于保险公司来说，在应对长寿风险导致的财富短缺时，年金保险仍然是目前最有效的工具，对其进行扶持不仅能提高保险公司经营年金产品的积极性，还有利于对年金产品的设计创新，减少保险市场同质化严重的现象。除此之外，还可以对再保险公司实施鼓励政策，发挥再保险公司在长寿风险管理中作用，使得长寿风险管理方式更加多样。

第二，为了积极应对人口老龄化，积累变额年金产品的实践经验，政府已经在北京、上海、广州等多个城市开展变额年金保险的试点建设，然而保费收入并没有形成很大的规模。对此，政府应当总结试点的经验，继续扩大试点范围，在二线城市进行积极推广。提高对提供变额年金保险的寿险公司的财政补贴，适当提供税收优惠，提高寿险公司参与试点的积极性。

第三，在我国人口死亡率的样本数据方面，本研究在模型的应用与数据方面都进行了不同程度的处理，而样本数据的质量问题也给本研究造成了一些阻碍。由此可见，样本数据的质量对选择模型与处理数据等方面是十分重要的。但是相对于国外丰富的统计数据，我国样本数据统计期限短以及样本量不足的现象较为严重，在借鉴国外理论时受到的限制较多，在实际应用中也会受到一定的阻力。想要长期有效地管理长寿风险，在未来数据统计层面的工作也需要不断完善。国家和相关机构需要充分重视数据统计工作，尽可能扩大样本统计量，提高统计数据的质量，充分运用人工智能与大数据技术手段，最大限度地做好对现有数据的统计以及对未来数据的精准更新工作，从而为后续相关工作的开展奠定良好的基础。

第四节　本章小结

本章是以欧盟 Solvency II 的框架作为理论基础，把保险公司面临的长寿风险划分为两种类型：第一类是死亡率降低超出预期导致保险公司偿付能力不足的长寿风险；第二类是死亡率降低程度被低估导致保险公司偿付能力不足的长寿风险。通过长寿风险度量的两个指标：生存年金精算现值和长寿风险资本要求，探讨了三种长寿风险的度量方法，压力趋势法、标准公式法和随机模拟法。在实证分析上，分别从个体视角和保单组视角，构建保险公司长寿风险度量模型，并应用最优多人口随机死亡率模型的预测结果，计算保险公司应对长寿风险的额外资本要求以及对折现率变动的敏感性分析。在保险公司长寿风险管理实践方面，提出了六条可行性建议，包括调整折现率、长寿风险证券化、风险对冲策略、再保险转移、保险产品创新以及政府支持。最终所得结论如下：

第一，关于个人视角下的两类长寿风险度量结果。首先，未来各年随着男女性死亡率的不断降低，生存年金精算现值也在不断增大，导致保险公司的给付水平不断增大。为了应对长寿风险导致的保险公司偿付能力不足，保险公司需要额外增加的长寿风险准备金也在不断增加。其次，如果从总和长寿风险的角度看，第二类长寿风险度量结果始终高于第一类长寿风险，这说明保险公司不仅要警惕人口死亡率降低导致的第一类长寿风险，更应当重视死亡率被低估时保险公司所面临的第二类长寿风险。

第二，关于保单组视角下的保险公司长寿风险度量。从保单组视角来看，保险公司开展男性生存年金业务面临的长寿风险高于女性。从生存年金业务的整体风险来看，考虑人口年龄结构变动的保单组视角下的长寿风险度量值远远超出个人视角下的度量结果，这说明如果未来死亡率仍在下降，但是预测值与实际值之间的差距却不缩小的话，保险公司经营生存年金业务将会面临长寿风险的较大冲击。因此，建议保险公司应尽早采取措施，应对长寿风险对保险公司所产生的负面影响。

第三，从两性别总体的角度观察保险公司长寿风险度量结果，可以发现女性被保险人所对应的生存年金精算现值始终高于同龄的男性被保险人，这是由于女性人口的死亡率总体低于男性人口，在同一年龄下女性被保险人的生存年金平均领取周期更长。此外，女性年金被保险人的额外资本要求始终低于同龄男性被保险人，这也是因为女性人口死亡率改善充分，未来的降低幅度减小，死亡率变动的不确定性也减小，保险公司所提取的长寿风险资本要求也相应较少。因此，建议保险公司在经营长期年金保险产品时，可以通过调整保单中被保险人的性别组合，以此分散长寿风险。

第四，折现率变动对长寿风险的影响较为明显，随着折现率的提高，长寿风险不断降低，且降低的幅度较为显著。然而，折现率的提高需要保险公司提供相应的投资收益率与之对应，达到资产与负债的动态匹配。较高的折现率就需要保险公司将大部分资产投资于高风险性资产中，尽管降低了保险公司的长寿风险，但同时也带来了更高的金融风险。当前我国经济进入新常态，低利率的市场环境将会在一段时间内保持不变，保险公司使用较低的折现率进行负债评估时，此时的长寿风险将会暴露并引起保险公司的关注，因此长寿风险量化管理将成为我国人寿保险公司的重要工作。

第五，在保险公司长寿风险的管理策略上，建议保险公司采用较低的折现率进行负债评估，以保证公司在经营中不会忽视长寿风险的存在，避免采用乐观的利率定价假设掩盖了潜在的长寿风险；加大产品创新力度，尤其是加大金融衍生产品创新，设计长寿风险资产证券化产品，通过资本市场实现风险对冲；培育变额年金保险产品市场，扩大寿险公司变额年金产品的市场份额，进而通过产品收益率的提升来弥补长寿风险的不利影响；充分利用再保险在长寿风险管理中的作用，将我国保险公司面临的系统性长寿风险，通过分保的方式转嫁给国际大型再保险公司。

通过本章内容的研究，以期为保险公司应对长寿风险提供科学依据，并提供可供保险公司借鉴的措施。本章作为基于最优死亡率模型的应用章节，是从社会经济体的角度探讨如何量化管理长寿风险。除此之外，国家机构也同样会受到长寿风险的冲击，下一章将重点探讨我国养老保险制度长寿风险量化管理的相关内容。

第十章　基于最优死亡率模型的养老金长寿风险量化管理

世界范围内的人口老龄化和人口寿命延长使各国养老金系统的支付能力和财务可持续性面临挑战，从而纷纷采取各种改革措施缓解支付压力。其中，随预期寿命延长，逐步提高法定退休年龄或法定养老金退休年龄是世界各国普遍采用的改革办法。在我国，人口预期寿命从新中国成立时的 44.59 岁（联合国人口司，2012），提高到 1990 年的 68.55 岁，2010 的 74.83 岁。但城镇职工法定退休年龄政策一直延续 20 世纪 50 年代的规定，男职工为 60 岁，女职工为 50 岁，女干部为 55 岁。较早的退休年龄加大了养老金的支付压力，据世界银行测算，2001—2075 年中国社会养老保险的支付缺口约占 2001 年 GDP 的 95%（Sin，2005）。2021 年 3 月 12 日公布的《中华人民共和国国民经济和社会发展第十四个五年规划和 2035 年远景目标纲要》中明确提出按照"小步调整、弹性实施、分类推进、统筹兼顾"等原则，逐步延迟法定退休年龄。

基于以上背景，本章构建了我国基本养老保险精算收支模型，在最优多人口随机死亡率模型预测结果的基础上，探讨长寿风险对我国基本养老保险制度的冲击。由此，进一步分析了其中所提到的关于延迟退休对我国养老金支付压力的影响，对比分析了两类长寿风险的度量总结出相应的规律。最后，在一定精算假设下，研究了经济、制度等因素变动对养老金支付压力的敏感性，得出了延迟退休对缓解我国的养老金支付压力的相关结论。

第一节　我国基本养老保险精算收支模型

一、养老金的总收支

下面来分析一下养老金计划针对总体人口的支付压力问题，建立一个封闭群体的支付模型，这个模型仅考虑养老金计划中现有的人员，不考虑未来新加入的人员。为了区别男性与女性寿命延长程度的不同，模型中将按照性别分别测算总收支。

（一）养老金的收入分析

因此主要针对统筹账户进行分析，统筹账户单个缴费期 T 时的缴费收入为：

$$(AI)_T = \sum_{i=1}^{N_1} m_T \bar{W}_{T,i} \theta_1 {}_{T-T_0}P_{T_0-B_{1,i}} + \sum_{i=1}^{N_2} m_T \bar{W}_{T,i} \theta_2 {}_{T-T_0}P_{T_0-B_{2,i}} \quad (10.1)$$

其中，T 为测算日期，为一个收入日或支出日；T_0 测算日期的前一个收入日或支出日；$(AI)_T$ 为 T 时期统筹账户的收入，该收入为现时发生值，因此不需要进行折现；m_T 为 T 时期的缴费率；$\bar{W}_{T,i}$ 为 T 时期的第 i 个人缴费时所采用的社会平均工资；$b_{1,i}$ 为第 i 个男性的出生日期，$b_{2,i}$ 为第 i 个女性的出生日期，其中 1 代表男性，2 代表女性；${}_{T-T_0}P_{T_0-b_{1,i}}$ 为第 i 个 $T_0-b_{1,i}$ 岁的男性活过 $T-T_0$ 期的概率，${}_{T-T_0}P_{T_0-b_{2,i}}$ 为第 i 个 $T_0-b_{2,i}$ 岁的男性活过 $T-T_0$ 期的概率。

在模型中设定了示性变量 θ，当 $\theta=1$ 时表示在岗，$\theta=2$ 时表示退休，且 θ_1，θ_2 分别代表男性和女性，即

$$\theta_1 = \begin{cases} 1 & T-B_{1,n} < R_1 \\ 0 & T-B_{1,n} \geq R_1 \end{cases}, \quad \theta_2 = \begin{cases} 1 & T-B_{2,n} < R_2 \\ 0 & T-B_{2,n} \geq R_2 \end{cases}$$

由于所建模型是封闭群体的收入模型，考虑的是 T 时刻养老金计划中现有人员的总缴费额，按照计划中现有的人数进行核算。当计划中的第 i 个人退休，则 $\theta=0$；让计划中的第 i 个人在岗，则 $\theta=1$。如果养老金计划的退休年龄被延迟，则会出现 $\theta=1$ 的个数增加，$\theta=0$ 的个数减少，即养老金计划中缴费的人数增加，养老金计划中领取养老保险金的人数减少，这样将增大 T 时刻统筹账户养老金的总收入。

（二）养老金的支出分析

接下来建立封闭群体内 T 时刻统筹账户养老金的总支出模型。当前时刻的养老金计划包括"中人"和"新人"两个群体，其中，"中人"是指在 2014 年 10 月 1 日之前已经参加工作，《国务院关于机关事业单位工作人员养老保险制度改革的决定》即，实施之后才退休的机关事业人员。即，统账结合制度实施前参加工作的在职职工。除个人账户养老金和基础养老金之外，另加一份根据工龄系数计算的过渡性养老金。针对这两个群体分别来建立养老金支出模型。

观测期已存在"中人"在 T 时刻基础性养老金总支出为：

$$(AMCB)_T = \sum_{i=1}^{N_1} G_{T,i} \varphi_{1\ T-T_0} P_{t_0-B_{1,i}} + \sum_{i=1}^{N_2} G_{T,i} \varphi_{2\ T-T_0} P_{t_0-B_{2,i}} \quad (10.2)$$

观测期已存在"中人"在 T 时刻过渡性养老金总支出为:

$$(AMCT)_T = \sum_{i=1}^{N_1} G_{T,i}^* \varphi_{1\ T-T_0} P_{T_0-B_{1,i}} + \sum_{i=1}^{N_2} G_{T,i}^* \varphi_{2\ T-T_0} P_{T_0-B_{2,i}} \quad (10.3)$$

观测期已存在"中人"在 T 时刻养老金总支出为:

$$(AMC)_T = (AMCT)_T + (AMCB)_T \quad (10.4)$$

观测期已存在"新人"在 T 时刻的养老金社会统筹支出:

$$(ANC)_T = \sum_{i=1}^{N_3} G_{T,i} \varphi_{1\ T-T_0} P_{T_0-B_{1,n}} + \sum_{i=1}^{N_4} G_{T,i} \varphi_{2\ T-T_0} P_{T_0-B_{2,n}} \quad (10.5)$$

观测期已存在的"中人"与"新人"在 T 时刻的养老金总支出为:

$$(AC)_T = (AMC)_T + (ANC)_T \quad (10.6)$$

得到了总支付模型后，在模型中设定示性变量 φ，当 $\varphi=1$ 时表示退休，$\varphi=0$ 时表示在职，且 φ_1，φ_2 分别代表男性和女性。

$$\varphi_1 = \begin{cases} 1 & T-B_{1,i} \geq R_1 \\ 0 & T-B_{1,i} < R_1 \end{cases}, \quad \varphi_2 = \begin{cases} 1 & T-B_{2,i} \geq R_2 \\ 0 & T-B_{2,i} < R_2 \end{cases}$$

当计划中的第 i 个人退休，则 $\varphi=1$；让计划中的第 i 个人在岗，则 $\varphi=0$。如果养老金计划的退休年龄被延迟，则会出现 $\varphi=0$ 的个数增加，$\varphi=1$ 的个数减少，即领取养老金的人数减少，缴纳养老金的人数增加，这样将减少 T 时刻统筹账户养老金的总支出。

二、个体收支分析

接下来，从个体（单个人）的角度建立人口寿命延长背景下的延迟退休对养老金支付压力影响的测算模型。由于养老金缴费额为缴费工资的一个固定比例，对于个体来说较易获取，所以不再单独测算。下面给出个体（单个人）养老金支付额的计算公式①:

基础养老金＝[（本人指数化工资＋上年平均在岗工资）／2]×
全部缴费年限×1%

过渡性养老金＝[（本人指数化工资＋上年平均在岗工资）／2]×
视同缴费年限×过渡系数

---

①此处没有考虑个人账户部分，原因见总体收支模型部分。

其中，本人指数化工资＝上年月平均在岗工资×平均指数，该指标反映职工在整个缴费年限或连续计算的若干缴费年限中的缴费工资平均水平。

$$养老金总额＝基础养老金＋过渡性养老金$$

由于过渡性养老金是中国养老保险制度的特殊概念，随着未来"中人"不断地离开养老保金计划，过渡性养老金这一概念将不再存在。同时，测算未来退休的人的养老金支付额，不同年份退休的人"中人"与"新人"均会存在，为了使得比较口径一致，这里仅探讨基础性养老金的支付压力问题。基础养老金支付公式为：

$$\begin{aligned}G_{T,i}&=\frac{\overline{W}_{[T]-1}(1+\overline{EXPN_i})}{2}(R_i-D_i)\cdot 1\%\\&=\frac{\overline{W}_{[T]-2}(1+r_T+\pi_T)(1+\overline{EXPN_i})}{2}(R_i-D_i)\cdot 1\%\end{aligned} \quad (10.7)$$

其中，$G_{T,i}$ 为第 i 个人的基础养老金，$\overline{W}_T$ 为当年平均在岗工资水平，$\overline{W}_{[T]-1}$ 为上年平均在岗工资，$\overline{EXPN_i}$ 为第 i 个人的平均指数，R_i 为第 i 个人的退休的年龄，D_i 为第 i 个人的参加工作的年龄，r_T 为 t 年实际工资增长率，π_T 为 t 年通货膨胀率。对于个体（单个人）第 i 个人来说，平均指数、全部缴费年限和参加工作时间都是固定的，当给定相应的实际工资增长率和通货膨胀率假定后，平均在岗工资也随之固定。此时，养老金支出的变化只受退休年龄变化的影响，而平均在岗工资又受到实际工资增长率与通货膨胀率的共同影响。

假设一个 D_i 岁参加工作的人，其退休年龄 R_i，则在退休时对该个体（单个人）未来养老金支付额的现值为：

$$\begin{aligned}(GPV)_n&=\frac{\overline{W}_{[T-1]}(1+\overline{EXPN_i})}{2}(R_i-D_i)1\%\{1+(1+r')v+\cdots+[(1+r')v]^{n-1}\}\\&=\frac{\overline{W}_{[T-1]}(1+\overline{EXPN_i})}{2}(R_i-D_i)1\%\frac{1-[(1+r')v]^n}{1-(1+r')v}\end{aligned} \quad (10.8)$$

其中，$v=(1+i)^{-1}$，i 为折现率，n 为该个体的退休年龄所对应的平均余命，r' 为名义工资增长率，即 $r'=r+\pi$。

第二节 数据来源与精算假设

本章研究所选取的数据为 1994—2015 年《中国统计年鉴》中的平均

工资、工资增长率和消费者价格指数数据以及第8章最优多人口随机死亡率模型预测死亡率计算的2015—2050年中国分年龄、分性别的人口平均余寿的数据。

具体的假设与测算方如下：

第一，假定评估的起始时点为2014年1月1日，共测算6次，分别为2014年的评估当年以及预测年的2015年、2020年、2030年、2040年和2050年。

第二，平均工资与工资增长率的选定与假设。由于现阶段我国养老保险制度一般采用的是省级统筹方式，由于各个省份社会平均工资差异较大，从公平角度考虑，全国统筹方式将成为未来养老保险制度改革的重要选择。因此，选取的月度社会平均工资为4779元，即2014年的全国在岗职工月度的社会平均工资。工资增长率的选取为1995—2014年全国社会平均工资增长率的几何平均数，即10.12%，该数值为名义工资增长率。

第三，通货膨胀率假设。用1995—2014年的全国年度居民消费者价格指数的几何平均数2.96%作为通货膨胀的指标。根据10.12%的名义工资增长率，可得实际工资增长率为7.16%。根据世界银行（2012）的观点，我国2026年后GDP的增长率将保持在5%左右，且工资增长率高于GDP增长率1%—2%，属于合理的范围。

第四，平均指数的假定。根据我国历史经验及未来发展趋势，假定平均指数为1，即以平均工资为基数进行缴费。

第五，折现率假定为2.5%，较低的折现率以保证未来的债务不被低估。

第六，死亡率及预期寿命。针对个体的测算，不直接采用死亡率数据，而是采用人口的平均余寿的数据。

第七，测算的日期和时间标准。测算以月度数据为基础，每月的月初（1月1日）支付养老金，因此采用的所有变量均应该换算成月度数据。针对折现率和名义工资增长率，应换算成按月复利累积的月度水平，分别为0.21%和0.81%。平均余寿将年数转换成月份数，小数年的转换采取向下取整的方式，即满足月初支付养老金的假设。

第八，假定个人的缴费率不变，即缴费额与平均工资额之间的比为常数，并假设个人工作期间的总缴费额只受平均工资变化的影响。因此，延迟退休增加个人总缴费这一关系简单易懂，没有测算必要，所以针对支付压力的测算主要考虑未来养老金的支出状况。

第九，测算一个30岁参加工作的人，分别在2015，2020，…，2050

年以 60 岁、65 岁和 70 岁为退休年龄的未来养老金支出额的现值。并分别测算男性与女性人口寿命延长对养老金支付压力的影响以及延迟退休对缓解支付压力的作用。

第三节 养老保险制度长寿风险量化分析

一、我国人口预期寿命的预测分析

基于人口死亡率样本数据和最优死亡率模型的预测结果,采用第二章的公式(2.50),可以计算得出 2014—2050 年我国人口平均预期寿命,结果列示于 10-1 中。

表 10-1 2014—2050 年我国人口预期寿命表　　单位:岁

	2014 年 男	2014 年 女	2015 年 男	2015 年 女	2020 年 男	2020 年 女	2030 年 男	2030 年 女	2040 年 男	2040 年 女	2050 年 男	2050 年 女
0 岁	73.46	79.83	73.78	80.10	75.34	81.40	78.25	83.77	80.92	85.89	83.36	87.78
60 岁	16.44	21.56	16.68	21.78	17.88	22.86	20.21	24.88	22.45	26.74	24.55	28.43
65 岁	13.09	17.90	13.32	18.11	14.45	19.15	16.67	21.11	18.81	22.92	20.84	24.57
70 岁	8.50	12.64	8.69	12.84	9.67	13.78	11.63	15.60	13.57	17.30	15.44	18.87

表 10-1 中第一行描述了中国 0 岁人口平均预期寿命。随时间的推移,我国男女人口预期寿命呈现递增的趋势。具体来看,2014 年我国男女人口预期寿命分别为 73.46 岁和 79.83 岁,到 2015 年增长至 73.78 岁和 80.10 岁,分别增长了 0.32 岁和 0.27 岁;2020 年增长至 75.34 岁和 81.40 岁,平均每年增长了 0.31 岁和 0.26 岁;2030 年增长至 78.25 岁和 83.77 岁,平均每年增长了 0.30 岁和 0.25 岁;2040 年增长至 80.92 岁和 85.89 岁,平均每年增长了 0.29 岁和 0.23 岁;2050 年增长至 83.36 岁和 87.78 岁,平均每年增长了 0.28 岁和 0.22 岁。

表 10-1 中第二行描述了我国 60 岁人口平均预期寿命。具体来看,2014 年我国男女人口预期寿命分别为 16.44 岁和 21.56 岁,到 2015 年增长至 16.68 岁和 21.78 岁,分别增长了 0.24 岁和 0.22 岁;2020 年增长至 17.88 岁和 22.86 岁,平均每年增长了 0.24 岁和 0.22 岁;2030 年增长至 20.21 岁和 24.88 岁,平均每年增长了 0.24 岁和 0.21 岁;2040 年增长至 22.45 岁和 26.74 岁,平均每年增长了 0.23 岁和 0.20 岁;2050 年增长至

24.55 岁和 28.43 岁，平均每年增长了 0.23 岁和 0.19 岁。

表 10-1 中第三行描述了我国 65 岁人口平均预期寿命。随时间的推移，我国男女人口预期寿命呈现递增的趋势。具体来看，2014 年我国男女人口预期寿命分别为 13.09 岁和 17.90 岁，到 2015 年增长至 13.32 岁和 18.11 岁，分别增长了 0.23 岁和 0.21 岁；2020 年增长至 14.45 岁和 19.15 岁，平均每年增长了 0.23 岁和 0.21 岁；2030 年增长至 16.67 岁和 21.11 岁，平均每年增长了 0.22 岁和 0.20 岁；2040 年增长至 18.81 岁和 22.92 岁，平均每年增长了 0.22 岁和 0.19 岁；2050 年增长至 20.84 岁和 24.57 岁，平均每年增长了 0.22 岁和 0.19 岁。

表 10-1 中第四行描述了我国 70 岁人口平均预期寿命。随时间的推移，我国男女人口预期寿命呈现递增的趋势。具体来看，2014 年我国男女人口预期寿命分别为 8.50 岁和 12.64 岁，到 2015 年增长至 8.69 岁和 12.84 岁，分别增长了 0.19 岁和 0.20 岁；2020 年增长至 9.67 岁和 13.78 岁，平均每年增长了 0.20 岁和 0.19 岁；2030 年增长至 11.63 岁和 15.60 岁，平均每年增长了 0.20 岁和 0.19 岁；2040 年增长至 13.57 岁和 17.30 岁，平均每年增长了 0.20 岁和 0.18 岁；2050 年增长至 15.44 岁和 18.87 岁，平均每年增长了 0.19 岁和 0.17 岁。

综上可见，随着时间的推移，不同年龄下的预期寿命都呈现不同幅度的延长趋势。未来 35 年期间，中国 0 岁人口平均预期寿命平均每 10 年男性增长 2.8 岁、女性增长 2.2 岁；60 岁人口平均预期寿命平均每 10 年男性增长 2.3 岁、女性增长 1.9 岁；65 岁人口平均预期寿命平均每 10 年男性增长 2.2 岁、女性增长 1.9 岁；70 岁人口平均预期寿命平均每 10 年男性增长 1.9 岁、女性增长 1.7 岁。其中，0 岁余寿延长趋势最为明显，说明其预期寿命延长的幅度最大。代表着老年人口预期寿命的 60 岁、65 岁和 70 岁，尽管预期寿命绝对数值较 0 岁人口预期寿命低，但老年人口预期寿命增长的相对幅度更大。也就意味着，在中国未来人口寿命延长的过程中，老年人口的寿命延长较为显著，增加了未来养老金的支付压力，对我国养老保险制度的长期可持续发展提出了严峻考验。因此，有必要从科学的角度，对我国养老保险制度的支付能力进行测算，并度量长寿风险对养老金制度可持续发展的影响。

二、基础养老金支付额测算

下面根据公式（10.1）—公式（10.8）测算不同年份、不同退休年龄对应的基础养老金支付额，结果列示于表 10-2 中。

表 10-2　不同年份、不同退休年龄对应的基础养老金支付额现值　　单位：万元

	男			女		
	60 岁	65 岁	70 岁	60 岁	65 岁	70 岁
2014 年	26.85	21.70	13.39	43.93	36.17	23.37
2015 年	27.56	22.13	13.74	44.94	37.08	24.08
2020 年	31.00	25.28	15.95	49.53	40.87	26.80
2030 年	38.83	32.15	20.65	59.02	49.33	32.80
2040 年	47.72	39.58	26.04	68.99	58.22	38.99
2050 年	57.34	48.20	32.22	79.81	66.90	45.60

首先来看 2014 年，30 岁参加工作的男性在 60 岁、65 岁、70 岁时所对应的基础养老金支付额均小于女性对应的基础养老金支付额。同时，随着退休年龄的增加，男性和女性对应的养老金支付额逐渐降低。其中，65 岁退休的男性，基础养老金支付额相比 60 岁退休下降 5.15 万元，降幅达 19.18%；70 岁退休的男性，基础养老金支付额相比 65 岁下降 8.31 万元，降幅达 38.29%。65 岁退休的女性，基础养老金支付额相比 60 岁下降 7.76 万元，降幅为 17.66%；70 岁退休的女性，基础养老金支付额相比 65 岁下降 12.8 万元，降幅为 35.39%。此外，从性别差异上来看，60 岁男性与女性基础养老金支付额的差额为 17.08 万元，65 岁和 70 岁时此差额为 14.47 万元和 9.98 万元。随着退休年龄的增长，男性平均每年基础养老金支付额降低 1.346 万元，女性则为 2.056 万元。

对于 2015 年来说，随着退休年龄分别为 60 岁、65 岁、70 岁时，男性和女性对应的基础养老金支付额依次降低。其中，65 岁退休的男性，基础养老金支付额相比 60 岁下降 5.43 万元，降幅达 19.70%；70 岁退休的男性，基础养老金支付额相比 65 岁下降 8.39 万元，降幅达 37.91%。65 岁退休的女性，基础养老金支付额相比 60 岁下降 7.86 万元，降幅为 17.49%；70 岁退休的女性，基础养老金支付额相比 65 岁下降 13 万元，降幅为 35.06%。此外，从性别差异上来看，60 岁男性与女性基础养老金支付额的差额为 17.38 万元，65 岁和 70 岁时此差额为 14.95 万元和 10.34 万元。随着退休年龄的增长，男性平均每年基础养老金支付额降低 1.382 万元，女性则为 2.086 万元。

对于 2020 年来说，随着退休年龄分别为 60 岁、65 岁、70 岁时，男性和女性对应的基础养老金支付额依次降低。其中，65 岁退休的男性，基

础养老金支付额相比 60 岁下降 5.72 万元，降幅达 18.45%；70 岁退休的男性，基础养老金支付额相比 65 岁下降 9.33 万元，降幅达 36.91%。65 岁退休的女性，基础养老金支付额相比 60 岁下降 8.66 万元，降幅为 17.49%；70 岁退休的女性，基础养老金支付额相比 65 岁下降 14.07 万元，降幅为 34.42%。此外，从性别差异上来看，60 岁男性与女性基础养老金支付额的差额为 18.53 万元，65 岁和 70 岁时此差额为 15.59 万元和 10.85 万元。随着退休年龄的增长，男性平均每年基础养老金支付额降低 1.505 万元，女性则为 2.273 万元。

对于 2030 年来说，随着退休年龄分别为 60 岁、65 岁、70 岁时，男性和女性对应的基础养老金支付额依次降低。其中，65 岁退休的男性，基础养老金支付额相比 60 岁下降 6.68 万元，降幅达 17.2%；70 岁退休的男性，基础养老金支付额相比 65 岁下降 11.5 万元，降幅达 35.77%。65 岁退休的女性，基础养老金支付额相比 60 岁下降 9.69 万元，降幅为 16.42%；70 岁退休的女性，基础养老金支付额相比 65 岁下降 16.53 万元，降幅为 33.51%。此外，从性别差异上来看，60 岁男性与女性基础养老金支付额的差额为 20.19 万元，65 岁和 70 岁时此差额为 17.18 万元和 12.15 万元。随着退休年龄的增长，男性平均每年基础养老金支付额降低 1.818 万元，女性则为 2.622 万元。

对于 2040 年来说，随着退休年龄分别为 60 岁、65 岁、70 岁时，男性和女性对应的基础养老金支付额依次降低。其中，65 岁退休的男性，基础养老金支付额相比 60 岁下降 8.14 万元，降幅达 17.06%；70 岁退休的男性，基础养老金支付额相比 65 岁下降 13.54 万元，降幅达 34.21%。65 岁退休的女性，基础养老金支付额相比 60 岁下降 10.77 万元，降幅为 15.61%；70 岁退休的女性，基础养老金支付额相比 65 岁下降 19.23 万元，降幅为 33.03%。此外，从性别差异上来看，60 岁男性与女性基础养老金支付额的差额为 21.27 万元，65 岁和 70 岁时此差额为 18.64 万元和 12.95 万元。随着退休年龄的增长，男性平均每年基础养老金支付额降低 2.168 万元；女性则为 3 万元。

对于 2050 年来说，随着退休年龄分别为 60 岁、65 岁、70 岁时，男性和女性对应的基础养老金支付额依次降低。其中，65 岁退休的男性，基础养老金支付额相比 60 岁下降 9.14 万元，降幅达 15.94%；70 岁退休的男性，基础养老金支付额相比 65 岁下降 15.98 万元，降幅达 33.15%。65 岁退休的女性，基础养老金支付额相比 60 岁下降 12.91 万元，降幅为 16.18%；70 岁退休的女性，基础养老金支付额相比 65 岁下降 21.3 万元，降幅为33.84%。此外，从性别差异上来看，60岁男性与女性基础养老金支付额的差额为22.47万元，65岁和70岁时此差额为17.7万元和13.38万元。随着退休年龄的增长，男性平均每年基础养老金支付额降低2.512万元；女性则为3.421万元。

综上分析可见，当年份确定时，男性和女性的退休年龄延迟后，其对应的基础养老金支付额随之减少，且女性的基础养老金支付额平均减少值大于男性。也就意味着，延迟退休政策在女性人口中的应用效果相对显著，能够具有更好的缓解长寿风险导致的养老金支付压力的作用。同时，当退休年龄从65岁延迟到70岁时，男性和女性的基础养老金支付额的降幅比起退休年龄从60岁延迟到65岁时的基础养老金降幅大得多，且男性的基础养老金下降幅度大于女性。此外，随着年份的增加，对应退休年龄下的基础养老金支付额不断增加，同时随着退休年龄增加而减少的基础养老金支付额的平均值略有增加。

基于以上分析，可以得到如下结论：第一，延迟退休对减少基础养老金的支付额起到显著的作用，能够有效缓解长寿风险的冲击，但政策实施过程中也应注意公平性，并不能一味地追求退休年龄的提高，而忽略了人口预期寿命。应建立人口预期寿命与养老金领取年龄之间的关联机制，随着人口寿命的不断延长，养老金领取年龄随之自动调整。同时，也可以考虑建立最低缴费年龄、预期寿命与养老金领取年龄三方关联机制，以此更加灵活地实施政策以应对长寿风险的冲击。第二，由于延迟相同的退休年龄，女性的基础养老金支付额减少值大于男性，所以延迟女性群体的退休年龄会在很大程度上缓解基础养老金的支付压力。当前我国女性退休年龄相对较早，因此未来具有较大的政策空间，但政策实施过程中还要从社会学的视角注重性别公平，避免产生社会矛盾。第三，随着时间的推移，基础养老金支付额也会增加，这部分增长会受到通货膨胀的影响，若长寿风险与通胀风险产生叠加效应，未来对养老金支付能力的冲击会愈加强烈，因此应对长寿风险不仅要从人口、精算的角度施策，还应考虑资本市场等金融手段。

三、两类长寿风险的度量

根据欧盟第二代偿付能力管理框架，将其应用于养老保险制度长寿风险的度量，并借鉴第九章中长寿风险的分类，分别度量养老保险制度所面临的两类长寿风险。

（一）第一类长寿风险度量

第一类长寿风险是指人口死亡率降低超出预期导致养老保险制度偿付能力不足的风险。尽管我国养老保险制度采用的是现收现付制，退休人员的养老金由当前在职人员统筹账户中的缴费担负。若未来人口死亡率降低、人口寿命延长，由此导致的人口年龄结构老化，则现收现付制养老金体系将受到严重冲击，当前我国便面临这种情况。下面，从个人的视角下，测算30岁参加工作的人在不同退休年龄下的第一类长寿风险度量值，结果列示于表10-3中。

表10-3 第一类长寿风险度量值

	男			女		
	60岁	65岁	70岁	60岁	65岁	70岁
2015年	2.61%	−17.59%	−48.83%	2.30%	−15.59%	−45.18%
2020年	15.45%	−5.86%	−40.61%	12.76%	−6.95%	−38.99%
2030年	44.59%	19.72%	−23.11%	34.35%	12.30%	−25.32%
2040年	77.71%	47.38%	−3.04%	57.06%	32.54%	−11.23%
2050年	113.52%	79.50%	20.00%	81.69%	52.29%	3.81%

首先，假定男女人口退休年龄均为60岁。以2014年为基础准期，一个30岁参加工作的人在2015年以60岁退休，男性人口的第一类长寿风险为2.61%、女性为2.30%；到2020年，男性人口的第一类长寿风险为15.45%、女性为12.76%；到2030年，男性人口的第一类长寿风险为44.59%、女性为34.35%；到2040年，男性人口的第一类长寿风险为77.71%、女性为57.06%；到2050年，男性人口的第一类长寿风险为113.52%、女性为81.69%。由此可见，随着时间的推移，第一类长寿风险的影响程度不断增加，到2050年男性人口已超过100%，女性人口也接近80%，因此有必要采取一定措施应对长寿风险的冲击。

其次，假定将男女人口退休年龄均调整为65岁。以2014年为基础准期，一个30岁参加工作的人在2015年以65岁退休，男性人口的第一类长寿风险为−17.59%、女性为−15.59%；到2020年，男性人口的第一类长寿风险为−5.86%、女性为−6.95%；到2030年，男性人口的第一类长寿风险为19.72%、女性为12.30%；到2040年，男性人口的第一类长寿风险为47.38%、女性为32.54%；到2050年，男性人口的第一类长寿风险为79.50%、女性为52.29%。由此可见，将男女退休年龄均延迟至65

岁，第一类长寿风险的影响程度得到一定的缓解，其中 2015 年和 2020 年均不存在第一类长寿风险。然而，2030 年、2040 年和 2050 年均受到不同程度的长寿风险冲击，尤其是到 2050 年男性人口已接近 80%，女性人口也已超过 50%。上述结果意味着，延迟退休年龄能够在一定程度上缓解长寿风险，但决不能忽视长寿风险的影响程度，甚至是将退休年龄调整到了相对较高的 65 岁，那么将来还会受到较为严重的长寿风险冲击。

进一步，假定将男女人口退休年龄均调整为 70 岁，尽管在当下社会人们很难接受，但为了充分度量长寿风险影响程度，仍在 70 岁退休的假定下进行测度。以 2014 年为基础准期，一个 30 岁参加工作的人在 2015 年以 70 岁退休，男性人口的第一类长寿风险为 −48.83%、女性为 −45.18%；到 2020 年，男性人口的第一类长寿风险为 −40.61%、女性为 −38.99%；到 2030 年，男性人口的第一类长寿风险为 −23.11%、女性为 −25.32%；到 2040 年，男性人口的第一类长寿风险为 −3.04%、女性为 −11.23%；到 2050 年，男性人口的第一类长寿风险为 20.00%、女性为 3.81%。由此可见，将男女退休年龄均延迟至 70 岁，第一类长寿风险的影响得到了较大程度的缓解，其中 2015 年、2020 年、2030 年和 2040 年均不存在第一类长寿风险。到了 2050 年，男性人口存在 20% 的第一类长寿风险，而女性人口仅存在接近 4% 的长寿风险。也就意味着，延迟退休年龄到一定界限后，能够实现长寿风险的有效缓解，但较高的退休年龄是不能被社会所接受的。当前世界范围内，退休年龄为 70 岁的国家仅有日本，但已有较多国家的退休年龄调整为 65 岁或更高。因此，随着中国人口预期寿命的不断增长，延迟退休年龄成为大势所趋，但具体的调整方案还需以科学的精算测度结果为依据。

此外，从性别差异的视角来看，男性人口所面临的第一类长寿风险相对更高，其原因在于男性人口死亡率高，未来死亡率下降空间大，由此带来的不确定性更大。同时，男性人口在职期间的平均工资相对较高，未来养老金支付额也高于女性，因此对男性人口第一类长寿风险的量化管理尤为重要。

（二）第二类长寿风险度量

第二类长寿风险是死亡率被低估导致养老保险制度偿付能力不足的长寿风险，也常被称为模型风险。实践中，死亡率降低导致的第一类长寿风险往往是显性的，而对死亡率降低估计不足导致的第二类长寿风险经常被忽略。下面，采用标准公式法，选用欧盟委员会（2010）在第二代偿付能力（Solvency II）第五次测试（QIS5）中所选用的标准，即 f=20%，在最优死亡率模型预测结果的基础上将死亡率降低20%后,分别计算人口预期寿命、养老金支付额现值和第二类长寿风险,分别列示于表10-4、表10-5和表10-6中。

1. 人口预期寿命的计算

在最优死亡率模型预测结果的基础上将死亡率降低20%后,计算得到中国老年人口预期寿命值,结果列示于表10-4中。

表10-4　QIS5测试的f=20%条件下的中国人口预期寿命　　单位:岁

	男			女		
	60岁	65岁	70岁	60岁	65岁	70岁
2014年	16.44	13.09	8.50	21.56	17.90	12.64
2015年	18.77	15.29	10.42	23.71	19.98	14.56
2020年	19.98	16.44	11.44	24.75	20.98	15.50
2030年	22.28	18.65	13.43	26.69	22.87	17.27
2040年	24.45	20.74	15.36	28.44	24.58	18.89
2050年	26.46	22.69	17.17	30.02	26.13	20.37

相对于表10-1中的结果,表10-4中列示的不同年份我国老年人口预期寿命均有所提高。对于60岁人口,2015年男性人口预期寿命增加2.09岁,女性人口预期寿命增加1.93岁;2020年男性人口预期寿命增加2.10岁,女性人口预期寿命增加1.89岁;2030年男性人口预期寿命增加2.07岁,女性人口预期寿命增加1.81岁;2040年男性人口预期寿命增加2.00岁,女性人口预期寿命增加1.70岁;2050年男性人口预期寿命增加1.91岁,女性人口预期寿命增加1.59岁。

对于65岁人口,2015年男性人口预期寿命增加1.97岁,女性人口预期寿命增加1.87岁;2020年男性人口预期寿命增加1.99岁,女性人口预期寿命增加1.83岁;2030年男性人口预期寿命增加1.98岁,女性人口预期寿命增加1.76岁;2040年男性人口预期寿命增加1.93岁,女性人口预期寿命增加1.66岁;2050年男性人口预期寿命增加1.85岁,女性人口预期寿命增加1.56岁。

对于70岁人口,2015年男性人口预期寿命增加1.73岁,女性人口预期寿命增加1.72岁;2020年男性人口预期寿命增加1.77岁,女性人口预期寿命增加1.72岁;2030年男性人口预期寿命增加1.80岁,女性人口预期寿命增加1.67岁;2040年男性人口预期寿命增加1.79岁,女性人口预期寿命增加 1.59 岁；2050 年男性人口预期寿命增加 1.73 岁，女性人口预期寿命增加 1.50 岁。

综上可见，相同年份下不同年龄人口预期寿命的增长幅度呈递减趋势，且降低的速度随年龄不断加快；相同年龄不同年份人口预期寿命增长幅度也整体呈现递减趋势，增幅的减小主要是由于人口死亡率绝对水平降低导致的。以上结果意味着，若不考虑第二类长寿风险，即不考虑最优模型对人口死亡率下降的低估，将会导致人口预期寿命被低估，则会进一步低估未来养老金支付额的现值，因此不能充分评估养老保险制度的偿付能力。

2. 基础养老金支付额现值测算

在表 10-4 中计算的中国老年人口预期寿命的基础上，计算不同年份基础养老金支付额的现值，结果列示于表 10-5 中。

表 10-5　QIS5 测试的 f=20% 条件下的基础养老金支付额现值　单位：万元

	男			女		
	60 岁	65 岁	70 岁	60 岁	65 岁	70 岁
2014 年	26.85	21.70	13.21	43.93	36.17	23.37
2015 年	33.92	27.70	17.51	53.32	44.25	29.16
2020 年	37.93	31.33	20.21	58.59	48.58	32.22
2030 年	47.01	38.94	25.79	68.99	57.79	38.99
2040 年	56.93	47.46	31.94	79.81	67.38	45.60
2050 年	67.55	56.94	38.67	90.84	76.62	52.59

首先，假定男女人口退休年龄均为 60 岁。一个 30 岁参加工作的人在 2014 年以 60 岁退休，男性人口基础养老金支付额的现值为 26.85 万元、女性为 43.93 万元；在 2015 年以 60 岁退休，男性人口基础养老金支付额的现值为 33.92 万元、女性为 53.32 万元；在 2020 年以 60 岁退休，男性人口基础养老金支付额的现值为 37.93 万元、女性为 58.59 万元；在 2030 年以 60 岁退休，男性人口基础养老金支付额的现值为 47.01 万元、女性为 68.99 万元；在 2040 年以 60 岁退休，男性人口基础养老金支付额的现值为 56.93 万元、女性为 79.81 万元；在 2050 年以 60 岁退休，男性人口基础养老金支付额的现值为 67.55 万元、女性为 90.84 万元。

接下来，假定男女人口退休年龄均为 65 岁。一个 30 岁参加工作的人在 2014 年以 65 岁退休，男性人口基础养老金支付额的现值为 21.70 万元、女性为 36.17 万元；在 2015 年以 65 岁退休，男性人口基础养老金支付额的现值为 27.70 万元、女性为 44.25 万元；在 2020 年以 65 岁退休，男性人口基础养老金支付额的现值为 31.33 万元、女性为 48.58 万元；在 2030 年以 65 岁退休，男性人口基础养老金支付额的现值为 38.94 万元、女性为 57.79 万元；在 2040 年以 65 岁退休，男性人口基础养老金支付额的现值为 47.46 万元、女性为 67.38 万元；在 2050 年以 65 岁退休，男性人口基础养老金支付额的现值为 56.94 万元、女性为 76.62 万元。

最后，假定男女人口退休年龄均为 70 岁。一个 30 岁参加工作的人在 2014 年以 70 岁退休，男性人口基础养老金支付额的现值为 13.21 万元、女性为 23.37 万元；在 2015 年以 70 岁退休，男性人口基础养老金支付额的现值为 17.51 万元、女性为 29.16 万元；在 2020 年以 70 岁退休，男性人口基础养老金支付额的现值为 20.21 万元、女性为 32.22 万元；在 2030 年以 70 岁退休，男性人口基础养老金支付额的现值为 25.79 万元、女性为 38.99 万元；在 2040 年以 70 岁退休，男性人口基础养老金支付额的现值为 31.94 万元、女性为 45.60 万元；在 2050 年以 70 岁退休，男性人口基础养老金支付额的现值为 38.67 万元、女性为 52.59 万元。

此外，从性别差异的视角来看，女性人口基本养老金支付现值在各个年份各个年龄均大于男性，其原因在于女性人口死亡率绝对水平低，人口预期寿命比男性高，未来在同一支付水平下的基础养老金精算现值也高于男性。然而，实际中女性人口的平均工资普遍低于男性，一样也会在一定程度上缓解长寿风险为女性人口基础养老金带来的支付压力。

最后，相对于表 10-2 中在最优模型预测值下计算的结果，在人口死亡率降低 20% 条件下基础养老金支付额现值在各年均有不同程度的增加，计算结果列示于表 10-6 中。

表 10-6　人口死亡率下降 20% 后基础养老金支付额在各年的增加值　　单位：万元

	男			女		
	60 岁	65 岁	70 岁	60 岁	65 岁	70 岁
2015 年	6.36	5.57	3.77	8.38	7.17	5.08
2020 年	6.93	6.05	4.26	9.06	7.71	5.42
2030 年	8.18	6.79	5.14	9.97	8.46	6.19
2040 年	9.21	7.88	5.90	10.82	9.16	6.61
2050 年	10.21	8.74	6.45	11.03	9.72	6.99

当退休年龄为 60 岁时，男性人口基础养老金支付额现值，2015 年增加了 6.36 万元、2020 年增加了 6.93 万元、2030 年增加了 8.18 万元、2040 年增加了 9.21 万元、2050 年增加了 10.21 万元；女性人口基础养老金支付额现值，2015 年增加了 8.38 万元、2020 年增加了 9.06 万元、2030 年增加了 9.97 万元、2040 年增加了 10.82 万元、2050 年增加了 11.03 万元。当退休年龄为 65 岁时，男性人口基础养老金支付额现值，2015 年增加了 5.57 万元、2020 年增加了 6.05 万元、2030 年增加了 6.79 万元、2040 年增加了 7.88 万元、2050 年增加了 8.74 万元；女性人口基础养老金支付额现值，2015 年增加了 7.17 万元、2020 年增加了 7.71 万元、2030 年增加了 8.46 万元、2040 年增加了 9.16 万元、2050 年增加了 9.72 万元。当退休年龄为 70 岁时，男性人口基础养老金支付额现值，2015 年增加了 3.77 万元、2020 年增加了 4.26 万元、2030 年增加了 5.14 万元、2040 年增加了 5.90 万元、2050 年增加了 6.45 万元；女性人口基础养老金支付额现值，2015 年增加了 5.08 万元、2020 年增加了 5.42 万元、2030 年增加了 6.19 万元、2040 年增加了 6.61 万元、2050 年增加了 6.99 万元。

综上可见，在相同的退休年龄下，随着时间的推移，基本养老金支付现值的增加值呈现递增的趋势，也就意味着长寿风险对养老金偿付能力的冲击会随着时间增强；在相同年份下，随着退休年龄的延迟，能够有效降低基础养老金支付额现值的增幅。为了得到更加具体的结果，进一步计算养老金制度所面临的第二类长寿风险。

3. 第二类长寿风险度量值的测算

根据表 10-4 和表 10-5 的结果，可以计算第二类长寿风险度量值，结果列示于如表 10-7 中。

表 10-7　第二类长寿风险度量值

	男			女		
	60 岁	65 岁	70 岁	60 岁	65 岁	70 岁
2015 年	26.32%	3.13%	-34.80%	21.39%	0.74%	-33.62%
2020 年	41.23%	16.67%	-24.73%	33.39%	10.59%	-26.64%
2030 年	75.07%	45.01%	-3.97%	57.06%	31.56%	-11.23%
2040 年	111.98%	76.75%	18.93%	81.69%	53.40%	3.81%
2050 年	151.54%	112.02%	43.98%	106.81%	74.42%	19.72%

首先，假定男女人口退休年龄均为 60 岁。以 2014 年为基础准期，一

个 30 岁参加工作的人在 2015 年以 60 岁退休,男性人口的第二类长寿风险为 26.32%、女性为 21.39%;到 2020 年,男性人口的第二类长寿风险为 41.25%、女性为 33.39%;到 2030 年,男性人口的第二类长寿风险为 75.07%、女性为 57.06%;到 2040 年,男性人口的第二类长寿风险为 111.98%、女性为 81.69%;到 2050 年,男性人口的第二类长寿风险为 151.54%、女性为 106.81%。由此可见,随着时间的推移,第二类长寿风险的影响程度的增加大于第一类长寿风险,到 2040 年男性人口已超过 100%,女性人口也接近 80%;到 2050 年男女人口第二类长寿风险均超过 100%,其中男性已达到 150%。因此,对第二类长寿风险的重视程度应高于第一类长寿风险,这也与欧盟第二代偿付能力测算的结果一致。

其次,假定将男女人口退休年龄均调整为 65 岁。以 2014 年为基础准期,一个 30 岁参加工作的人在 2015 年以 65 岁退休,男性人口的第二类长寿风险为 3.13%、女性为 0.74%;到 2020 年,男性人口的第二类长寿风险为 16.67%、女性为 10.59%;到 2030 年,男性人口的第二类长寿风险为 45.01%、女性为 31.56%;到 2040 年,男性人口的第二类长寿风险为 76.75%、女性为 53.40%;到 2050 年,男性人口的第二类长寿风险为 112.02%、女性为 74.42%。由此可见,将男女退休年龄均延迟至 65 岁,无任何一个年份度量值小于或等于 0,此时第二类长寿风险仅得到小幅度的缓解,仍然面临着长寿风险较严重的冲击。到 2050 年,男性人口第二类长寿风险超过 100%,女性也超过 70%。意味着延迟退休 5 年,不能够完全抵消掉当前测试水平下的第二类长寿风险,且随着时间的推移,抵消的程度不断降低。

进一步,假定将男女人口退休年龄均调整为 70 岁。以 2014 年为基础准期,一个 30 岁参加工作的人在 2015 年以 70 岁退休,男性人口的第二类长寿风险为 −34.80%、女性为 −33.62%;到 2020 年,男性人口的第二类长寿风险为 −24.73%、女性为 −26.64%;到 2030 年,男性人口的第二类长寿风险为 −3.97%、女性为 −11.23%;到 2040 年,男性人口的第二类长寿风险为 18.93%、女性为 3.81%;到 2050 年,男性人口的第二类长寿风险为 43.98%、女性为 19.72%。由此可见,将男女退休年龄均延迟至 70 岁,第二类长寿风险的影响得到了较大程度的缓解,其中 2015 年、2020 年和 2030 年均不存在第二类长寿风险。2040 年男女人口会承担小幅度的第二类长寿风险的冲击,而到了 2050 年,男性人口存在接近 45% 的第二类长寿风险,而女性人口存在接近 20% 的长寿风险。

此外,从性别差异的视角来看,男性人口所面临的第二类长寿风险相对更高，其原因在于男性人口死亡率高，未来死亡率下降空间大，由此带来的不确定性更大。同时，男性人口在职期间的平均工资相对较高，未来养老金支付额也高于女性，因此对男性人口第二类长寿风险的量化管理尤为重要。

比较两类长寿风险的影响，得到结论如下：首先，第二类长寿风险的变化趋势与第一类长寿风险相同，均在相同年份下，随着退休年龄的增加长寿风险的度量值不断降低；相同退休年龄下，随着时间的推移长寿风险的度量值随之增加。其次，随着年份的推移，男性的第二类长寿风险的波动程度大于第一类长寿风险，且女性的第二类长寿风险波动程度低于男性。再次，相同的年份下，当退休年龄由 65 岁延迟到 70 岁时，长寿风险度量值的变化大于 60 岁到 65 岁，并且男性长寿风险的变动幅度大于女性。最后，第二类长寿风险的度量值显著大于第一类长寿风险，建议养老金计划发起人应需更加关注第二类长寿风险对养老保险制度的潜在影响。尽管本研究已选择了最优模型对两类长寿风险进行测算，但国际经验表明（Richard，2011）几乎所有的死亡率预测模型均会低估人口死亡率下降的程度，因此科学度量第二类长寿风险至关重要。

四、养老保险制度的长寿风险应对机制

为了分析养老保险制度的长寿风险应对机制，选取折现率和平均工资增长率两个因素进行敏感性测试，并分析经济因素变动对养老金支付压力的影响。

（一）折现率变动的敏感性分析

假定一个 30 岁参加工作的人在 60 岁退休，设定折现率分别为 1%、3%和 5%，分别测算男性和女性的养老金支付额现值，计算结果列示于表 10-8 中。

由表 10-8 可见，不同的折现率对养老金支付金额的影响较为明显，折现率越低，养老金支付额越高；反之，折现率越高，则养老金的支付额越低。当折现率由 1%提高到 3%时，2014 年的养老金支付额男性减少 5.45、女性减少 12.51，2015 年男性减少 5.70、女性减少 12.99；2020 年男性减少 6.97、女性减少 15.25；2030 年男性减少 10.20、女性减少 20.27；2040 年男性减少 14.35、女性减少 26.06；2050 年男性减少 19.35、女性减少 32.82；当折现率由 3%提高到 5%时，2014 年的养老金支付额男性减少 4.25、女性减少 9.02；2015 年男性减少 4.43、女性减少 9.33；2020 年男性减少 5.32、女性减少 10.76；2030 年男性减少 7.50、女性减少 13.87；

2040年男性减少 10.20、女性减少 17.30，2050年男性减少 13.31、女性减少 21.19。

表 10-8 折现率变动的敏感性分析　　　　　　　　单位：万元

年份	1% 男	1% 女	3% 男	3% 女	5% 男	5% 女
2014年	31.07	53.69	25.62	41.18	21.37	32.16
2015年	31.97	55.08	26.27	42.09	21.84	32.76
2020年	36.41	61.46	29.44	46.21	24.12	35.45
2030年	46.77	74.93	36.57	54.66	29.07	40.79
2040年	58.94	89.51	44.59	63.45	34.39	46.15
2050年	72.52	105.74	53.17	72.92	39.86	51.73

可见，折现率的提高，对于养老金支付压力的改善效果明显，其中对女性的改善程度大于男性。随着时间的推移，长寿风险提高了养老金支付额现值，但折现率对缓解长寿风险冲击的能力也不断增强。此外，折现率变动对养老金支付能力效果的影响并非线性，折现率由 1% 提高到 3% 的改善效果大于折现率由 3% 提高到 5% 的改善效果。意味着，在低利率环境下的折现率政策对养老保险制度改革具有重要意义。对于我国当前经济新常态与低利率的背景来说，提高折现率可以作为改善养老金支付压力的一个选择方案，与延迟退休具有较强的替代效应。在精算实务中，一般都采用预期的资产回报率作为折现率，它鼓励了将资产的一大部分投资于股票和其他风险性资产中，同时也带来了更高的风险。然而，养老金计划与一般的商业性保险公司模式不同，应该采取谨慎的投资策略，持有少量的股票和其他风险性资产，这样使得养老金计划不会产生较高的投资回报率。若将折现率假设定得过高，也会带来另外一个负面影响，即养老金计划选择激进型的投资策略以得到高的预期回报率，而没有考虑到可能存在的风险，而一旦风险发生时，将会对养老金的偿付能力造成较大的冲击。因此，单纯地从折现率角度来解决养老金的支付压力问题具有一定的困难，需要与延迟退休政策搭配使用，才能发挥较好的效果。

（二）平均工资增长率变动的敏感性分析

假定一个 30 岁参加工作的人在 60 岁退休，设定工资增长率分别为 8%、10% 和 12%，分别测算男性和女性的养老金支付额现值，计算结果列示于表 10-9 中。

表 10-9　工资增长率变动的敏感性分析　　　　单位：万元

年份	8% 男	8% 女	10% 男	10% 女	12% 男	12% 女
2014 年	22.31	34.10	26.57	43.29	31.76	55.35
2015 年	22.82	34.76	27.26	44.28	32.69	56.80
2020 年	25.29	37.75	30.64	48.76	37.31	63.50
2030 年	30.70	43.71	38.31	58.00	48.10	77.69
2040 年	36.58	49.76	47.00	67.70	60.85	93.11
2050 年	42.68	56.10	56.37	78.20	75.15	110.36

在表 10-9 中，给出了不同平均工资增长率水平下的养老金支付的变动情况。可见，随平均工资增长率的提高，养老金支付额也不断增加。当平均工资增长率由 8% 提高到 10% 时，2014 年的养老金支付额男性增加 4.26、女性增加 9.19，2015 年的养老金支付额男性增加 4.44、女性增加 9.52，2020 年的养老金支付额男性增加 5.35、女性增加 11.01，2030 年的养老金支付额男性增加 7.61、女性增加 14.29，2040 年的养老金支付额男性增加 10.42、女性增加 17.94，2050 年的养老金支付额男性增加 13.69、女性增加 22.10；当平均工资增长率由 10% 提高到 12% 时，2014 年的养老金支付额男性增加 5.19、女性增加 12.06，2015 年的养老金支付额男性增加 5.43、女性增加 12.52，2020 年的养老金支付额男性增加 6.67、女性增加 14.74，2030 年的养老金支付额男性增加 9.79、女性增加 19.69，2040 年的养老金支付额男性增加 13.85、女性增加 25.41，2050 年的养老金支付额男性增加 18.78、女性增加 32.16。与折现率变动的影响方向相反，平均工资增长率的提高会增加养老金支付额，且影响较为敏感。然而，工资增长率是一把双刃剑，高的工资增长率一方面会加大未来养老金的支付，另一方面又会提高养老金计划的缴费收入，因此仅凭对养老金支付额变动的影响，并不能判断其对支付压力的影响。

接下来，通过比较养老金缴费额的增长率与养老金支付额的增长率来说明平均工资的变动、养老金支付压力以及退休年龄之间的关系。由于个体的缴费额是按照平均工资乘以一个缴费比例来确定的，假定缴费比例为常数，这样未来养老金缴费额的变化就完全由平均工资增长率决定了。当平均工资增长率由 10% 提高到 12% 时，此时平均增长率变动的相对幅度为 20%，即可表示为缴费额增长的相对程度。同时，平均工资增长率由

10%提高到12%时，不同年份的退休年龄所对应的养老金支付额，便可进一步计算得到养老金支付额变动的相对幅度。通过图10-1来比较养老金缴费额的相对增长幅度与养老金支付额的相对增长幅度，便可进一步得出平均工资增长率变动与支付压力的关系。图10-1中，其中六条呈现递增趋势的线分别表示了不同年份60岁、65岁以及70岁退休的男女人口养老金支付额的平均增长幅度，另外一条呈水平趋势的线代表养老金缴费额的增长幅度。

对于男性人口来说，60岁退休的男性人口养老金支付额增长速度要高于缴费额的增长速度，65岁退休的养老金支付额增长速度在2030年附近自下而上与缴费额增长曲线交叉，70岁退休的养老金支付额增长速度则低于缴费额的增长速度。意味着，如果保持60岁退休不变，提高平均

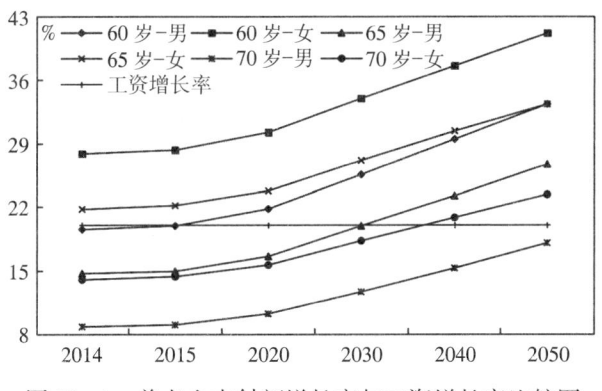

图10-1 养老金支付额增长率与工资增长率比较图

工资增长率，那么养老金的支付压力将增大；如果将退休年龄调整到70岁，提高平均工资增长率，养老金的支付压力则会降低，且这种缓解养老金支付压力的效果至少在35年之内均有效。然而，退休年龄直接延迟到70岁在现实中很难做到，弹性或渐进地延迟退休才是政策上所倾向的方法。如果将退休年龄调整到65岁的话，提高平均工资增长率，可以起到降低养老金支付压力的效果，然而到2030年以后养老金支付额的增长速度将逐渐超过缴费额的增长速度，这样不再具有改善支付压力的效果。此外，对于女性人口来说，得到的结论与男性人口相似，只不过女性人口养老金支付压力更加突出，甚至是将退休年龄调整到70岁，提高工资增长率缓解养老金支付压力的政策效果也仅能持续到2035年附近。因此，不同的退休年龄下的工资增长率对养老金支付压力的敏感程度不一样，将退休年龄与工资增长率综合考虑，来测试养老金支付压力的敏感程度，将会为养老金体系改革提供更加全面的建议。

五、结论与建议

第一，我国人口寿命延长的趋势显著，延迟退休能够缓解未来不同年份养老金的支付压力。同时，延迟退休对养老金支付压力的缓解幅度随时间呈现递增趋势，即延迟退休对缓解人口寿命延长导致的支付压力的效果随时间将会更加显著。这种效果在不同的性别之间有所差异，在未来的任意年份，延迟退休对女性养老金支付压力的改善程度均要大于男性，导致这一结果最主要的原因是女性人口预期寿命延长的程度要高于男性。

第二，延迟退休与折现率假设之间具有强替代效应。延迟退休能够缓解寿命延长导致的养老金支付压力问题，同样，折现率也具有这一作用。提高折现率，能够有效降低养老金的支付压力，这种效果对于缓解低退休年龄者的养老金支付压力效果最为明显，随着退休年龄的提高，改善效果逐渐减弱。如果在退休年龄保持不变的条件下，提高折现率，可以有效改善养老金支付压力，若提高退休年龄后，再去提高折现率，这种改善效果将减弱，减弱的部分被延迟退休的效果所替代。对于我国目前来说，提高折现率可以作为改善养老金支付压力的一个备选方案，然而较高的折现率假设，需要养老金系统能够产生理想的预期回报率，一个健全和完善的资本市场是必备的前提和保证。

第三，不同退休年龄下的平均工资增长率对缓解养老金支付压力的影响趋势不同。在一个较低的退休年龄下，提高平均工资增长率导致增加养老金支付额的效果大，在一个较高的退休年龄下，提高平均工资增长率导致养老金的支付额增加的效果小。这也就意味着，当退休年龄较低时，提高平均工资增长率，将会使得养老金支付额增长的幅度大于养老金缴费额的增长幅度，当退休年龄较高时，提高平均工资增长率，养老金支付额的增长幅度将小于养老金缴费额的增长幅度。因此，不同退休年龄下的工资增长率对养老金支付压力的敏感程度不同，将退休年龄与平均工资增长率综合考虑，来测试寿命延长对养老金支付压力的影响程度，将会为养老金体系改革提供更加全面的建议。

第四，针对我国分性别的延迟退休问题，也要考虑到经济效率与社会公平之间的权衡问题。借鉴国际经验，可以采用混合生命表来测度未来养老金支付压力，并以此来做决策，由于我国现行的退休政策中的男性退休年龄要高于女性，可同时缓慢的提高男女退休年龄，当男性达到一定的极限退休年龄后，再单独提高女性退休年龄，直到二者一致为止。因此，在我国关于退休年龄的建议上，一方面需要从财务的可持续角度，采用精算的方法来体现延迟退休所带来的经济效率;另一方面也需要从性别的视角,根据社会学的宗旨来考虑公平,通过牺牲社会公平来实现精算上的效率在政策上也是无法令人满意的。

第五,加快养老保险制度全国统筹,顶层设计管理长寿风险。基本养老保险统筹是指,社会保险管理部门统一征集、统一调剂使用以及统一给付养老保险基金,确保基本养老保险基金按时足额发放,推进基本养老保险制度持续运行的制度安排。只有全国统筹,才能从顶层设计的角度管理长寿风险。当前我国应加快建立完善的基础养老金统收统支制度,涉及养老保险基金、管理、技术等多个层面。在统收方面,之前出台的政策规定,在2019年之后养老保险费由税务部门统一征收。但是由于经营规模,盈利能力的不同,部分中小企业对于征收养老金承受了相当大的压力。建议降低养老保险的费率,来减轻税务部门的征收压力和企业缴费压力,在统收效果提高后,再根据具体情况适当调整养老保险费率。同时,随着人口预期寿命的增加和延迟退休的趋势,建议将最低缴费年限与人口预期寿命和退休年龄挂钩,实现科学动态管理,以增强养老保险制度的可持续性。时机成熟时,建议将养老保险费转换为养老保险税,既可以增加政策刚性,又可以更大程度覆盖日益增加的灵活就业人员,督促其缴费义务。

第六,建立健全养老保险第三支柱体系,大力发展商业养老保险。商业养老保险作为我国养老保险体系的第三支柱,对于我国养老保险体系的稳定具有重要作用,能够为国家养老保险制度应对长寿风险提供有效补充。建议开展商业养老保险业务创新,大力发展有创新性的具有养老保障功能的养老产品,为我国加快完善第三支柱养老保险的顶层设计提供新的思路和途径;完善税收优惠制度,针对保险公司在发展养老保险产品方面给予税收支持,针对个人在其税前收入里提取一部分当作养老保险的保费,便可以减免其一部分的个人所得税;建立健全针对养老保险产品市场的监管政策,确保养老资金的安全,并在此基础上尽量提高养老资金的投资收益率。

第七,培育老年人就业市场,实施积极应对人口老龄化战略。当前中国人口寿命不断延长和人口老龄化程度不断加剧,养老金支付压力也在不断增大。延迟退休问题受到民生的广泛关注,但延迟退休是一种被动应对人口老龄化的举措,容易产生不同的社会意见。然而,通过弹性退休制度,鼓励老年人主动提供劳动供给,更能体现积极应对人口老龄化的新观念。此外,为提高老年人劳动供给的积极性,还需要健全老年人就业市场,加强老年人的教育和培训,完善老年人就业保护的法律法规。在整个过程中，国家应使用行政和市场手段"双管齐下"，灵活运用政府引导基金等金融工具，创新采用政府和社会资本合作（PPP）等模式，积极发展老年产业、创造适合老年人的就业岗位，避免挤占年轻人的就业机会。

第四节　本章小结

本章从我国基本养老保险精算收支模型入手，建立了一个封闭群体的收支模型，分析了在养老金计划中现有人员的总缴费额进而得到的统筹账户养老金的总收入。其次，建立封闭群体模型中，针对"中人""新人"两个群体的养老金支出分别进行了精算上的量化，得到了统筹账户养老金的总支出。进一步，从个体（单个人）的角度建立人口寿命延长背景下的延迟退休对养老金支付压力影响的测算模型。再次，在科学的精算假设基础上，测算了长寿风险对养老金支付压力的影响，对比分析了第一类长寿风险和第二类长寿风险的影响程度。最后，通过折现率和工资增长率的敏感性分析，探讨了养老保险的长寿风险应对机制。

本章研究得到如下结论：第一，我国人口寿命延长的趋势显著，延迟退休能够缓解未来不同年份养老金的支付压力。同时，延迟退休对养老金支付压力的缓解幅度随时间呈现递减趋势。第二，延迟退休与折现率假设之间具有强替代效应，延迟退休能够缓解寿命延长导致的养老金支付压力问题，同样，折现率也具有这一作用。第三，不同退休年龄下的平均工资增长率对缓解养老金支付压力的影响趋势不同，不同退休年龄下的工资增长率对养老金支付压力的敏感程度不同。第四，针对我国分性别的延迟退休问题，也要考虑到经济效率与社会公平之间的权衡问题。第五，在养老保险制度应对长寿风险冲击方面建议加快养老保险制度全国统筹，顶层设计管理长寿风险；建立健全养老保险第三支柱体系，大力发展商业养老保险；培育老年人就业市场，实施积极应对人口老龄化战略。

第四篇

总结篇

第十一章 结论与展望

第一节 研究结论

多人口随机死亡率模型目前已形成以参数模型为主体,多种研究方法有效补充的理论和应用框架。多人口随机死亡率模型的研究,推动了寿险精算学基础研究的纵深化发展,实现了精算学与人口学的理论互动,为长寿风险定量管理提供基础和保证。建立多人口随机死亡率模型,不仅能为人口数量较大的发达国家提供更具科学性的死亡率预测方法,还能为人口较少的国家和数据质量欠佳的发展中国家提供可行的人口死亡率预测方案。对于我国来说,尽管人口总量较大,但分年龄、分性别人口死亡数据的有效积累期间较短,自1982年的第三次人口普查时开始积累,自此每隔末位数字为0的年份为人口普查数据,每隔末位数字为5的年份为1%的抽样调查数据,其他的年份为1‰的变动抽样数据。对于我国大部分抽样调查年份,分年龄、分性别的人口死亡数据无法达到统计学的显著性要求,从而导致死亡率模型中参数估计出现较大偏差。通过将中国人口死亡率数据与高数据质量人口群体联合建模,可以扩充死亡率数据集,为中国人口数据导入更多有效先验信息,提高参数估计的可信度和方法的科学性。本研究从多人口随机死亡率模型构建、中国人口死亡率动态预测和长寿风险度量三方面对研究结论进行总结。

一、多人口随机死亡率建模模型与预测方面的结论

第一,人口死亡率建模是系统性工作,孤立考虑单一人口群体(单一国家、地区或单一性别),将会造成不同人群死亡率随时间出现违背人类生物规律的结果。通过将两个或多个人群联合建模,考虑不同群体间死亡率变动趋势的一致性与差异性,能够有效提升死亡率中长期预测的合理性。

第二,多人口随机死亡率模型中人口群体划分标准单一,扩展模型维度可增强其系统性。已有的多人口死亡率模型的研究,仅以单一的标准(性别或地区)划分人口群体,但在长期中不同标准下的人群间仍存在相

互关系。若将性别与地区两个不可分割的人群划分标准进行联立，可进一步提升随机死亡率模型的科学性。

第三，多人口随机死亡率模型涉及较多的参数，由此导致的参数估计收敛问题和过度拟合问题，层次贝叶斯方法可以提供有效解决方案。将多人口随机死亡率模型纳入层次贝叶斯框架，既可以避免参数估计迭代中的收敛问题，又可以解决参数过多导致的过度拟合问题。

第四，层次贝叶斯模型的先验信息选取存在主观性，先验分布假设不合理，会影响参数估计的质量和效率。为了合理选取先验信息，采用生态学领域中的数据克隆方法，能够在模型层次中实现近似最大似然估计，可提供较为理想的先验分布，提升参数估计的效率与质量。

第五，从中国人口死亡率预测的实证分析来看，基于贝叶斯法和数据克隆技术，能够有效避免多人口随机死亡率模型参数过多导致的极大似然估计不收敛或收敛结果为局部最优的问题，将性别与地区联立，充分考虑人群差异，能够有效避免由于单一分类标准所导致的估计误差；基于分层贝叶斯与数据克隆技术的高维多人口随机死亡率拟合效果要明显优于基于极大似然估计方法的两人口模型和基于奇异值分解法的两人口模型，略优于基于加权最小二乘法的多人口随机死亡率；从模型长期预测结果的合理性来看，高维多人口随机死亡率模型不仅能够使死亡率性别比收敛于某一固定常数，也能使地区间的死亡率比值收敛于某一固定常数，模型结果的系统性更强，能够为中国人口死亡率建模引入更多有价值的先验信息。

二、保险公司和养老保险制度长寿风险度量方面的结论

第一，关于个人视角下的两类长寿风险度量结果。首先，未来各年随着男女性死亡率的不断降低，生存年金精算现值也在不断增大，导致保险公司的给付水平不断增大。为了应对长寿风险导致的保险公司偿付能力不足，保险公司需要额外增加的长寿风险准备金也在不断增加。其次，从总和长寿风险的角度看，第二类长寿风险度量结果始终高于第一类长寿风险，这说明保险公司不仅要警惕人口死亡率降低导致的第一类长寿风险，更应当重视死亡率被低估时保险公司所面临的第二类长寿风险。

第二，关于保单组视角下的保险公司长寿风险度量。从保单组视角来看，保险公司开展男性生存年金业务面临的长寿风险高于女性。从生存年金业务的整体风险来看，考虑人口年龄结构变动的保单组视角下的长寿风险度量值远远超出个人视角下的度量结果，这说明如果未来死亡率仍在下降，预测值与实际值之间的差距却不缩小的话，保险公司经营生存年金业

务将会面临长寿风险的较大冲击。因此，建议保险公司应尽早采取措施，应对长寿风险对保险公司所产生的负面影响。

第三，从两性别总体的角度观察保险公司长寿风险度量结果，可以发现女性被保险人所对应的生存年金精算现值始终高于同龄的男性被保险人，这是由于女性人口的死亡率总体低于男性人口，在同一年龄下女性被保险人的生存年金平均领取周期更长。此外，女性年金被保险人的额外资本要求始终低于同龄男性被保险人，这是因为女性人口死亡率改善充分，未来的降低幅度减小，死亡率变动的不确定性也减小，保险公司所提取的长寿风险资本要求也相应较少。因此，建议保险公司在经营长期年金保险产品时，可以通过调整保单中被保险人的性别组合，以此分散长寿风险。

第四，折现率变动对长寿风险的影响较为明显，随着折现率的提高，长寿风险不断降低，且降低的幅度较为显著。然而，折现率的提高需要保险公司提供相应的投资收益率与之对应，达到资产与负债的动态匹配。较高的折现率就需要保险公司将大部分资产投资于高风险性资产中，尽管降低了保险公司的长寿风险，但同时也带来了更高的金融风险。当前我国经济进入新常态，低利率的市场环境将会在一段时间内保持不变，保险公司使用较低的折现率进行负债评估时，此时的长寿风险将会暴露并引起保险公司的关注，因此长寿风险量化管理将成为我国人寿保险公司的重要工作。

第五，我国人口寿命延长的趋势显著，延迟退休能够缓解未来不同年份养老金的支付压力。同时，延迟退休对养老金支付压力的缓解幅度随时间呈现递增趋势，即延迟退休对缓解人口寿命延长导致的支付压力的效果随时间将会更加显著。这种效果在不同的性别之间有所差异，在未来的任意年份，延迟退休对女性养老金支付压力的改善程度均要大于男性，导致这一结果最主要的原因是女性人口预期寿命延长的程度要高于男性。

第六，延迟退休与折现率假设之间具有强替代效应。延迟退休能够缓解寿命延长导致的养老金支付压力问题，同样，折现率也具有这一作用。提高折现率，能够有效降低养老金的支付压力，这种效果对于缓解低退休年龄者的养老金支付压力效果最为明显，随着退休年龄的提高，改善效果逐渐减弱。如果在退休年龄保持不变的条件下，提高折现率，可以有效改善养老金支付压力，若提高退休年龄后，再去提高折现率，这种改善效果将减弱，减弱的部分被延迟退休的效果所替代。目前对于我国来说，提高折现率可以作为改善养老金支付压力的一个备选方案，然而较高的折现率假设，需要养老金系统能够产生理想的预期回报率，一个健全和完善的资本市场是必备的前提和保证。

第七，不同退休年龄下的平均工资增长率对缓解养老金支付压力的影响趋势不同。在一个较低的退休年龄下，提高平均工资增长率导致增加养老金支付额的效果大；在一个较高的退休年龄下，提高平均工资增长率导致养老金支付额增加的效果小。这也就意味着，当退休年龄较低时，提高平均工资增长率，将会使得养老金支付额增长的幅度大于养老金缴费额的增长幅度；当退休年龄较高时，提高平均工资增长率，养老金支付额的增长幅度将小于养老金缴费额的增长幅度。因此，不同退休年龄下的工资增长率对养老金支付压力的敏感程度不同，将退休年龄与平均工资增长率综合考虑，来测试寿命延长对养老金支付压力的影响程度，将会为养老金体系改革提供更加全面的建议。

第八，针对我国分性别的延迟退休问题，也要考虑到经济效率与社会公平之间的权衡问题。借鉴国际经验，可以采用混合生命表来测度未来养老金支付压力，并以此来做决策，由于我国现行的退休政策中的男性退休年龄要高于女性，可同时缓慢提高男女退休年龄，当男性达到一定的极限退休年龄后，再单独提高女性退休年龄，直到二者一致为止。因此，在我国关于退休年龄制度的改革上，一方面需要从财务的可持续角度，采用精算的方法来体现延迟退休所带来的经济效率；另一方面也需要从性别的视角，根据社会学的宗旨来考虑公平，通过牺牲社会公平来实现精算上的效率在政策上也是无法令人满意的。

第二节 政策建议

基于以上研究结论，可以为保险公司和养老保险制度管理长寿风险提供如下政策建议：

一、保险公司应对长寿风险的对策建议

第一，采用低折现率对保险公司进行负债评估。建议保险公司在设定折现率假设时，应从负债端与资产端综合考量。从保险公司的负债端考虑，保险公司选择低折现率能够更好地应对长寿风险。从保险公司的资产端考虑，可以鼓励保险公司适当提高投资收益率，尝试多元化投资策略，充分挖掘另类资产等方面的投资机会，提高资金运用效率。更重要的是加强保险公司资产负债管理，动态监控资产与负债的期限分布情况。综合来

看，采用较低折现率水平有利于充分评估长寿风险，引起保险公司的重视，加强风险管理。在此基础上，保险公司应当不断优化资产配置，致力提高投资收益水平，在投资收益率稳定时适当调高折现率水平。

第二，利用资本市场，通过证券化手段转移和分散长寿风险。随着经济全球化、金融一体化发展的深入，保险市场与资本市场的融合已经逐渐成为趋势。考虑到长寿风险属于一种系统性风险，很难通过大数法则进行转移，保险公司便可以将目光转移到资本市场上，创新和发行与长寿指数相关的债券、金融衍生品等，通过证券化手段转移和分散长寿风险。根据寿险公司的产品结构，还能根据不同保单的特点设计与之相对应的证券化产品，实现一对一式的风险规避。当然，其投资收益率要和死亡率密切相关，才能应对死亡率下降不确定性给保险公司带来的长寿风险。另外，还可以根据投资者数量与风险成反比的特点，通过增加资本市场的投资数量，将风险分散给多个投资者来达到降低风险的目的。目前世界各国普遍运用的长寿风险证券化产品主要有：长寿互换/债券、年金期货、年金期权、q远期等。

第三，利用风险对冲策略分散长寿风险。风险对冲是保险公司常用的一种风险管理策略，基本思路可以分为两种：一种是在公司内部对年金产品和寿险产品进行组合设计，另一种是投资与标的资产收益波动呈负相关的某种资产或衍生产品，这两类方法都可以达到冲销潜在风险损失的目的。通过风险对冲策略来管理长寿风险，相比较长寿风险证券化来讲，优势是成本低、无须支付额外的费用，且操作起来简单。

第四，利用再保险进行长寿风险转移。再保险是指保险人在原合同的基础上，通过签订分保合同，将其所承保的部分风险和责任转移给其他保险人的行为。再保险因其分散风险、扩大承保能力、稳定经营成果的优点已经被普遍运用在保险行业中，成为承担风险的重要组成部分。再保险可以由两个直接保险公司完成，也可以由一方为直接保险公司，另一方为再保险公司的情况。考虑到再保险手段的有效性，建议鼓励应用再保险的方式分散长寿风险。世界范围内有多家实力雄厚的再保险公司，偿付能力较强，能承担其他保险公司无法承担的风险，并且它们愿意以此来树立企业形象，实现更长远的发展。对此政府可以发挥宏观调控的功能，鼓励大型保险公司对存在长寿风险的年金保险开展再保险业务，并通过给予财政补贴或者税收优惠的手段，来增强再保险公司的积极性。

第五，发展变额年金保险，以产品创新应对长寿风险。面对长寿风险，我国人寿保险公司也在不断通过产品的改进和完善来应对，其中变额年金保险是较佳的工具。变额年金的特色是设立单独的投资账户方便与其他资产隔离，由保险公司代为管理运营，但是投资方式以及投资工具可由被保险人自由选择，其收益归年金受益人，保险公司只收取少量附加费用。如果被保险人在保险期间内死亡，保险公司将支付保单中约定的给付金额或者投资账户余额中的较高者，如果保单投资账户中的收益状况差，变额年金保险还保证最低身故利益保证。除此之外，变额年金保险还提供最低满期利益保证、最低年金给付保证、最低累积利益保证。

第六，国家制度与政策层面的创新。面对长寿风险时，保险公司绝不是独立的个体，政府部门也在背后发挥了巨大的作用。因为随着老龄化的不断加剧，长寿风险不仅会对保险公司的偿付能力产生影响，还会对国家的基本养老保险体系造成巨大压力。在我国未来人口预期寿命延长的情况下，对个人来说，如果老年生活得不到保障，很可能会影响社会环境的稳定。所以在处理长寿风险时，也是在解决我国经济社会长期安定的问题。政府需要发挥其宏观调控的作用，在保险公司面临困难时提供必要的政策扶持和帮助。

二、养老保险制度应对长寿风险的对策建议

第一，加快养老保险制度全国统筹，顶层设计管理长寿风险。当前我国应加快建立完善的基础养老金统收统支制度，涉及养老保险基金、管理、技术等多个层面。建议降低养老保险的费率，来减轻税务部门的征收压力和企业缴费压力，在统收效果提高后，再根据具体情况适当调整养老保险费率。同时，随着人口预期寿命的增加和延迟退休的趋势，建议将最低缴费年限与人口预期寿命和退休年龄挂钩，实现科学动态管理，以增强养老保险制度的可持续性。时机成熟时，建议将养老保险费转换为养老保险税，既可以增加政策刚性，又可以更大程度覆盖日益增加的灵活就业人员，督促其缴费义务。

第二，建立健全养老保险第三支柱体系，大力发展商业养老保险。建议开展商业养老保险业务创新，大力发展有创新性的，具有养老保障功能的养老产品，为我国加快完善第三支柱养老保险的顶层设计提供新的思路和途径；完善税收优惠制度，针对保险公司在发展养老保险产品方面给予税收支持，针对个人在其税前收入里提取一部分当作养老保险的保费，便可以减免其一部分的个人所得税；建立健全针对养老保险产品市场的监管政策，确保养老资金的安全，并在此基础上尽量提高养老资金的投资收益率。

第三，培育老年人就业市场，实施积极应对人口老龄化战略。通过弹

性退休制度，鼓励老年人主动提供劳动供给，更能体现积极应对人口老年化的新观念。此外，为提高老年人劳动供给的积极性，还需要健全老年人就业市场，加强老年人的教育和培训，完善老年人就业保护的法律法规。在整个过程中，国家应使用行政和市场手段"双管齐下"，灵活运用政府引导基金等金融工具，创新采用政府和社会资本合作等模式，积极发展老年产业、创造适合老年人的就业岗位。

第三节　研究展望

一、成果存在的不足或欠缺

多人口随机死亡率模型，不仅能为人口数量较大的发达国家提供更具科学性的死亡率预测方法，还能为人口较少的国家和数据质量欠佳的发展中国家提供可行的人口死亡率预测方案。然而，多人口随机死亡率模型也存在局限性：

第一，人口群体的选择存在一定的客观约束。组建多人口群体需要考虑人群之间的相关性，如果人群选择不恰当，会降低模型拟合效果，在实际应用中受到很多客观因素的限制。对于中国来说，若从国别（地区）的视角组建多人口群体，很难寻找出与中国在经济水平、文化特征和人口数量级等方面相似的国家。

第二，多人口随机死亡率模型的前提假设，要求不同人口群体之间死亡率在长期内稳定为一个固定比率，该假设限制性较强，不能反映出未来不同人群死亡率的差异化变动趋势。随着人口统计学的不断发展，不同人群间死亡率差异关系研究的新结论，将会为多人口死亡率建模提供更为科学的基础假设。

二、尚需深入研究的问题

多人口随机死亡率模型研究具有重要意义，能够突破当前我国人口死亡率预测和长寿风险管理中的瓶颈与掣肘，但目前我国学界在该领域的研究较少，更多是侧重单一人口群体死亡率模型的研究。基于多人口模型方法对中国人口死亡率预测问题进行研究，可以进一步从如下研究视角开展：

第一，改进多人口随机死亡率模型强相关假设。当前多人群死亡率建模普遍采用一致性假设，即人口死亡率在长期中收敛为固定的常数，相对单人口死亡率模型更具合理性，但该假设限制性较强，不能同时反映人口死亡率的短期波动性与长期稳定性。未来研究中，融入保险精算学最新研究进展，从短、中和长期三个不同视角提出相应精算假设，使模型既能保证中长期的一致性与合理性，又能体现短期波动性。

第二，从人口预期寿命的新路径出发，构建人口预期寿命随机预测模型，并运用生命表理论将人口预期寿命转化为分年龄死亡率，为多人口随机死亡率模型预测结果提供横向可比验证机制与长时期合理的系统保证，开拓人口死亡率预测模型理论研究的新范式，为长寿风险定量管理提供理论基础和方法保证。

三、成果应用前景

本成果具有较强的应用价值，不仅能够为人口数量较多、数据质量较高的国家提供更具科学性的人口死亡率预测方法，还能够为人口数量较少、数据质量欠佳的国家提供死亡率预测和长寿风险管理的有效方案，具体包括：

第一，为国家制定养老金退休方案和生育政策等重大战略提供科学依据。多人口随机死亡率模型能够提升中国人口死亡率预测和长寿风险度量的可靠性，合理预判未来人口年龄结构变化趋势，以此为基础，可以更好地评估不同的退休方案和生育政策下对我国养老金体系支付压力的影响。

第二，降低保险公司等经济主体可持续发展中的不确定性，提高保险公司终身年金产品的供给意愿。人口死亡率变动的不确定性和长寿风险度量的复杂性，导致保险公司缺乏终身年金产品的供给意愿，建立多人口随机死亡率模型，提高中国人口死亡率中长期预测的合理性，准确度量企业年金和商业年金等主体面临的长寿风险，降低相关经济主体经营中的不确定性，提高保险公司年金产品的供给意愿，也是积极应对人口老龄化的必然要求。

第三，弥补我国人口死亡率数据存在的问题与缺陷。我国人口死亡率数据有效积累少、质量差，甚至普查年份的新生婴儿和高龄人口死亡率数据仍存在严重误报，通过建立多人口随机死亡率模型，可以修正人口普查漏报及抽样调查误差导致的信息失真。此外，我国省份、城市群的人口死亡率数据信息较少，通过多人口随机死亡率建模思想，可以实现我国省际和城市群之间的人口死亡率预测和长寿风险的度量与评估。

参考文献

[1] 段白鸽. 动态死亡率建模与长寿风险量化研究评述［J］. 保险研究, 2015, (4): 35-50.

[2] 范勇, 朱文革, 汪丽萍. 用带趋势的 ARIMA 模型分年龄预测死亡率［J］. 保险研究, 2015, (5): 23-30.

[3] 范勇, 朱文革. 中国死亡率的抽样误差修正、预测及应用——基于引力模型与日本相应数据［J］. 保险研究, 2016, (3): 84-94.

[4] 樊毅, 张宁, 张万月. 随机死亡率模型的拟合与预测——基于中国男性人口死亡率数据的比较分析［J］. 保险研究, 2017, (9): 17-33.

[5] 郭志刚. 六普结果表明以往人口估计和预测严重失误［J］. 中国人口科学, 2011, (6): 2-13.

[6] 郝虹生. 中国人口死亡率的性别差异研究［J］. 中国人口科学, 1995, (2): 2-11.

[7] 侯亚杰, 段成荣. 对中国人口普查低龄人口数据的再认识［J］. 中国人口科学, 2018, (2): 89-102.

[8] 胡仕强, 陈荣达. 基于双因子 Lee-Carter 模型的死亡率预测及年金产品风险评估［J］. 系统工程理论与实践, 2018, (9).

[9] 黄润龙. 1991—2014 年我国婴儿死亡率变化及其影响因素［J］. 人口与社会, 2016, 32 (3).

[10] 马妍. 中国人口吸烟模式的队列差异及社会决定因素［J］. 人口研究, 2015, 39 (6): 62-73.

[11] 任强, 侯大道. 人口预测的随机方法: 基于 Leslie 矩阵和 ARMA 模型［J］. 人口研究, 2011, (2): 28-42.

[12] 王洁丹等. 函数型死亡率预测模型［J］. 统计研究, 2013, 30 (9): 87-93.

[13] 王金营, 戈艳霞. 2010 年人口普查数据质量评估以及对以往人口变动分析校正［J］. 人口研究, 2013, 37 (1): 22-33.

[14] 王晓军, 蔡正高. 死亡率预测模型的新进展［J］. 统计研究, 2008, (9): 33-38.

[15] 王晓军, 黄顺林. 中国人口死亡率随机预测模型的比较与选择［J］. 人口与经济, 2011, (1): 29-36.

[16] 王晓军, 任文东. 有限数据下 Lee-Carter 模型在人口死亡率预测中的应用［J］. 统计研究, 2012, (6): 87-94.

[17] 王晓军, 米海杰. 养老金支付缺口: 口径、方法与测算分析［J］. 数量经济技术经济研究, 2013, (10): 49-62.

[18] 王晓军. 社会保险精算管理: 理论、模型与应用［M］. 北京: 科学出版社, 2011.

[19] 王晓军, 赵明. 中国高龄人口死亡率随机波动趋势分析［J］. 统计研究, 2014,

(9): 51-57.

[20] 王晓军,赵明. 寿命延长与延迟退休:国际比较与我国实证[J]. 数量经济技术经济研究, 2015, (3): 111-128.

[21] 王志刚, 王晓军. 我国个人年金长寿风险的资本要求度量[J]. 保险研究, 2014, (3): 17-24.

[22] 王志刚, 王晓军, 张学斌. Lee-Carter 模型的理论分布和区间预测[J]. 数理统计与管理, 2016, 35 (3): 484-493.

[23] 吴晓坤, 王晓军. 中国人口死亡率 Lee-Carter 模型的再抽样估计、预测与应用[J]. 中国人口科学, 2014, (4): 27-34.

[24] 翟振武, 陶涛. 低年龄人口数据质量的分析与评价[J]. 中国人口科学, 2010, (1): 28-35.

[25] 张连增, 段白鸽. 广义线性模型在生命表死亡率修匀中的应用[J]. 人口研究, 2012, (3): 89-103.

[26] 张志强, 谭鲜明, 朱建平. 非对称核密度估计在生命表构造中的应用[J]. 南开大学学报(自然科学版), 2005, 38 (6): 47-52.

[27] 赵明. 中国人口死亡率非参数二维修匀的模型比较与实证[J]. 保险研究, 2017, (5): 19-33.

[28] 赵明. 基于 Age-Shifting 模型的我国高龄人口死亡率动态拟合[J]. 保险研究, 2017, (1): 37-45.

[29] 赵明. 长寿风险模型理论与应用[M]. 北京: 经济科学出版社, 2019.

[30] 赵明, 米海杰, 王晓军. 中国人口死亡率变动趋势与长寿风险度量研究[J]. 中国人口科学, 2019, (3): 67-79.

[31] 赵明, 王晓军. 保险公司长寿风险度量[J]. 统计研究, 2015, (12): 76-83.

[32] 赵明, 王晓军. 基于分位自回归的中国人口死亡率动态预测[J]. 统计与信息论坛, 2015, (10): 4-11.

[33] 赵明, 王晓军. 基于 GlueVaR 的我国养老金系统长寿风险度量[J]. 保险研究, 2015, (3): 15-25.

[34] 赵明, 王晓军. 多人口 Lee-Carter 随机死亡率模型比较与中国应用[J]. 中国人口科学, 2020, 35 (2): 81-96.

[35] 赵明, 王晓军. 多人口随机死亡率模型研究:理论方法与进展综述[J]. 统计研究, 2020, 37 (7): 30-41.

[36] 郑伟, 林山君, 陈凯. 中国人口老龄化的特征趋势及对经济增长的潜在影响[J]. 数量经济技术经济研究, 2014, (8): 15-33.

[37] BaseLi-Leeini U, Kjærgaard S, Camarda C G. An age-at-death distribution approach to forecast cohort mortality [J]. Insurance Mathematics and Economics, 2020, 91 (3): 129-143.

[38] Bartels M, Ziegelmann F A. Market risk forecasting for high dimensional portfolios via factor copulas with GAS dynamics [J]. Insurance Mathematics and Economics, 2016, 70 (9): 66-79.

[39] [2] Baghishani H, Mohammadzadeh M. A data cloning algorithm for computing

maximum likelihood estimates in spatial generalized linear mixed models [J]. Computational Statistics & Data Analysis, 2011, 55: 1748-1759.

[40] Benchimol A, Albarrán I, Marín J M, et al.. Projecting dynamic life tables uing data cloning [M]. Mathematical and Statistical Methods for Actuarial Sciences and Finance. Springer, Cham, 2017.

[41] Bengtsson, Tommy. Perspectives on mortality forecasting: III. The Linear Rise in Life Expectancy: History and Prospects [J]. Social Insurance Studies, 2006, (3): 83-99.

[42] Blake D, Burrowsn W. Survivor bonds: helping to hedge mortality risk [J]. Journal of Risk and Insurance, 2001, 68 (2): 339-348.

[43] Bohk-Ewald C, Rau R. Probabilistic mortality forecasting with varying age-specific survival improvements [J]. Genus, 2017, 73 (1): 1-37.

[44] Bongaarts J. Long-range trends in adult mortality: Models and projection methods. Demography, 2005, 42 (1): 23-49.

[45] Bongaarts, J, G Feeney. How long do we live? [J]. Population and Development Review, 2002, 28 (1): 13-29.

[46] Booth H. Demographic forecasting: 1980 to 2005 in review [J]. International Journal of Forecasting, 2006, 22 (3): 547-581.

[47] Booth H, Hyndman, L Tickle, et al. Lee-Carter mortality forecasting: a multi-country comparison of variants and extensions [J]. Demographic Research, 2006, (9): 289-310.

[48] Booth H, Maindonald J, Smith L. Applying Lee-Carter under conditions of variable mortality decline [J]. Population Studies, 2002, 56 (3): 325-336.

[49] Brouhns N, Denuit M, Vermunt J K. A Poisson log-bilinear regression approach to the construction of projected lifetables [J]. Insurance: Mathematics and Economics, 2002, 31 (3): 373-393.

[50] Brouhns N, Denuit M, Van Keilegom I. Bootstrapping the Poisson log-bilinear model for mortality forecasting [J]. Scandinavian Actuarial Journal, 2005 (3): 212-224.

[51] Cairns A J G, Blake D, Dowd K. A two-factor model for stochastic mortality with parameter uncertainty: theory and calibration [J]. Journal of Risk and Insurance, 2006a, 73 (4): 687-718.

[52] Cairns A J G, Blake D, Dowd K. Pricing death: frameworks for the valuation and securitization of mortality risk [J]. ASTIN Bulletin, 2006b, 36 (1): 79-120.

[53] Cairns A J G, Blake D, Dowd K, et al.. A quantitative comparison of stochastic mortality models using data from England and Wales and the United States [J]. North American Actuarial Journal, 2007, 13 (1): 1-35.

[54] Cairns A J G, Blake D, Dowd K. Modelling and management of mortality risk: a Review [J]. Scandinavian Actuarial Journal, 2008, 2008 (3): 79-113.

[55] Cairns A J G, Blake D, Dowd K. Mortality density forecasts: an analysis of six

stochastic mortality models [J]. Insurance: Mathematics and Economics, 2011, 48 (3): 355-367.

[56] Cairns A J G, David B, Kevin D, et al. Bayesian stochastic mortality modelling for two populations [J]. ASTIN Bulletin, 2011, 41 (1): 30-59.

[57] Campbell, D., Lele, S. An ANOVA test for parameter estimability using data cloning with application to statistical inference for dynamic systems [J]. Computational Statistics & Data Analysis, 2014, 70: 257-267.

[58] Chai C M H, Siu T K, Zhou X. A double-exponential GARCH model for stochastic mortality [J]. European Actuarial Journal, 2013, 3 (2): 385-406.

[59] Chang Y, Sherris M. Longevity risk management and the development of a value-based longevity index [J]. Risks, 2018, 6 (1): 10-29.

[60] Chen H, Macminn R, Sun T. Multi-population mortality models: A factor copula approach [J]. Insurance Mathematics and Economics, 2015, 63: 135-146.

[61] Chen H, Macminn R D, Sun T. Mortality dependence and longevity bond pricing: a dynamic factor copula mortality model with the GAS structure [J]. Journal of Risk and Insurance, 2017, 84 (1): 393-415.

[62] Cohen J E, Oppenheim J. Is a limit to the median length of human life imminent? [J]. Genus, 2012, 68: 11-40.

[63] [8] Currie I D. Smoothing and forecasting mortality rates with p-splines [R]. Talk given at the Institute of Actuaries, 2006.

[64] Currie I D, Durban M, Eilers P H C. Smoothing and forecasting mortality rates [J]. Statistical Modelling, 2004, 4 (6): 279-298.

[65] Debón A, Chaves L, Haberman S, et al. Characterization of between-group inequality of longevity in European Union countries [J]. Insurance Mathematics and Economics, 2017, 75 (3): 151-165.

[66] Dellaportas P, Smith A F M, Stavropoulos P. Bayesian analysis of mortality data [J]. Journal of the Royal Statistical Society, 2010, 164 (2): 275-291.

[67] Djeundje V A B, Currie I D. Smoothing dispersed counts with applications to mortality data [J]. Annals of Actuarial Science, 2011, (5): 33-52.

[68] Dong Y M, Huang F, Yu H L, Haberman S. Multi-population mortality forecasting using tensor decomposition [J]. Scandinavian Actuarial Journal, 2020, 2020 (3): 80-93.

[69] Doukhan P, Pommeret D, Rynkiewicz J, et al.. A class of random field memory models for mortality forecasting [J]. Insurance: Mathematics and Economics, 2017, 77 (11): 97-110.

[70] Enchev V, Kleinow T, Cairns A J G. Multi-population mortality models: fitting, forecasting and comparisons [J]. Scandinavian Actuarial Journal, 2017, 2017 (4): 1-24.

[71] Eilers P H C, Marx B D. Multivariate calibration with temperature interaction using Two-Dimensional penalized signal regression [J]. Chemometrics and Intelligent

Laboratory Systems, 2002, (66): 159-174.

[72] Gao Q, Hu C. Dynamic mortality factor model with conditional heteroskedasticity [J]. Insurance Mathematics and Economics, 2010, 45 (3): 410-423.

[73] Gavin J B, Haberman S, Verrall R J. Graduation by kernel and adaptive kernel methods with a boundary correction [J]. Transactions of the Society of Actuaries, 1995, (47): 173-209.

[74] Gelman, A., Carlin, J. B., Stern, H. S., Rubin, D. B. Bayesian Data Analysis. Taylor & Francis, Abingdon (2014)

[75] Girosi F, King G. Demographic forecasting [M]. Princeton University Press, 2008.

[76] Glei D A, Horiuchi S. The narrowing sex differential in life expectancy in high-income populations: effects of differences in the age pattern of mortality [J]. Popul Stud, 2007, 61 (2): 141-159.

[77] Goldstein J R, Kenney C T. Marriage delayed or marriage forgone? New cohort forecasts of first marriage for U. S.women [J]. American Sociological Review, 2001, 66 (4): 506-519.

[78] Gu D, Pelletier F, Sawyer C. Projecting Age-sex-specific Mortality: A comparison of the modified Lee-Carter and pattern of mortality decline methods, UN population division [R], Technical Paper No. 6. New York: United Nations, 2017.

[79] Guerrini L. A closed-form solution to the Ramsey model with logistic population growth [J]. Economic Modelling, 2010, 27 (5): 1178-1182.

[80] Hainaut D. A Neural-Network analyzer for mortality forecast [J]. ASTIN Bulletin, 2018, 48 (2): 1-28.

[81] Hilton J, Dodd E, Forster J J, Smith P W F. Projecting UK mortality by using Bayesian generalized additive models. Application Statistics, 2019, (68): 29-49.

[82] Hunt A, Blake D. Modelling longevity bonds: Analysing the Swiss Re Kortis bond [J]. Insurance: Mathematics and Economics, 2015, 63 (17): 12-29.

[83] Hyndman R J, Ullah M S. Robust forecasting of mortality and fertility rates: a functional data approach [J]. Computational and Data Analysis, 2007, (7): 4942-4956.

[84] Hyndman R J, Booth H, Yasmeen F. Coherent mortality forecasting: the product-ratio method with functional time series models [J]. Demography, 2013, 50 (1): 261-283.

[85] Jarner S F, Kryger E M. Modelling adult mortality in small populations: The SAINT model. ASTIN Bulletin, 2011, 41 (2): 377-418.

[86] Jarner S F, Jallbjørn S. Pitfalls and merits of cointegration-based mortality models [J]. Insurance Mathematics and Economics, 2020, 90 (1): 80-93.

[87] Kang M, Liu Y, Li S H, Chan W S. Mortality Forecasting for Multiple Populations: An Augmented Common Factor Model with a Penalized Log-Likelihood [J]. Communications in Statistics: Case Studies, Data Analysis and Applications, 2019, 4 (3): 118-141.

[88] Kleinow T. A common age effect model for the mortality of multiple populations. Insurance: Mathematics and Economics, 2015, (63): 147-152.

[89] Kogure A, Kurachi Y. A Bayesian approach to pricing longevity risk based on risk-neutral predictive distributions [J]. Insurance Mathematics and Economics, 2010, 46 (1): 162-172.

[90] Lee R D, Carter L R. Modeling and forecasting U. S.mortality [J]. Publications of the American Statistical Association, 1992, 87 (419): 659-671.

[91] Lee R, Miller T. Evaluating the performance of the lee-carter method for forecasting mortality [J]. Demography, 2001, 38 (4): 537-549.

[92] Lele S R, Dennis B, Lutsche F. Data cloning: easy maximum likelihood estimation for complex ecological models using Bayesian Markov Chain Monte Carlo methods [J]. Ecology Letters, 2007, 10: 551-563.

[93] Lele S R, Nadeem K, Schmuland B. Estimability and likelihood inference for generalized linear mixed models using data cloning [J]. Journal of the American Statistical Association, 2010, 105 (492): 1617-1625.

[94] Li N, Gerland P. Modifying the Lee-Carter method to project mortality changes up to 2100 [C]. Paper Presented at the Meeting of the Population Association of America, 2011.

[95] Li N, Lee R. Coherent mortality forecasts for a group of populations: An extension of the lee-carter method [J]. Demography, 2005, 42 (3): 575-594.

[96] Li N, Lee R, Tuljapurkar S. Using the Lee-Carter method to forecast mortality for populations with limited data [J]. International Statistical Review, 2004, 72 (1): 19-36.

[97] Li N, Lee R, Gerland P. Extending the Lee-Carter method to model the rotation of age patterns of mortality decline for long-term projections [J]. Demography, 2013, 50 (6): 2037-2051.

[98] Li J, Liu J. A logistic two-population mortality projection model for modelling mortality at advanced ages for both sexes [J]. Scandinavian Actuarial Journal, 2019, 2019 (2): 97-112.

[99] Li J, Liu J. A logistic two-population mortality projection model for modelling mortality at advanced ages for both sexes [J]. Scandinavian Actuarial Journal, 2019, 2019 (2): 97-112.

[100] Li JSH, Zhou ZQ, Zhu X, Chan WS and Chan, FWH. A Bayesian approach to developing a stochastic mortality model for China. Journal of the Royal Statistical Society Series A (Statistics in Society), 2019, (182): 1523-2560.

[101] Li J S, Hardy M R, Tan K S. Uncertainty in mortality forecasting: An extension to the classic Lee-Carter approach [J]. ASTIN Bulletin, 2009, 39: 137-164.

[102] Li SH, Chan WS. The Lee-Carter model for forecasting mortality, revisited [J]. North American Actuarial Journal, 2007, 11 (1): 68-89.

[103] Li W, Ke W. Optimal harvesting policy for stochastic Logistic population model

[J]. Applied Mathematics & Computation, 2010, 218 (1): 157-162.

[104] Lin T, Wang CW, Tsai CL. Age-specific Copula-AR-GARCH mortality models [J]. Insurance Mathematics and Economics, 2015, 61: 110-124.

[105] Luca M, Francesca P, Sullivan JL. Why women live longer than men: sex differences in longevity [J]. Gender Medicine, 2006, 3 (2): 79-92.

[106] Marchetti C, Meyer P S, Ausubel J H. Human population dynamics revisited with the logistic model: how much can be modeled and predicted? [J]. Technological Forecasting and Social Change, 1996, 52 (1): 1-30.

[107] Mazza A, Punzo A. Using the variation coefficient for adaptive discrete beta kernel graduation [M]. Statistical Models for Data Analysis, 2013.

[108] Meyer P. Bi-logistic growth [J]. Technological forecasting and social change, 1994, 47 (1): 89-102.

[109] Oeppen J, Vaupel J W. Broken limits to life expectancy [J]. Science, 2002, 296 (5570): 1029-1031.

[110] Olivieri A. Uncertainty in mortality projections: An actuarial perspective. Insurance Mathematics and Economics, 2001, 29, 231-245.

[111] Pampel F. Forecasting sex differences in mortality in high income nations [J]. Demographic Research, 2005, 13 (18): 455-484.

[112] Pascariu M, Canudas-Romo V, Vaupel J W. The double-gap life expectancy forecasting model [J]. Insurance Mathematics and Economics, 2018, 78 (1): 339-350.

[113] Pedroza, C. A Bayesian forecasting model: predicting U. S. male mortality [J]. Biostatistics, 2006, 7 (4): 530-550.

[114] Pitacco E. Survival models in a dynamic context: A survey. Insurance Mathematics and Economics, 2004, 35, 279-298.

[115] Pitacco E, Denuit M, Haberman S, Olivieri A. Modelling longevity dynamics for pensions and annuity business [M]. Oxford University Press, 2009.

[116] Picchini U, Anderson R. Approximate maximum likelihood estimation using data-cloning ABC[J].Computational Statistics and Data Analysis,2017,105(6):166-183.

[117] Plat R. On stochastic mortality modeling [J]. Insurance: Mathematics and Economics, 2009, (45): 393-404.

[118] Ponciano J M, Taper M L, Dennis B, Lele S R. Hierarchical Models in Ecology: Confidence Intervals, Hypothesis Testing, and Model Selection Using Data Cloning [J]. Ecology, 2009, 90 (2): 356-362.

[119] Quentin G, Olivier L. Forecasting mortality rate improvements with a high-dimensional VAR[J].Insurance:Mathematics and Economics, 2019,(88):255-272.

[120] Raftery A E, Chunn J L, Gerland P. Bayesian probabilistic projections of life expectancy for all countries [J]. Demography, 2013, 50 (3): 777-801.

[121] Raftery A E, Lalic N, Gerland P. Joint probabilistic projection of female and male life expectancy [J]. Demographic Research, 2014, 30 (27): 795-817.

[122] Renshaw A E, Haberman S, Insmatheco J, et al. A cohort-based extension to the Lee-Carter model for mortality reduction factors [J]. Insurance Mathematics and Economics, 2006, 38 (3): 556-570.

[123] Richard. One-year Value-at-Risk for longevity and mortality [J]. Insurance: Mathematics and Economics, 2011, 49 (3): 14-39.

[124] Richman R, Wuthrich M V. A Neural Network Extension of the Lee-Carter Model to Multiple Populations [J]. Social Science Electronic Publishing, 2018, (11): 1-21.

[125] Riebler A, Held L. The analysis of heterogeneous time trends in multivariate age-period-cohort models [J]. Biostatistics, 2010, 11 (1): 57-69.

[126] Santolino M. The Lee-Carter quantile mortality model [J]. Scandinavian Actuarial Journal, 2020, 2020 (1): 1-21.

[127] Sherris M, Xu YJ, Ziveyi J, Haberman S. Cohort and value-based multi-country longevity risk management [J]. Scandinavian Actuarial Journal, 2020, 2020 (1): 1-23.

[128] Schmertmann C, Zagheni E, Goldstein J R, et al. Bayesian forecasting of cohort fertility [J]. Journal of the American Statistical Association, 2014, 109 (506): 500-513.

[129] Shang H L, Haberman S. Grouped multivariate and functional time series forecasting: An application to annuity pricing [J]. Insurance Mathematics and Economics, 2017, 75: 166-179.

[130] Shang H L, Hyndman R J. Grouped functional time series forecasting: An application to Age-Specific mortality rates [J]. Journal of Computational and Graphical Statistics, 2017, 26 (2): 330-343.

[131] Sherris M, Xu Y, Ziveyi J. Market price of longevity risk for a Multi-cohort mortality model with application to longevity bond option pricing [J]. Social Science Electronic Publishing, 2018.

[132] Smith D. Gender convergence in human survival and the postponement of death [J]. North American Actuarial Journal, 2014, 18 (1): 194-216.

[133] Sólymos P. dclone: Data cloning and MCMC tools for maximum likelihood methods, R package version, 2009.

[134] Torabi M. Likelihood inference in generalized linear mixed models with two components of dispersion using data cloning [J]. Computational Statistics & Data Analysis, 2012, 56: 4259-4265.

[135] Torabi M, Lele S R, Prasad N G N. Likelihood inference for small area estimation using data cloning [J]. Computational Statistics and Data Analysis, 2015, 89 (8): 158-171.

[136] Torri T, Vaupel J W. Forecasting life expectancy in an international context [J]. International Journal of Forecasting, 2012, 28 (2): 519-531.

[137] Trovato F, Heyen N B. A varied pattern of change of the sex differential in survival in the G7 countries [J]. Journal of Biosocial Science, 2006, 38 (3): 391-401.

[138] Tsai CCL, Wu AD. Incorporating hierarchical credibility theory into modelling of multi-country mortality rates [J]. Insurance Mathematics and Economics, 2020, 91 (3): 37-54.

[139] Tsai CCL, Zhang Y. A multi-dimensional Bühlmann credibility approach to modeling multi-population mortality rates. Scandinavian Actuarial Journal, 2019, 2019 (1): 406-43.

[140] Tuljapurkar S, Li N, Boe C. A universal pattern of mortality decline in the G7 countries [J]. Nature, 2000, 405 (2): 789-792.

[141] Ungolo F, Kleinow T, Macdonald A S. A hierarchical model for the joint mortality analysis of pension scheme data with missing covariates [J]. Insurance Mathematics and Economics, 2020, 91 (3): 68-84.

[142] Walker A M. On asymptotic behaviour of posterior distributions [J]. Journal of the Royal Statistical Society Series. B, 1969, 31: 80-88.

[143] Vallin J, Meslé F. The segmented trend Line of highest life expectancies [J]. Population and Development Review, 2010, 35 (1): 159-187.

[144] Wang CW, Yang SS, Huang HC. Modeling multi-country mortality dependence and its application in pricing survivor index swaps-A dynamic copula approach [J]. Insurance Mathematics and Economics, 2015, 63 (7): 30-39.

[145] Wilmoth JR. Mortality projections for Japan: a comparison of four methods [J]. Health and Mortality Among Elderly Populations, 1996.

[146] Wong JST, Forster JJ, Smith PWF. Bayesian mortality forecasting with overdispersion[J]. Insurance Mathematics and Economics, 2018, 83(11): 206-221.

[147] Yang B, Li J, Balasooriya U. Cohort extensions of the Poisson common factor model for modelling both genders jointly [J]. Scandinavian Actuarial Journal, 2016, 2016 (2): 93-112.

[148] Yin S, Li P, Yang X, et al.. Logistic model-based genetic analysis for kernel filling in a maize RIL population [J]. Euphytica, 2018, 214 (5): 86.

[149] Zhou R. Modelling mortality dependence with regime-switching Copulas [J]. ASTIN Bulletin, 2019 (49): 373-407.

[150] Zhao M, Wang XJ, Liu Y, Shen JL. A Quantitative Comparison of Multiply Population Mortality Model on Some East Asian Countries and Regions [J]. Mathematical Problems in Engineering. 2020, 2020: 1-8.

[151] Zhu W, Tan KS, Wang CW. Modeling multicountry longevity risk with mortality dependence: A Lévy subordinated hierarchical archimedean copulas approach [J]. Journal of Risk and Insurance, 2017, 84 (1): 477-493.